20대, 어디로 가야 하나

20대, 어디로 가야 하나

발행일 2020년 5월 15일

지은이 이성재 외 8인
펴낸이 손형국
펴낸곳 (주)북랩
편집인 선일영 편집 강대건, 최예은, 최승헌, 김경무, 이예지
디자인 이현수, 한수희, 김민하, 김윤주, 허지혜 제작 박기성, 황동현, 구성우, 장홍석
마케팅 김회란, 박진관, 장은별
출판등록 2004. 12. 1(제2012-000051호)
주소 서울특별시 금천구 가산디지털 1로 168, 우림라이온스밸리 B동 B113~114호, C동 B101호
홈페이지 www.book.co.kr
전화번호 (02)2026-5777 팩스 (02)2026-5747

ISBN 979-11-6539-210-9 03320 (종이책) 979-11-6539-211-6 05320 (전자책)

이 도서의 국립중앙도서관 출판예정도서목록(CIP)은 서지정보유통지원시스템 홈페이지(http://seoji.nl.go.kr)와 국가자료공동목록시스템(http://www.nl.go.kr/kolisnet)에서 이용하실 수 있습니다.
(CIP제어번호: CIP2020019468)

이성재 외 8인 공저

20대, 어디로 가야 하나?

이성재 멘토와 8인의 멘티가 펼친
'전략적 진로 모색' 행복 멘토링

북랩book Lab

· 추천사 ·

청춘은 무엇이든 모두 실험이다

이제는 많은 분이 알고 있듯이 한국장학재단은 미래 인재 양성이라는 정부의 국정 운영 방침에 따라 능력과 의지만 있으면 누구나 경제적 여건과 관계없이 고등 교육을 받을 수 있는 균등한 교육 기회를 제공하기 위해 2009년 5월에 설립된 교육부 산하의 준정부 기관입니다.

재단은 우리 대학생들에게 소득연계형 국가장학금, 저금리의 학자금 대출 같은 금전적인 지원뿐만 아니라, 다양한 교육적 지원 활동이 병행되어야 한다고 생각했습니다.

그래서 시작된 사회리더 대학생 멘토링 사업은 '미래 대한민국을 이끄는 배움과 나눔의 인재'라는 인재 육성 목표 아래 우리 사회의 존경받는 리더들의 소중한 경험과 지혜를 기부받아 미래의 리더인 우리 청년 대학생들이 꿈과 열정, 바른 품성과 리더십을 갖춘 인재로 성장할 수 있도록 지원하고 있습니다.

2010년 1기부터 2019년 10기까지 지난 10년간 누적 인원으로 멘토 2,850명, 대학생 멘티 23,297명이 사회리더 대학생 멘토링 프로그램에 참여하였습니다.

그동안 수많은 멘토 멘티들의 만남이 있었고, 그중에서도 기억에 남는 활동을 한 팀들이 몇 있습니다. 이 책을 출간한 이성재 멘토님의 'A.C.E' 팀도 그런 특별한 활동을 한 팀입니다.

멘토링 프로그램을 운영하는 저에게는 이 책과 같은 구체적인 멘토링 결과물을 받아 보는 일은 정말 드물고도 흐뭇한 경험이었습니다. 한 해 동안의 멘토링 활동이 체계적으로 정리되어 있고, 요즘 대학생들의 관심 분야와 이에 대한 생각을 엿볼 좋은 기회였습니다. 이 책을 읽는 분들도 아마 저와 같은 생각을 하실 수 있을 것이라 생각합니다.

'청춘은 무엇이든 모두 실험이다.'라고 합니다만, 빠르게 변하는 이 시대에 사는 청춘들이 이 책, 『20대, 어디로 가야 하나』를 통해 조금이나마 시행착오를 줄이는 아이디어를 얻기 바랍니다.

끝으로 바쁜 가운데서도 멘토링에 참여해 주신 이성재 멘토님과 성실히 멘토링에 참여해 주신 8명의 멘티들께 감사한 마음을 전합니다.

한국장학재단 인재육성장학부장

손지화

• 멘토 프롤로그 •

대학생 멘티와 '아미' 멘토가 쓴 진로 고민서

"전략적 진로 모색"

'어차피 인생은 한 번 사는 것, 자신을 일반화하지 말고 자신의 행복을 위해 도전해라.' 멘토가 멘티에게 던진 화두이다. 화두를 통해 만남을 주선한 한국장학재단은 미래의 주역으로 성장할 대학생들을 선발해 사회 여러 계층의 리더들과 매칭을 시켜 준다.

대학생들에게 진로와 취업은 당면한 최대의 현안이다. 진로가 확정되었거나 전공이 진로를 결정해 주는 일도 있지만 대부분의 대학생에게 가장 절실하고 어려운 문제이다. 특히 취업이 코앞에 다가온 4학년 졸업반 학생들의 경우는 더하다. 취업이 안 되는 학생들에게는 전략이니 선택이니 하는 소리가 공허한 소리일 수 있다. 멘티들과 이 주제로 책을 쓰면서 가장 가슴 아픈 순간들이었다.

그럼에도 불구하고 글을 쓰기로 결정했다. 우리의 작은 경험과 지식이 공유되기를 바라고, 진로를 결정하고 선택해야 하는 젊은이들에게 희망과 도움을 주기 위해서이다. 특히 취업에 어려움을 겪고 있는 경우에는 더욱 전략적 접근이 요구되기 때문이다. 그리고 멘토링을 진행하는 분들에게 우리의 소중한 경험을 들려주고 싶었다.

나에게 멘티들(BTS 세대)을 만나는 것은 가슴 벅찬 일이었다. BTS에 심취하여 노래를 듣고, 춤을 보고, 그들의 드라마틱한 활동을 보면서 그들은 어떤 사람이고, 무엇이 그들에게 열광하게 만드는지에 관심을 가졌다. 그들을 좋아하는 세대에도 관심을 갖게 되었다. 나는 BTS의 팬클럽인 아미(Army)가 되었고 BTS를 좋아하는 세대를 '재미(ZeMi) 세대'라고 정의했다. 자신의 의견을 확실히 표현하고 오감의 재미를 추구하는 감성적 자기중심적 세대이다. 빅히트(Big Hit) 엔터테인먼트와 BTS 일곱 명의 멤버가 만들어 낸 성공 요인을 전략적 차원에서 분석해 본다.

우선 업의 정의(기업과 방탄소년단 그룹의 미션)를 음악과 가수 매니지먼트로 한정하지 않고 다양성, 소통, 통합된 즐거움과 사람에 대한 존중이란 가치를 제공하는 것으로 폭넓게 정한 것이다.

두 천재의 만남으로 정의하고 싶다.

한류와 K-pop 시장의 성장 시기(growth stage)를 기회 요소로 잘 활용하였다. 화음을 포함한 일곱 멤버의 강점을 최대한 활용했다. 그리고 확실한 포지셔닝과 차별적 우위 전략을 적절히 구사하였다. 노래들을 만들기 전에 전략적 요소와 커뮤니케이션 콘셉트를 미리 준비하였다. 대부분은 노래를 만들어 놓고 노래를 팔려고 프로모션을 한다.

'LOVE YOURSELF' 캠페인이 대표적이다. '선한 영향력'이라는 가치를 아미에게 전하면서 가공할 만한 팬덤을 만들었다. 좋은 콘텐츠를 다양한 채널을 통해 다양한 프로모션 방안들로 통합하여 접근하였다. 마케팅 믹스가 잘 이루어지고, 팬과의 커뮤니케이션 방법이 다양하게 잘 융합되었다.

멘토링의 주제와 순서도 BTS의 성장처럼 전략적 접근에 초점을 맞추었다. 에이스 팀의 멘토링은 총 아홉 번으로 진행되었는데, 재단의 전체 모임인 상반기 코멘트 데이와 하반기 리더십 콘서트를 합해서 총 11번의 만남이 있었다.

전반기는 만남의 준비(1, 2차 멘토링)와 전략적 진로 모색을 주제로 자신의 강점을 찾아보는 시간(3, 4, 5차 멘토링)을 가졌고, 그 내용을 1장과 2장으로 구성하였다. 후반기는 셀프 리더십을 주제로 또 다른 자신의 강점을 찾아보는 시간(6, 7, 8차 멘토링)과 결과물을 만드는 시간(9차 멘토링)을 가졌고, 그 내용을 3장과 4장으로 구성하였다.

1장에서는 꿈을 찾아 떠나는 멘티와 멘토의 고민을 전하고, 모임을 진행하면서 필요한 절차를 명시한다. 2장에서는 인생과 경영에 대한 지식과 함께 진로 선택에 있어서 마케팅의 전략적 요소를 활용한 대안을 제시한다. '나는 누구인가(Who am I)?'라는 워크숍과 긍정 인터뷰의 내용이 포함되어 있다.

3장에서는 '자신을 사랑하라.'라는 BTS의 메시지처럼 셀프 리더십과 피터 드러커 박사의 자기 경영을 통해 자신의 새로운 강점을 찾아 가는 것으로 했다. 4장에서는 멘토링을 마무리하면서 멘티들이 자신들의 목표 보드(objectives board)와 행복 찾기인 행복 지도(Happy mind map)를 만들었다. 그리고 멘티 세대인 재미(ZeMi) 세대에 대한 멘토의 생각을 전하면서 훌륭한 세대의 고민과 대안을 제시한다.

멘티는 멘토의 글을 보고 장마다 자신들의 이야기를 전한다. 그리고 멘토링 모임 후 멘토의 글을 보고, 멘티가 댓글을 달고 멘토가 답글을 달아 궁금증과 재미를 더한다.

전략은 경쟁 체제에서 존재하는 말이다. 경쟁이 없으면 전략은 존재하지 않는다. 치열한 경쟁 속에 내던져진 청춘의 아픔을 전략이라는 단어로 더욱 옥죄고 있는 것은 아닌가 하는 생각도 든다. 그럼에도 불구하고 경쟁이란 숙명을 안고 태어난 우리들은 피할 수 없는 승부를 겨뤄야 한다. 적자생존이다.

아는 만큼 보인다. 경영과 마케팅만 전략이 있는 게 아니다. 인생을 살아가면서 선택을 할 때 전략적 사고를 하면 도움이 되고 유리하다는 것을 강조하였다. 전략적 진로를 선택하는 것은 목표를 선택하는 것이다. 그러나 '목표를 정하는 것이 급변하는 요즘 시대에 적합한가?'라는 의문도 든다. 오늘의 목표와 내일의 목표가 다를 수 있기 때문이다. 불확실성의 시대에는 목표가 없는 것이 더 경쟁이 될 수 있다. 거추장스러운 꼬리표가 될 수가 있기 때문이다.

그럼에도 불구하고 목표를 만들어 보자. 나비 효과가 일어날 수 있기 때문이다.

멘티들에게 책 출간이란 작은 선물을 주자고 생각한 출발이 과도한 부담을 주는 형국이 되었다. 그럼에도 불구하고 함께해야 할 일이 되었다. 시간이 해결해 주었다. 그리고 일 년이 지났다.

우리는 '그럼에도 불구하고'라는 시대에 살고 있는지도 모른다. 멘토링은 멘티의 진로와 취업에 대한 완벽한 솔루션을 제공하지는 못했지만 그럼에도 불구하고 함께 고민한 흔적들을 남길 수 있었다.

이 책에서는 새로운 용어가 많이 등장한다. '재미 세대(ZeMi generation)', '나&남 철학' 같은 것은 멘토의 생각을 나름대로 정의한 것이다. 진로 전략의 원천적 대안, 진로 매트릭스(Matrix), 근시안적 삶(Life Myopia), 취업 기회 전략(Job opportunity strategy), 4C 믹스 전략(4C mix strategy), 취업 소통 촉진 전략(Job communication strategy) 등은 마케팅 전략 용어를 진로와 취업에 적용해 새롭게 만든 용어들이다. 목표 보드(Objectives board), 행복 지도(Happy mind map) 등은 유사 의미 용어를 원용해 만든 것들이다.

이들 용어의 학문적 완성도나 근거에 부족한 점이 있을 수 있다. 그뿐만 아니라 평생을 기업인으로 근무한 멘토의 글에 일부 완숙하지 못하고 이론적 근거가 미약한 내용이 있다면 넓은 아량으로 이해를 구한다.

오랜 고생과 노력 끝에 지금의 자리에 온 BTS의 일곱 멤버와 에이스팀의 멘티 여덟 명이 오버랩된다. 사랑스럽고 소중한 나의 동반자(associate)들이 본인이 목표하는 일들을 이루기 바라고 자신이 꿈꾼 행복 또한 함께하길 진심으로 기원하며 격려를 보낸다.

그리고 아빠의 멘토링에 조언을 준 아들 영탁, '아빠 멋쟁이'라고 격려해 주는 딸, 라나 그리고 고시 공부하냐고 맛있는 간식을 준비해 준 아내에게 감사를 전한다.

대학생, 취준생, 진학을 앞둔 중고생, 학부모, 선생님, 조직에서 멘토링을 진행하는 멘토, 멘티들에게 이 책을 바친다.

과천 라일락 피는 뜨락에서

멘토 이성재

• 멘티 프롤로그 •

멘토링을 시작하고 벌써 약 일 년이라는 시간이 지났다. 처음 멘토님께서 "책을 출간하자."라는 목표 말씀하셨을 때가 엊그제 같은데, 수많은 시간이 흘러 여기까지 흘렀다. 그리고 생각을 한다. '내가 작년 이맘때쯤 멘토링을 시작하지 않았더라면 나의 인생은 지금까지 어떤 식으로 흘렀을까?'

2019년은 나에게 있어 가장 많은 변화를 겪은 시기였다. 극도의 불안감을 겪기도 했으며, 수많은 사람을 만나기도 했고, 처음 인턴을 해 보기도 했다. 그리고 그 시작에는 멘토님이 계셨다. 어떤 일을 시작하는 것에 대해 조금의 두려움은 누구라도 가질 것이다. 나 역시 그러하였다. 인턴십을 하는데, 직무와 관련되지 않아서 시간을 버리는 게 아닌가 두려웠고, 취업을 준비해야 하는 시기에 영어를 공부하고 싶어 했고, 졸업작품을 준비하면서 다 놓아 버릴 만큼 정말 힘들었던 때도 있었다. 두려움이 많아질수록 멘토님께 자문했었고, 수많은 갈림길에서 스스로 올바른 선택을 할 수 있게끔 발걸음을 옮길 수 있었다.

사람이 성장하기 위해서는 경험이라는 것은 반드시 필요한 조건이라고 생각한다. 그리고 경험을 하기 위해서는 수많은 갈림길에서 선택이라는 것을 해야 한다. 하지만 선택한다고 해도 성장을 할 수도 있고, 못 할 수도 있다. 올바른 선택을 해야 한다는 것이다. 멘토링이란 자신의 미래에 대한 답을 구해 주는 컨설팅이 아니다. 다만, 나는 멘토링이란 자신이 갈림길에 서 있을 때, 스스로 올바른 선택을 하게끔 길잡이 역할을 할 수 있는 하나의 지표라고 생각한다.

이 책은 뭐 하나 특별한 것 없는 평범한 20대 초반의 대학생부터 졸업을 앞둔 대학생까지, 진로부터 취업까지 다양한 고민을 가진 대학생의 멘토링 일대기를 담아내고 있다. 그렇다고 우리 모두가 멘토링을 통해 확실하게 자신의 진로를 결정하고, 모든 고민을 해결한 것은 아니다. 아직도 우리 모두는 걱정과 고민을 하면서 살아가고 있다. '그럼에도 불구하고' 우리는 어떻게 하면 행복할 수 있을지 스스로 배웠고, 우리 모두는 행복을 향해 달려가고 있다는 것이다.

마지막으로 책을 쓰는 한 해 동안 별 탈 없이 성실하게 글을 써 준 일곱 명의 멘티들에게 고맙다는 말을 전하고 싶고, 한 해 동안 많은 가르침을 주신 멘토님에게 감사하다는 말씀을 전해 드리고 싶다.

멘티 대표

팀장 손승현

· 차례 ·

제2장
전략적 진로 모색

제3장
셀프 리더십

제4장
재미 세대의 행복 찾기

에필로그

제1장

꿈을 찾는 사람들

01
당신의 이력서에 한 줄의 경력을 추가해야 한다

- 한국장학재단의 대학생 멘토링 사업 참여

2019년 1월 초 한국장학재단에서 멘토를 모집한다는 소식을 MMC의 이병우 교수에게서 듣고 사회봉사와 재능 기부 차원에서 지원하게 되었다. 그래서 나의 경력과 멘토링 계획서를 제출하였고, 재단의 선발 위원회 심사를 거쳐 임명되는 영광을 얻었다. '현업에서 떠난 지도 오래되었고 세대 차이가 큰데 과연 잘할 수 있을까?'라는 염려도 되었으나 특유의 호기심과 도전 정신이 발현되어 부딪쳐 보기로 하였다.

한국장학재단의 멘토링 사업은 대학생들을 대상으로 사회 각층의 지도자들이 참여하는 국가적 프로그램이다. 멘토인 나는 과천시 시설 관리 공단(현 과천시 도시공사)의 이사장으로 있던 시절에 회사의 공식 사업으로 멘토링 프로그램을 추진하였고, 솔선수범 차원에서 멘토로 참여한 경험이 있었다. 코칭 사업을 진행하고 2년 후 멘토 사업을 추진하였는데, 전문가의 조언을 들으며 1:1 멘토링으로 진행해 성과가 있었던 것으로 기억된다.

멘토링과 코칭의 차이점은 멘토가 보다 폭넓게 멘티(수혜자)에게 관여한다는 것이다. 코칭은 스스로 방안을 찾아 가게 한다면, 멘토링은 이끌어 가야 한다. 정보가 넘쳐나고 수평적 리더십을 요구하는 요즘 시대에서는 코칭이 더 바람직하다. 하지만 일단 시작을 하였으니 최선을 다해 멘토를 필요로 하는 젊은이들에게 도움을 주자고 다짐한다.

물론 계획서 작성 시 대강의 계획을 준비했지만 학생들의 니즈를 파악해 그들이 만족할 수 있게 보완할 필요가 있다. 어떻게 진전이 될지 궁금하고 어떤 결과가 나올지 기대도 된다.

다만, 1년 동안 멘토링에 관심을 두고 활동한 우리 멘티들에게 각각의 이력서에 한 줄의 경력을 추가하는 기여는 해야 할 것 같았다. 멘토링에 참여한 경력보다는 특별한 경력을 만들어 주고 싶은 생각이 들었다.

02
꿈꾸는 멘토

재단의 멘토링 사업에 참여를 결심하고 지원 자격, 응모 절차, 제출 서류를 검토했다. 재단의 사업은 멘토링 운영 계획서를 제출하게 되어 있었다. '멘티(대학생)들과 무슨 이야기를 하며 1년을 보내야 할까?' 누구나 그렇겠지만, 나는 어떤 업무를 맡거나 직책에 취임하면 그 업무에 몰두하고 꿈을 꾸는 습관이 있다. 꿈의 나래를 펴 보는 것이다. 가장 행복한 시간이다. 아이디어가 샘솟고, 꿈이 현실이 되기 위한 실행 방안과 실행 그림이 파노라마처럼 그려진다. 나이가 들어 없어진 줄 알았던 꿈꾸는 습관이 다시 살아나 고무되었다.

마케터 출신의 본능에 가까운 고객 지향적 사고로 대학생들이 가장 바라는 '니즈(needs)'는 무엇일지 생각했다. 멘토는 마케터 출신의 전문 경영인이다. 경영자가 세상을 보는 통찰력도 이에 대한 답을 찾는 데 한몫을 했다. 당연히 요즘 학생들의 관심은 진로와 취업일 것이라는 결론을 얻었다. 나의 경험을 비추어 젊은이들에게 필요한, 전략적 사고를 통한 진로를 정하는 것을 멘토링 주제로 삼기로 했다. 그리고 결국, 멘토링의 주제를 '전략적 진로 모색'으로 정하게 되었다.

멘토는 민간 기업에서 마케팅 업무를 주로 한 마케팅 전문가지만 지방 공기업 CEO를 8년 이상 경험한 특이한 경력을 갖고 있다. 멘토로 선발된 이유도 공기업에 관심이 많은 대학생의 니즈가 반영된 것일 수 있다. 멘티들과 작은 조직을 만들어 가야 하는 입장에서는 확실한 목표와 함께, 공유해야 할 가치와 목표 달성을 위한 방안이 필요했다.

전략적 사고를 하기 위해서는 자신의 강점을 찾는 방법을 알려 줄 필요가 있다. 그래서 생각한 것이 몇 년 전 미국 클레어몬트에서 있었던, 피터 드러커 소사이어티(PDS)에서 주관한 〈나는 누구인가〉의 워크숍 경험을 살려 보기로 하였다. 그리고 나의 멘토인 피터 드러커 박사의 저서 『자기경영노트』를 통해 자신의 강점을 찾아 가는 방안을 활용해 진행해 보고 싶었다.

'1년 동안 그들에게 자신의 꿈을 현실로 정하는 진로를 찾고 행복을 찾아보는 방법을 구해 보자. 그리고 그들이 취업하는 데 실질적으로 도움을 줄 수 있는 이력을 만들어 보자.' 그래서 '우리 팀의 흔적들을 글로 남기면 어떨까?'라는 생각이 들었다. 멘티들의 이력서에 '책 출간'이라는 경력을 넣어 주자고 생각했다. 책 출간은 쉽게 할 수 있는 것은 아니다. 그럼에도 나는 꿈을 꾸기 시작했다.

꿈을 꾼다는 것은 언제나 가슴 설레는 일이고,
꿈이 이루어진다면 신나는 일이다.

03
자랑스러운 멘티를 만나다

- Kick-off meeting

재단이 매치메이커가 되어 멘티를 만나게 되었다. 멘토 계획서를 재단에 제출하였고, 대학생들이 재단 홈페이지에서 멘토의 요구 사항과 계획서를 검토 후, 멘토를 선택하여 매칭되는 프로세스를 거쳤다. 나를 멘토로 선택한 대학생들은 1지망이 총 9명이었다. 나의 경험과 재단의 권유 인원수를 고려하여 8명 정도가 적당하다는 생각으로 면접을 통해 선발하기로 했다. 나와 멘토링을 하고자 하는 멘티들과 가능한 함께하고 싶었다. 멘토링에 몇 가지의 가이드라인(자신을 사랑하고 남을 배려할 수 있는 사람, 도전을 두려워하지 않는 사람)을 제시했고 이를 충족한다고 생각해 지원한 멘티들이기 때문이다.

면접의 가이드라인도 미리 정해 사전에 알려 주었다.

동반자(associate) 관계로 만나자고 제안했다. 면접인(interviewer)과 면접자(interviewee)가 동등한 관계로 서로 확인하고 선택하자는 취지였다. 학생들에게는 생소하고 어려운 개념이지만 앞으로의 멘토링에 주요 가치나 원칙으로 이어가려는 의도였다. 면접은 8명이 참여했고, 서로 자기소개(interviewer 포함)를 하고 자신의 지원 동기와 니즈를 이야기했다.

처음에는 입사 면접을 보는 것처럼 긴장하고 있었다. 동반자의 개념을 다시 설명하고 편안한 분위기를 만들려고 노력했다. 그리고 3월 30일, 예정한 1차 모임을 대신해 kick-off meeting을 진행했다. 첫 만남이 1차 회의가 된 것이다. 긴장한 모습의 멘티들은 차츰 안도하는 분위기로 변해 갔다.

첫 모임의 주요 합의 사항은 아래와 같다.

1. 3월 30일 1차 모임은 별도로 하지 않고 오늘 면접으로 대신한다.
2. 모임 날짜는 기존 계획을 준용하고 멘토의 미국 여행 관계로 5월 모임을 대신하여 4월 20일에 〈Who am I?〉 워크숍을 한국장학재단에서 시행한다. 전원 참석이 요구되며 워크숍은 4시간 이상 소요될 수 있다.
3. 팀장으로는 손승현 멘티가 만장일치로 선정되었다.

팀장 선발은 중요한 일이다. 과정의 공정성을 확보하기 위해 자유롭게 지원하도록 했고 손승현 멘티만이 지원해 선정되었다. 손 팀장은 4학년으로, 모인 멘티 중에 가장 연장자였다.

4. 다음 모임에 각자 팀명을 하나 이상씩 준비하여 결정한다. 팀명을 정할 때는 부르기 좋고, 외우기 좋으며, 팀의 전략적 요소(팀의 정체성)가 고려되어야 한다.
5. 합격자 발표가 되고 팀이 결성되면 메신저 단체 대화방 등을 만들어 소통한다.

예상대로 면접에 참여한 전원이 함께할 수 있어 기쁘고 자랑스럽다. 그 명단은 다음과 같다.

NO	멘티	소속대학	학과
1	손정윤	연세대학교 원주	경영학부
2	김경관	서경대학교	공공인적자원학부
3	박선민	광운대학교	환경공학과
4	구본석	광운대학교	화학과
5	손승현	숭실대학교	전기공학부
6	박시연	연세대학교	정보인터랙션디자인
7	유한영	이화여자대학교	전자전기공학전공(차세대기술공학부)
8	유지선	안양대학교	정보통계학과

〈Kick-off meeting〉을 마치고

멘티가 묻고 멘토가 답하기

손승현 멘티

면접 당일, 첫 번째 만남을 면접 겸 미팅으로 진행하면서 여태까지 면접을 수직 관계로 해 왔지만, 이번 면접에서는 멘토님께서 면접인과 면접자를 동반자(associate) 관계로, 동등한 관계로 진행하게 이끌어 주셔서 편안하게 면접 겸 미팅을 이어갈 수 있었던 것 같습니다!

그리고 면접 진행 중 앞으로의 각오와 동기 등을 발표하면서 저는 생각이 많은 사람이라고 소개를 했듯, 모든 것에 생각을 많이 해서 오히려 선택의 갈림길에서 쉽게 판단을 내리지 못합니다. 그래서 취업의 갈림길에서 방황하고 있는 저에게 올바른 길을 갈 수 있게 도와줄 멘토님이 필요했습니다! 앞으로 잘 부탁하겠습니다.

멘토의 답변

손승현 멘티는 첫인상이 잘생긴 귀공자 타입의 학생이었습니다. 팀장 선발에 혼자 자원하는 것을 보고 멘토링에 준비된 사람이라는 인상을 받았습니다. 주도적이고 책임감이 강하지 않으면 안 되는 일입니다. 지금 보아도 우리 팀 운영에 큰 기여를 한 리더십을 보여 주었고, 고마울 따름입니다.

김경관 멘티

수직 관계가 아닌 동반자(associate) 관계로 면접을 진행했기 때문에 다른 면접에 비해 조금 편안하게 자리에 임할 수 있었던 것 같습니다. 마주 앉아 진행하는 면접이 아닌 원형 테이블에 앉아 진행하는 면접이었고, 본인의 관심사와 진로, 지원 동기 등 다양한 주제로 이야기를 나누었습니다. 질문이 정해져 있지 않은 면접이었기에 더 진솔한 얘기를 할 수 있었던 것 같고 멘티들의 성향을 파악하는 게 좀 더 쉬웠던 것 같습니다.

동반자의 관계로 면접을 진행하게 된 이유, 그리고 면접을 진행하는 데 있어 멘토님께서 가장 중요하게 여기시는 부분이 어떤 것인지 궁금합니다.

멘토의 답변

김경관 멘티는 스포츠맨십이 몸에 익은 책임감 있는 학생이란 느낌을 받았습니다. 동반자(associate 혹은 partner) 관계의 수평적 리더십이란, 시대의 흐름과 나의 가치관이 합쳐져 나온 제안입니다. 멘토링을 일방적 지도나 지식의 전달이 아닌 상호 동등한 관계에서 공동의 목표를 향해 도전하는 팀으로 운영하고 싶었습니다. 내가 성취한 것이나 가진 지식은 중요한 것이 아닙니다.

멘티들의 니즈를 만족하게 해 주는 것이 멘토라는 생각입니다. 그리고 솔직히 멘티들에게서 배우고 싶은 게 많았습니다. 그래서 동반자로 만나기를 원했습니다.

면접에서 가장 중요하게 보는 것은 긍정적 사고입니다. 물병에 물이 반이 남았을 경우, 물이 반밖에 안 남았다고 생각하는 것과 반이나 남았다고 생각하는 것의 차이입니다.

조직을 운영하면서 일에 임하는 태도가 긍정적이면, 창의적으로 되고 조직이 조화롭게 운영됩니다. 그래서 이런 질문을 하곤 했습니다.

"당신은 운이 있는 사람이라고 생각하느냐? 운이 없는 사람이라고 생각하느냐?"

본인이 운이 좋은 사람이라고 긍정적으로 생각하는 사람이 많으면 조직 전체가 운이 좋아지는 것을 느꼈습니다.

박시연 멘티

멘토님께서 면접 전 모든 멘티에게 문자로 'associate' 관계로 만나자고 연락을 주셔서 면접 전에 긴장이 많이 풀렸습니다! 실제로 만나 뵈었을 때도 다 함께 협력해서 나아가자는 걸 계속 강조해 주신 덕분에 첫 만남이었지만 편안한 분위기에서 자유롭게 이야기를 나눌 수 있었습니다. 멘티 8명이 모두 모여 원형 테이블에 둘러앉아 본인의 진로와 관심사, 그리고 사회리더 멘토링에 지원한 이유에 관해 이야기를 나누었습니다. 저는 아직 2학년이고, 전공을 결정한 지도 얼마 되지 않았기 때문에 이번 멘토링을 통해 제 꿈을 구체화하고 싶다고 이야기를 했습니다. 특히, 디자인이라는 분야에 처음 도전을 하게 되어서 설레는 마음이 가득하다고 이야기했습니다. 편안한 분위기 덕분인지 지금까지 봐 왔던 모든 면접 중 가장 제 이야기를 진솔하게 할 수 있었던 면접 같습니다! 그래서 면접을 보고 나오면서 후회가 없었던 것 같습니다. 그리고 한편으로는 멘토님께서는 그 짧은 시간 동안 멘티들의 이야기를 들으며 어떤 생각을 하셨을까 궁금해졌습니다. 그래서 질문을 하나 드리자면, 멘토님께서는 지금까지 정말 많은 면접자를 만나셨을 텐데 면접을 볼 때 어떤 것을 가장 중요시하시는지 궁금합니다!

멘토의 답변

저도 면접을 하면서 대학생을 만난다는 설렘으로 긴장을 했습니다. 박시연 멘티는 자신의 멘토링에 대한 기대와 자신의 꿈에 대해 이야기를 하는 모습에서 똑똑한 친구라는 인상을 받았습니다. 아직도 '소확행'이라고 야무지게 이야기하는 모습이 눈에 선합니다.

(공통사항: 통상 면접에 임할 때 전형적인 갑과 을의 관계로 인식하고, 지나치게 자신을 잘 보이려고 해 긴장을 많이 하는데, 그럴 필요가 없습니다. 면접인도 좋은 사람을 선발하기 위해 긴장합니다. 그들도 조직의 일원이고 자신의 책무를 다해야 하는 을의 위치에 있기 때문입니다. 우리의 부모님이나 형님 같은 사람이고 멘토 같은 평범한 사람들입니다. 자신을 지나치게 표현하는 것보다 진정성 있게 자신을 솔직히 이야기하는 것이 좋습니다. 편안하게 대하고 본인의 소신을 자신 있게 이야기해요.)

면접하는 동안 느낀 점은 대학생들이 저학년이나 고학년이나 자신의 취업과 진로에 고민이 많다는 것입니다. 그리고 나 스스로 이들과 동등한 자격으로 이야기해 주어야겠다고 다짐을 하고, 꼭 도움을 주어야겠다는 생각을 했습니다.

면접 볼 때의 중요점은 위의 김경관 멘티의 답변으로 대신합니다. 첨가한다면, 면접장에 들어오고 나가는 모습을 유심히 봅니다. 문을 열고 들어올 때와 나갈 때 예의를 지키는지, 자리에 앉아 면접자와 눈을 맞추고 웃는지도 봅니다. 기분 좋은 인상(웃고 편안한 모습)이 첫인상에 매우 중요합니다.

04
꿈을 찾는 멘티들

면접 과정에서 멘티들로부터 자신이 장학재단의 멘토링 사업에 참여한 동기와 이유를 간단하게 들을 수 있었다. 대학생들의 공통적인 생각이겠지만 미래에 대한 막연한 불안감과 함께 앞으로의 진로에 대한 방향 설정, 행복한 삶, 구체적 직업에 대한 조언이 필요한 상태였다. 학년(나이)별로 추구하는 니즈는 달랐다. 4학년은 취업이 눈앞에 다가와 있어 직업과 직장에 대한 구체적 조언이 필요한 상태였다. 그리고 2~ 3학년 학생들은 자신의 전공에서 보다 구체적인 진로를 탐색하고자 하였고, 일부는 아직 꿈과 방향에 대한 구체적 생각이 없어 막연히 불안한 학생도 있다. 멘토가 지방 공기업 CEO 출신이라 공기업 취업이 목표인 학생도 2명이 있었다. 멘토를 선택한 학생들은 멘토링의 주제인 '전략적 진로 모색'이 하고 싶은 학생일 수 있었다. 피터 드러커 박사에 매료되어 나의 피터 드러커 관련 서적의 추천 글을 보고 선택한 친구도 있었다. 이유는 제각각이지만 멘토가 제안한 전제 조건인 도전 정신과 행복한 삶의 추구 경향이 반영된 듯하다. 구체적 니즈는 만남을 통해 알게 될 것이고 그것에 맞추어 멘토링을 진행하면 될 것이다. 멘티들이 자신을 사랑할 수 있게 변화하고 솔직하게 자신의 니즈를 요구하는 멘토링이 되기를 기대한다.

05
1년을 계획하다

전략적 진로 모색을 주제로 팀의 1년간 멘토링 운영 계획서를 만들었다. 처음 만든 계획과 크게 다르지 않지만 멘티들의 의견을 들어 일부 수정한 것이다. 처음 멘토링을 계획한 대로 전반기는 전략적 사고 세미나와 강점 발견 워크숍이었고, 후반기는 셀프 리더십이 포함된 드러커 박사의 자기 경영을 기반으로 전략적 진로를 찾아보자는 내용이 포함되었다. 그리고 멘토가 전하고자 하는 메시지를 멘토링 주제로 하여 7가지를 정했다. 멘티들은 작고 확실한 행복을 찾고자 하는 바람을 갖고 있어 진로 모색과 함께 행복 찾기를 포함하는 멘토링이 필요했다. 계획은 항상 상황에 맞는 수정을 전제로 하는 것 같다. 모임을 진행하면서 멘티들의 의견을 들어 수정해 나갈 계획이다.

한국장학재단 대학생 멘토링 연간 계획서

차수	일시	주제	진행내용	세부사항	장소
1	3/8(토) 14시	Kick-off meeting	면접, 팀원 선정, 상견례, 일정 조정, 팀장 선정	4월 20일 전체 워크숍	한국장학재단 미팅룸
2	4/13(토)	코멘트 데이	재단에서 주최하는 전체 워크숍 및 첫 모임	공식행사, 멘토링 개요 소개, 팀명 결정, 팀 가치 공유	경희대
3	4/20(토)	"Who am I?"	경영과 전략에 대한 세미나 <Who am I?> 워크숍	전략적으로 살아가기 '나는 누구인가' 찾기 워크숍	한국장학재단 미팅룸
4	6/15(토)	팀 빌드업 (옵션)	뮤지컬 관람	<블루 사이공> 관람과 팀 단합	과천시민회관
5	6/29(토)	스스로 일어나라	4월 20일 워크숍 결과 피드백과 자신의 강점 확인	자신의 강점과 꿈 워크시트	한국장학재단 미팅룸
6	7/27(토)	서두르지 마라	개인의 니즈 파악과 멘토링	개인별 전략적 진로 모색과 니즈 파악 멘토링	한국장학재단 미팅룸
7	8월 중	코멘트 데이 자기 계발 시간	리더십 콘서트 피터 드러커 박사와의 만남	재단 공식 행사 추천 도서 『자기경영노트』	
8	9/28(토)	바르게 나아가라	셀프 리더십 세미나와 자기 관리 방법	드러커 박사의 저서를 중심으로 자신의 관리 방안과 약점 확인	한국장학재단 미팅룸
9	10/26(토)	함께 나아가라	개인적 진로 방안 논의	진로 멘토링	한국장학재단 미팅룸
10	11/30(토)	많이 웃어라	멘토링 피드백과 사후 관리 방안 Farewell party	결과 보고서 작성, 사후 관리	한국장학재단 미팅룸

06
멘토링 오리엔테이션

- 코멘트 데이 참가

본격적인 멘토링을 시작하는 행사가 4월 13일 경희대학교 평화의 전당에서 열렸다. 벚꽃 휘날리는 경희 캠퍼스는 모든 것을 삼키는 아름다움을 과시했다. 이날은 전국의 멘토 300여 명과 멘티 2,500여 명이 참석하였다. '우리 함께 10년, 그리고 더 멀리'라는 슬로건 아래 10주년 기념 행사를 겸해 열렸다. 행사는 짜임새 있게 진행되었다. 행사장의 선정도 최고였다. 쾌청한 날씨에 봄꽃과 어울린 캠퍼스는 절정의 아름다움을 더했다. 프로그램도 좋았다. 카피라이터 정철의 리더십 강의가 인상 깊었다. 멘티들도 전원 만족감을 표했고 국카스텐 하현우의 공연을 좋아한 친구가 많았다. 행사의 진행도 그렇고 그동안 접촉해 본 한국장학재단 실무자들의 태도도 그렇고 훌륭한 직원들인 것 같다. 정부 투자 기관인 공기업의 직원들로서는 잘 훈련되었고 살아 있는 조직이라 하겠다. 손지화 부장의 리더십에 감사하며, 동료 직원들은 재단의 큰 인적 자산이라 할 것이다. 아쉬움이 있었다면 내빈 소개 순서에 멘티가 없다. '제일 먼저 소개되어야 할 내빈은 멘티가 아닐까?' 사람 중심의 나라라고 역설하듯이 오늘의 최고 내빈은 단연 멘티라고 생각한다. 학생들이 없으면 한국장학재단은 존재의 가치가 없기 때문이다.

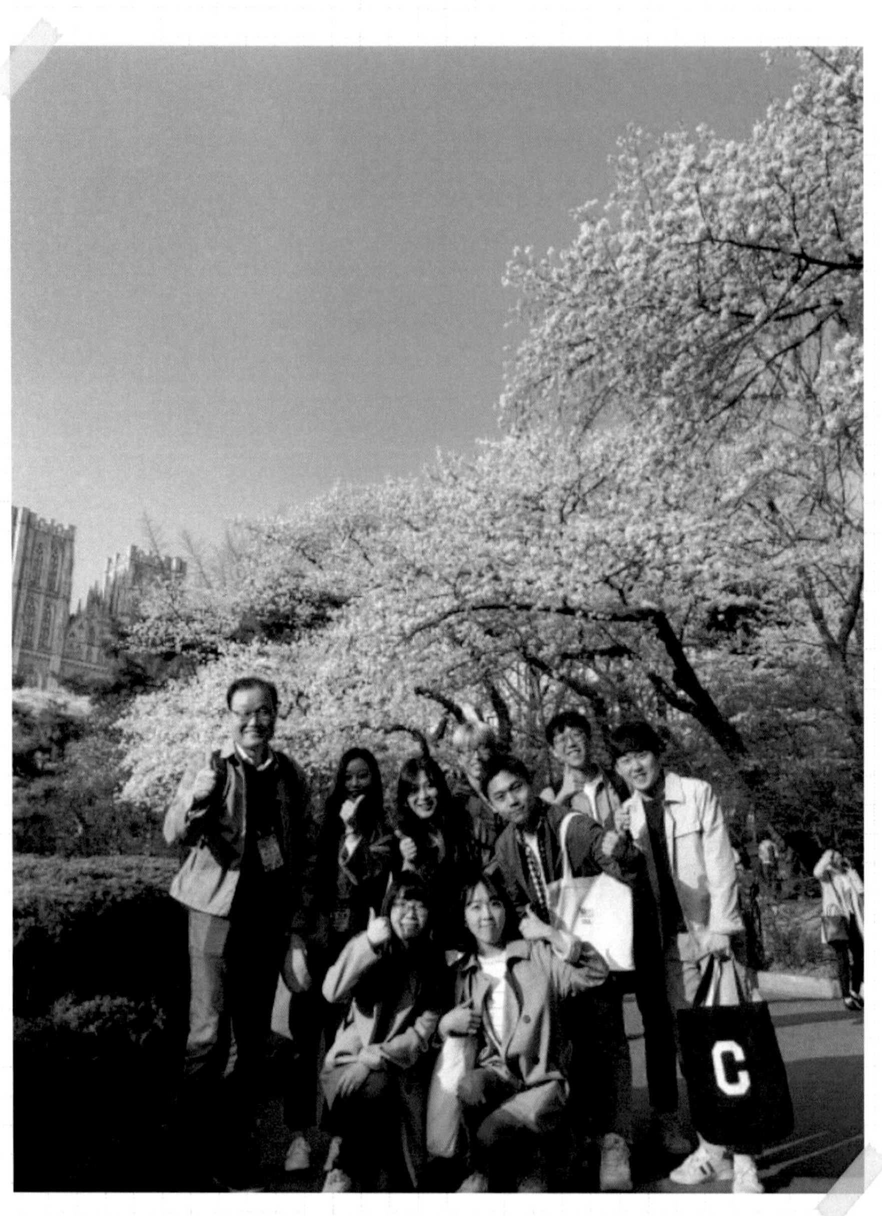

07
자신을 사랑하라

- 2차 멘토링

코멘트 데이 행사가 끝나고 뒤풀이 행사를 겸해서 2차 멘토링 모임을 가졌다. 2시간가량 식사를 겸해 경희대 앞 중국집 샹그리에서 진행되었다. 모임의 의제는 사전에 아래와 같이 알려 주었다.

1. 팀명 결정
2. 연간 운영계획서 검토 및 확정
3. 팀 가치 공유
4. 4월 20일 워크숍 준비와 과제 부여
5. 팀 구호 과제
6. 팀의 협력자(서기) 선발
7. 기타

식사 후 회의가 진행되고 서로 친교의 시간도 갖게 되었다. 팀명은 에이스 팀으로 결정되었다(자세한 내용 별도). 팀 가치는 멘티들이 필요성을 이해하기가 힘들 것 같아 자세한 설명을 하고 필요성을 강조하였다. 앞으로 계속 공유할 사항이다. 조금은 이해를 한 것 같다(별지 참조). 다음

주 워크숍에 필요한 긍정 인터뷰(Appreciate interview) 워크시트 준비를 과제로 주었다. 자신의 과거 성공 경험담을 이야기할 수 있는 준비가 필요하다. 팀의 멘토와 팀장을 돕고 팀원의 협력자로 박시연 멘티가 스스로 하겠다고 자원했다. 힘든 일을 두려워하지 않는 친구를 만나면 신이 난다.

우리 팀 목표의 하나를 "각자의 이력서에 한 줄의 경력을 추가한다."라고 정하고 한 줄의 경력을 위해 책을 만들어 보자고 제안했다. 쉬운 일이 아니고 갑작스러운 나의 제안에 학생들은 어안이 벙벙해 한다. 최선을 다해 보자고 했다. 함께 만드는 것이라 함께 노력해야 한다. 글을 많이 쓰자고 했다. 글을 쓰는 연습을 겸해 우리가 한 일을 모두 기록하자는 것이다. 기록하지 않으면 다 날아가 버린다. 기록한 것만이 우리가 한 일이 된다. '적자'생존이라 했다. 적는 자만이 살 수 있다는 것이다. 계속해서 합의를 위한 의견 일치(Consensus)를 만들어 가야 할 것 같았다. 자기의 강점을 찾는 하나의 방법인 피드백 분석(feedback analysis)에 대한 방법을 미리 알려 주었다. 어떤 목표를 설정하고, 그에 대한 자신의 기대를 설정하고, 기대 시간 후에 결과를 기대치와 비교해 좋은 결과를 가져오는 것이 자신이 좋아하고 잘할 수 있는 분야가 된다. 멘토가 전하는 첫 번째 메시지인 '자신을 사랑하라.'에 대해 이야기했다. 자신을 관리할 수 없고, 자존감이 없으면 한 치의 전진도 어려워진다. BTS의 'LOVE YOURSELF' 캠페인처럼 자신을 사랑하는 일이 자신을 행복하게 하고 나아가 남을 행복하게 할 수 있다. 면접을 볼 때 자신 있게 하라. 어깨를 펴고 당당히 임해라. '당신 회사에 꼭 필요한 날 뽑지 않으면 당신들이 손해가 될 것이다.'라는 각오와 자신감을 가져라. 그러기 위해선 실력(전문성)을 갖춰야 하고, 차별적 우위성을 가져야 한다. 멘티들에게 자신을 귀하게 여기고 존중하며 자신감을 심어 주고 싶었다. 자신을 사랑할 것을 멘토링 기간 내내 강조하고 거듭 언급했다.

2차로 단합과 상호 친교를 위해 술집으로 이동했다. 멘티들은 근방 친해지는 것 같았다. 26살에서 20살까지 나이 차이에도 말을 트고 친구가 되었다. 놀랍고 재밌었다. 오늘 재단에서 준비해 준 멘토 명함을 고객 지향적 사고와 섬김의 리더십 차원에서 먼저 고객이기도 한 멘티들에게 주었다. 그리고 술자리에서 먼저 자리를 떴다. 자리를 비워 주는 것이 도와주는 것 같아서였다.

멘티들 간에 나누는 이야기가 앞으로 멘토링을 하는 데 있어 더욱 보탬이 되는 시간일 것 같았다. 원주에 집이 있는 손정윤 멘티와 함께 먼저 나와 청량리역까지 같이 가면서 많은 이야기를 했다. 손정윤 멘티는 멘토링을 무척 자랑스럽고 설레는 모임이라고 했다. 집이 멀어 오늘처럼 일찍 자리에서 일어나야 하는 것이 너무 아쉽다고 하며 자신의 꿈이 공기업(한국 공항 공사) 입사라고 했고, 나를 만난 것을 정말 좋아해 나도 기분이 좋았다. 한편 어깨가 무거워지기도 했다. 반짝반짝 빛나는 그녀의 눈방울을 보면서 힘이 났다.

그래, 이제 시작이다. 자랑스러운 에이스 팀 멘티들과.

〈멘토링 오리엔테이션〉 참가 후

멘티가 묻고 멘토가 답하기

박선민 멘티

발대식이라는 것이 처음에는 낯설기도 하고 형식적인 순서를 밟는 자리라고 생각했지만 그것은 정말 큰 착각이었다는 생각이 들 만큼 의미도 있고 재미있던 자리였습니다.

만남이 있기 전 우리 팀에 어울리는 이름을 하나씩 생각해 오면 좋겠다는 멘토님의 말씀이 있었습니다. 멘토님께서 미리 올려 주신 팀 가치와 함께 비전, 미션 내용을 참고하여 최대한 부르기 편하고 임팩트 있으면서도 의미 있는 팀 이름을 생각하려 노력했습니다. 정말 감사하게도 제가 제안한 팀 이름이 뽑히게 되었고, 열심히 고민한 보람이 있는 것 같아 기뻤습니다. 멘토님께서 미리 준비한 한지로 만든 연필꽂이 선물도 주셔서 정말 감사했습니다! 이번 모임은 발대식도 정말 즐겁고 유익했지만, 저희 팀이 목표를 향해 한 발짝 내디딘 날이 아닌가 싶어 더욱 의미가 깊었습니다.

멘토의 답변

박선민 멘티의 첫인상은 보이지 않는 보석 같은 사람이었어요. 많은 잠재력을 갖고 있는 친구여서 팀명도 그랬지만 좋은 아이디어와 긍정적 도움을 우리 팀에 주었습니다.

손정윤 멘티

발대식에서는 팀원들과 같은 마음으로 하나의 목표를 향해 달려가기 위해 선서한 모습이 굉장히 빛났습니다. 그리고 발대식이 끝난 후 멘토님과 팀원들과 다 함께 저녁 식사 자리를 가지며, 'A.C.E'라는 팀명을 정하였습니다. 팀명과 팀 목표를 함께 다시 읊어 보며 되새겼고, 많은 이야기를 나누며 가까워질 수 있던, 의미 있는 시간을 보냈습니다.

멘토님께서는 저희 팀원들에게 활동하며 하루하루 발전해 나가고, 이를 기록하며 남기라고 말씀해 주셨습니다. 회의나 특강 진행 시 꼭 필요한 말은 반드시 기록하라는 말씀을 되새기며 많은 것을 배웠습니다.

앞으로 멘토링 활동이 굉장히 기대됩니다!

멘토님, 저희 멘티들에게 많은 도움을 주세요! 열심히 활동하겠습니다!

멘토의 답변

손정윤 멘티는 유일하게 서울이 아닌 원주에서 다니는 학생입니다. 면접 날 수업 때문에 좀 늦겠다고 미리 양해를 구해 이 정도의 배려심이 있으면 같이 가도 되겠다고 생각을 했습니다. 예쁘고 적극적인, 끼가 넘치는 친구입니다. 집이 멀어 시간적, 금전적 부담이 염려되어 특별한 배려가 필요하다고 생각했습니다. 우리가 한 일을 기록하자고 한 것은, 그동안 일을 해 보며 사진을 남기거나 기록하지 않으면 아무것도 남지 않는다는 사실을 느꼈기 때문입니다. 책을 쓰려고 의도한 것도 있지만 경험에 의한 실용적 선택입니다. 소통과 공유의 근거가 되기도 합니다. 우리가 어떤 모임에서 만남을 갖고 그 결과들을 글로 남기지 않으면 나중에 서로 미스 커뮤니케이션 상황이 발생하곤 합니다. 그리고 글로 남기는 사람이 모임을 주도하는 경우가 많아집니다. 저는 직장 생활을 할 때 사내외, 해외 출장 등으로 회의를 하면 당일 저녁에 회의 내용을 요약해 다음 날 회의 참석자들에게 배포하는 습관이 있었어요. 그래서 윗사람들에게 사랑(?)을 받기도 했습니다. 그리고 상대와의 협상에서도 유리한 고지를 점할 수 있었습니다.

멘토링을 하면서 여러분이 느꼈는지 모르겠지만 멘토링의 논의 주제와 결과를 멘토가 별도로 작성해 배포를 한 것은(물론 멘티들이 회의록을 만들었지만) 제가 일하는 스타일입니다.

유지선 멘티

TV에서만 보던 경희대학교 평화의 전당! 멘토링이라는 좋은 프로그램 덕분에 그곳에 가서 예쁜 벚꽃도 구경하고 좋은 강연도 들어서 좋았습니다!

그리고 발대식이 끝나고 맛있는 음식을 두고 서로 어색해하고 있었는데 멘토님의 BTS 이야기를 시작으로 서로 많은 이야기를 나누다 보니 분위기도 많이 좋아졌습니다. 여기서 멘토님의 배려와 열정에 감사했습니다.

그 뒤로 'A.C.E'라는 팀 이름이 정해지니 진짜 한 팀이 된 것을 실감하며 앞으로 더 기대됩니다. 많이 배우며 변화할 나를 위해! 계속해서 잘 부탁드립니다!

멘토의 답변

유지선 멘티는 조용하고 잘 웃는다는 좋은 장점을 갖고 있습니다. 자신의 꿈을 찾는 데 도움을 주어야겠다고 생각했습니다. 또, 멘토링에 가장 성실히 임한 멘티라고 생각했습니다. 제가 BTS에 관심을 갖게 된 시기는 2년 정도 전인 듯합니다. 세간에 관심이 많아질 때입니다. BTS를 화두에 두었던 것은, 그리고 이 책의 소재로 삼은 것은 멘티들과 공감대를 이끌어 나가기 위한 방안이기도 했습니다. 근데 우리 멘티 중에 BTS에 대해 저만큼 관심과 흥미를 느끼는 친구가 없어 실망도 했습니다.

BTS는 나에게 또 다른 세계를 알게 해 준 계기가 되었습니다. 케이팝과 한류, 한글의 우수성을 알게 되었습니다. 그들을 몰랐다면 지금도 7080세대의 음악에 머물러 있었을 것입니다. 생각하니 아찔하네요.

제가 멘토링 과정에서 다양한 일에 관심을 가지라고 이야기한 것은 자신이 갖고 있는 취미나 관심사가 상대적으로 적다는 것이에요. 세상은 넓고 흥미로운 일이 널려 있는데 다만 모를 뿐입니다. 그래서 여러 가지 일에 도전하고 경험을 해 보라고 하는 것입니다.

08
팀 가치의 공유

팀원(멘티)들과 1년을 함께하며 같은 생각과 같은 가치와 원칙을 갖고 만나는 것이 좋을 듯하여 팀의 가치를 정리해 보았다. 팀의 운영 원칙이라고 해도 무방할 것 같다. 5가지로 정리를 하였는데, 아래와 같다.

① 동반자 관계

멘티들과 면접을 할 때부터 이야기한 가치이다. 우리 팀은 멘티와 멘토의 만남이지만 동시에 동반자적 위치에서 관계를 영위하자고 했다. 내가 경영자로 일할 때 직원들과의 관계 설정이었다. 수직적 조직 구조에서 수평적 조직 구조로의 리더십 변화와 지식 사회의 근로 형태로 동반자적 관계를 의미한다. 서로 동등한 위치에서 공동의 목표를 갖고 서로 필요에 의한 만남을 의미한다. 영어로는 'associate', 'partner'라고 표기하는 것이 바람직하다. 동반자적 관계가 되려면 지식인이 되어야 하는데 한 분야의 전문가로서의 지식을 갖고, 주도적으로 일하며, 계속해서 배우려는 자세를 가져야 한다. 멘티들이 할 수 없는 영역일 수 있지만 1년 동안 꾸준히 육성해 볼 계획이다. 아홉 번의 만남으로 만들어 가긴 힘들어도 어린 학생들의 역량을 믿어 보려 한다.

'associate'라는 단어를 동반자라고 표현한 것은 멘토의 생각이다. 사전적 의미로는 동료라는 것이 가장 비슷한 의미인데, 오래전 읽은 자료에서 어떤 기업의 대표가 자신의 회사 직원들을 이렇게 부르고 관계를 설정한 것이다. 나의 생각과 일치하여 인용한 것이다

② 생산적 공헌

성공적인 최상의 관계는 서로 기여할 수 있는 생산적 관계가 되어야 한다. 즉, 상대방에 대한 공헌에 초점을 맞추어야 한다. 상호 간에 긍정적 영향을 얻을 수 있어야 한다는 의미이다. 멘토와 멘티의 관계는 한쪽의 일방적 공헌으로 여겨질 수 있지만 나는 좀 다른 생각을 갖고 있다. 지식과 경험의 반감기는 갈수록 짧아지고 있고, 옛날의 성공이 지금의 성공을 보장할 수 없다. 내가 가지고 있는 지식과 경험이 멘티들에게 얼마나 도움이 될지 알 수가 없다. 그래서 함께 자기가 갖고 있는 지식이나 경험을 공유했으면 한다. 멘티들도 서로 간에 공헌과 기여를 기대한다.

'만남은 상대로부터 무엇인가 받을 수 있는 능력이 있는 사람과 하고, 자신이 상대에게 줄 수 있는 능력이 무엇인가를 생각해라.'

'상호 필요해서 만나고 도움을 줄 수 있는 관계여야 한다.'

'즉, 그는 나에게 어떤 공헌을 할 수 있는가?'

'그가 잘할 수 있는 것은 무엇인가?'

'그 사람의 성공에 내가 공헌할 수 있는 것이 무엇인지 질문하라.'

③ 소통과 공유

소통의 중요성은 말할 필요가 없는 요즘 시대의 화두이다. '말하지 않으면 귀신도 모른다.'라고 한다. 서로 생각을 이야기할 수 있도록 배려하

고 동기 부여할 수 있으므로 이를 습관화해야 한다. 처음 만난 날, 성공하려면 보고를 잘해야 한다는 이야기를 들려주었다. 항상 대화할 수 있게 문호를 개방하고 필요하면 언제라도 전화하도록 했다. 특별한 사정이 있지 않은 한 출석을 꼭 하고, 서면이나 메일, 전화, SNS 등을 통해 소통하도록 했다. 그리고 멘토링과 관련된 모든 정보와 지식은 공유하도록 했다. 정보의 독점으로 지배하는 시대는 갔다. 공유만이 조직의 힘을 만든다.

④ 투명, 기록

모임의 모든 사항을 공개하고 투명하게 처리한다. 그러므로 팀원과 멘토 사이 개인적 상담을 제외하고 팀의 모든 사항은 공개하고 기록한다. 자신의 느낌과 생각을 솔직히 이야기하고 기록하는 것을 기본으로 한다. 솔직함은 리더의 주요한 덕목이다. 기록은 우리 팀 멘토링의 주요한 증거이며, 우리 팀의 훌륭한 결과물로 재탄생한다. 다시 말하지만 '적자' 생존이다.

⑤ 계량화

우리의 목표는 계량화(정량화)해야 한다. 우린 'You can quantify everything.', 즉 할 수 있다는 각오로 모든 목표를 계량화한다. 계량화란 측정할 수 있어야 한다는 의미이다. 팀 목표와 개인의 목표는 정량화(수치화)하고 'SMART' 원칙에 따라 설정한다.

A.C.E. 팀 가치

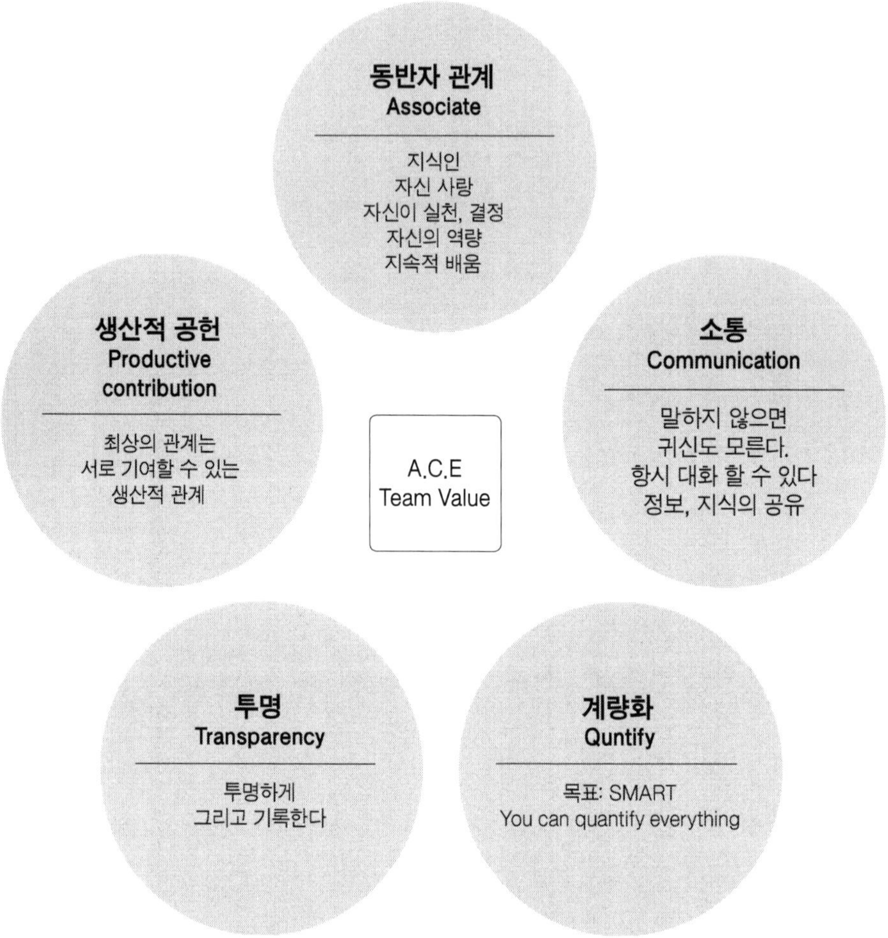

동반자 관계
Associate

지식인
자신 사랑
자신이 실천, 결정
자신의 역량
지속적 배움

생산적 공헌
Productive contribution

최상의 관계는
서로 기여할 수 있는
생산적 관계

A.C.E
Team Value

소통
Communication

말하지 않으면
귀신도 모른다.
항시 대화 할 수 있다
정보, 지식의 공유

투명
Transparency

투명하게
그리고 기록한다

계량화
Quntify

목표: SMART
You can quantify everything

09
멘토링 팀명 결정

조직이나 제품에 이름을 정한다는 것은 중요하고, 많은 노력이 들어간다. 이름 짓기를 '네이밍'이라고도 하고 '브랜딩(제품의 경우)'이라고도 한다. 우리 멘토링 팀은 이름을 정하는 데 공을 들였다. 쉽게 정할 수 있는데도 공을 들일 이유는 멘티들의 교육적 차원에서였다. 앞으로 창업을 하든 직장에 들어가든 누구나 이름 짓는 경험을 할 것이다.

멘토는 마케터 출신이다. 15개 이상의 제품에 이름을 붙여 개발, 런칭해 시장에서 최고의 브랜드로 만들기도 하고 처절하게 실패한 경험도 있다. 멘토가 만든 브랜드가 네이밍 트렌드가 되어 다른 산업에 파급되기도 했다. 서울시 신청사의 '시민청'이란 네이밍 제안도 했다. 1차 모임에서 몇 가지 가이드라인을 주고 2차 모임에서 각자 1개 이상의 이름을 준비해 결정하자고 했다. 부르기 좋고, 외우기 좋으며, 전략적 요소가 포함되어야 한다는 내용인데, 이는 경험상 브랜딩의 키워드다. 부를 때 흐름이 좋아야 하고, 한 번 들어 50%의 사람이 기억하고 두 번 들어 100%의 사람이 기억해야 한다. 또한, 전략적 요소(조직의 경우는 미션, 비전, 가치, 목표, 제품의 경우는 제품의 컨셉과 포지셔닝)가 포함되어야 한다.

우린 잠정적으로 미션(Mission)을 '자신을 사랑하는 생산적인 멘토링 팀'이라고, 비전(Vision)을 '전략적 진로 모색을 위한 자신의 목표를 설정하고 행복을 찾아 가는 멘티 팀'이라고 정했다. 팀의 가치는 동반자 관계, 생산적 헌신, 소통과 공유, 투명과 기록, 계량화로 5가지를 정해 알려 주었다. 2차 모임에서 전원이 준비한 이름을 제출했다. 우린 브레인스토밍을 통해 다수결로 결정을 하기로 했다. 브레인스토밍은 가능한 많은 안을 제시하고, 다른 사람의 안을 비난하지 않고, 안들을 그룹핑하고, 좋은 안에 각자의 의견을 더해 발전시키는 프로세스를 참고하였다.

제출된 안은 '연어', '전진모', '꿈찾사', 'A.C.E', '투어스(to us)', 'Luv', 'Word in the love', '스마일 로드', '욜러', '(최고)자리'였다. 이 중에서 1차로 투어스와 에이스가 선정되었고, 두 가지 중 결국 에이스(A.C.E)가 압도적인 차이로 결정되었다. 'A'는 우리의 가치인 동반자 관계(associate)를 의미하고, 'C'는 소통(Communication)을 의미하며, 'E'는 '우리의 꿈과 목표를 세운다.'라는 수립(Establishment)을 의미한다. 또한, A.C.E가 최고를 의미해 우리 팀의 앞으로의 길을 열어 나가기에 좋은 의미라 모두 만족하였다. 당첨 안을 낸 박선민 멘티에게는 준비한 선물을 주었다.

에이스 팀 파이팅!

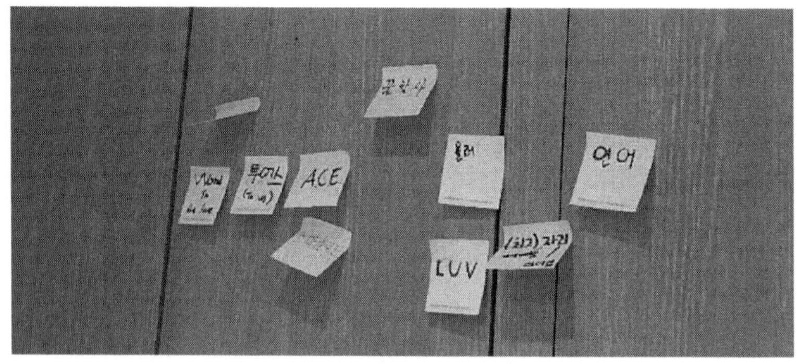

10
꿈을 목표로

- 비전 체인

멘토링 팀이 구성되고, 이름도 정해지고, 팀원들이 공유할 가치도 정해졌다. 다음은 팀의 구성 목적이자 우리 팀을 외부의 관점에서 보는 사명(mission)을 정해야 한다. 미션은 '자신을 사랑하는 생산적인 멘토링 팀'으로 정했다. 그리고 우리 팀이 추구하는 장래 꿈인 비전(vision)은 '전략적 진로 모색을 위해 자신의 목표를 설정하고 행복을 찾아 가는 멘티 그룹'으로 정했다. 비전을 달성하기 위해 핵심 가치를 공유하면서 구체적 목표를 설정해야 한다.

목표는 첫째, 각자의 이력서에 한 줄의 경력을 추가한다(공동저서 출간). 둘째, 자신의 삶과 일(앞으로의 진로)에 계량화된 목표를 설정하고, 행복한 것을 한 가지 이상 발견하기로 했다. 보다 구체적이고 계량화된 목표여야 한다. 다음은 목표 달성을 위해 전략으로 지식 공유, 목표 설정, 행복 찾기, 결과물 만들기(책 출간, 목표 보드와 행복 지도 만들기)로 정했다. 다음으로 전략을 실행할 수 있는 실행 계획과 연간 행동 계획을 만들어 각자가 할 일을 명기했다. 꿈 실현을 위해 일련의 고리로 만든 것이 비전 체인(vision chain)이다. 팀이 해야 할 사항을 일관성 있게 알아보고 달성할 수 있게 해 준다. 반대로, 실행을 위한 행동 계획부터 역순의 방법으로 최종 꿈을 달성할 수 있다. 팀의 비전 체인을 만든 것은 멘티들에게 앞으로 조직의 리더로서 목표 달성을 위한 전략적 사고를 하고 실행을 통해 성과를 올릴 수 있는 안목을 갖게 해 주기 위해서였다.

에이스 팀의 비전 체인을 첨부한다.

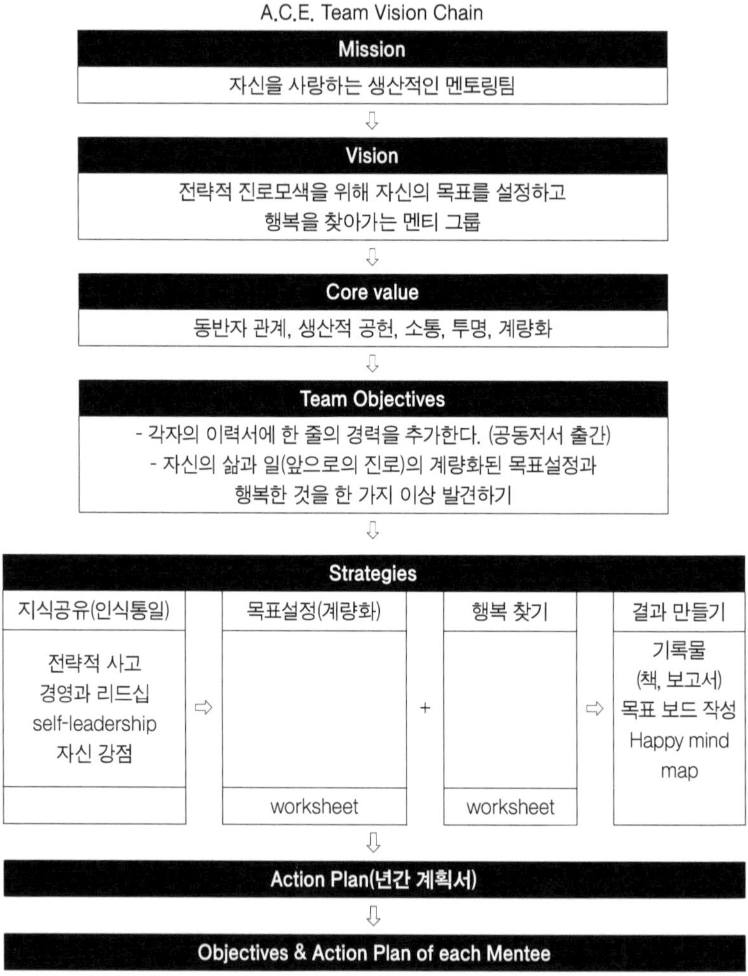

A.C.E. Team Vision Chain

Mission

자신을 사랑하는 생산적인 멘토링팀

⇩

Vision

전략적 진로모색을 위해 자신의 목표를 설정하고
행복을 찾아가는 멘티 그룹

⇩

Core value

동반자 관계, 생산적 공헌, 소통, 투명, 계량화

⇩

Team Objectives

- 각자의 이력서에 한 줄의 경력을 추가한다. (공동저서 출간)
- 자신의 삶과 일(앞으로의 진로)의 계량화된 목표설정과
행복한 것을 한 가지 이상 발견하기

⇩

Strategies

지식공유(인식통일)		목표설정(계량화)		행복 찾기		결과 만들기
전략적 사고 경영과 리드십 self-leadership 자신 강점	⇨		+		⇨	기록물 (책, 보고서) 목표 보드 작성 Happy mind map
		worksheet		worksheet		

⇩

Action Plan(년간 계획서)

⇩

Objectives & Action Plan of each Mentee

나를 찾아 가는
멘티들의 이야기

평범한 대학생이 생각하는 자존감과 매력

19년 3월, 처음으로 멘토님께서 책을 쓰자고 제안을 하셨을 때, 조금 당황했었고 '글다운 글을 써본 적 없는 내가 책을 쓸 수 있을까?'라는 걱정이 컸다. 군 복무 시절 일기를 쓴답시고 수첩에 ㅛ석거렸던 게 전부였기 때문이다. 무엇보다 '뭐 하나 내세울 것 없는 내가 독자들에게 정보를 전달할 수 있는 능력이 될까?'라는 게 가장 큰 걱정이었다. 그래서 일단은 무작정 의자에 앉아 보기라도 했다. 평일을 마치고 주말이 되면 집 앞에 있는 스타벅스에 앉아서 시원한 아메리카노로 목을 축이며 곰곰이 생각했다. '나는 어떤 인생을 살아왔나?' '멘토링을 통해 내가 달라진 것이 무엇인가?' 거짓말은 하고 싶지 않았다. 진실하게 달라진 나의 모습을 글로 녹이고 싶었다. 확실히 이번 2019년은 나에게 있어서 정말 많은 경험을 했고, 많은 일이 있었으며, 그로 인해 정말 많이 성장할 수 있었던 해였다. 그러다 문득 인터넷에서 봤던 『나를 찾아가는 글쓰기』라는 책이 문득 떠올랐다. 나에 대한 생각에 생각을 거듭하다 지하 20층 언저리쯤 숨어 있는 내 자아의 방에 문을 두드리기 시작했다. 그리고 그 방 안에 있는 나에게 말을 한마디씩 건넸다. '넌 누구냐?'

한편으로는 멘토님께서 하신 책을 쓰자는 말씀이 이력서에 한 줄이라도 더 쓰자는 목표 외에 글을 쓰는 과정으로 인해 나에 대해 한 번 더 돌이켜 보고, 성장하게끔 하는 하나의 멘토링의 과정이지 않을까 하는 생각이 들었다. 말이라는 것은 휘발성이 있어 아무리 말을 해도 언젠가는 날아가기 마련이다. 그렇기 때문에 기록을 해야 한다. 기록하기 위해서는 생각을 해야 하고, 나에 대한 생각은 나를 찾게 한다. 이렇게 나에 대해 생각을 하면서 첫째로 초점을 맞췄던 것은 자존감이었다. 멘토님께서는 자신의 목표를 위해 전진을 하려면 자존감 즉, 자신을 사랑하는 마음이 필요하다고 강조하셨다. 그리고 우리 멘티들은 자신을 사랑하고 있는 것 같다고 말씀을 해 주셨다. 이 말을 듣고, 자존감이라는 단어에 대해서 천천히 곱씹어 보았다. '나는 과연 나를 진정으로 사랑할까?'

결론부터 말하자면, 나는 자존감이 높을 때도 있고, 낮을 때도 있다. 취준생이라는 신분을 가진 지금, 불합격의 통보를 받거나 일이 잘 안 풀릴 때는 자존감이 바닥을 치기도 했었다. 길을 가다가 나보다 외모나 능력이 훨씬 뛰어난 사람을 볼 때도 자존감이 낮아지는 것 같았다. 그렇기 때문에 나의 자존감 점수를 매기자면, 100점 만점에 한 80점 정도 되지 않을까 싶다. 사실은 평소에 자존감이라는 단어를 떠올리면서 '나는 자존감이 낮다.' 혹은 '나는 자존감이 높다.'라는 생각 자체를 잘 안 하는 편이다. 하지만 이번 계기를 통해 나는 나의 자존감이라는 녀석과 마주할 기회가 생겼고, 이제 이 녀석을 내 것으로 만들려고 노력할 것이다.

자존감이라는 단어를 떠올렸을 때 자동으로 연상되는 단어들이 있었다. 바로 '매력'이었다. 자존감(Self-Esteem)의 사전적 의미는 '자신에 대한 존엄성이 타인들의 외적인 인정이나 칭찬에 의한 것이 아니라 자신 내부의 성숙한 사고와 가치에 의해 얻어지는 개인의 의식'이며, 매력(Charm)은 '사람의 마음을 사로잡아 끄는 힘'이다. 내가 생각하기엔 자신에 대한 존엄성이 있는 사람들은 대체로 사람의 마음을 사로잡는 힘, 매력이 있는 것 같다. 이 단어에 대해 관심을 가지게 된 이후에 최근 들어서 대중교통을 이용하거나 길을 지나다닐 때 사람들을 유심히 지켜보는 습관이 생겼다. 그러면서 '그들이 가지고 있는 매력은 무엇일까?', '어떤 일을 하는 사람일까?'라는 관심을 갖게 되었다. 기타를 메고 있는 사람을 보고 '와, 저 사람이 공연할 땐 얼마나 멋있을까?'라든지, 출근길 배불뚝이에 험상궂게 생기신 아저씨를 보면 '가족들 사이에서, 회사에서는 어떤 이미지의 모습일까?'라든지……. 사람에 대해 생각의 잣대를 겨누다 보니 그 화살표가 360도를 뱅뱅 돌더니 결국엔 나로 향하게 되었다. 나는 어떤 매력을 가졌는지 말이다.

솔직히 잘 모르겠다. 그래서인지 언젠가부터 나는 '잘생기셨네요.' 혹은 '피부가 좋으시네요.'라는 외적인 칭찬보다는 '매력 있으시네요.'라는 말을 훨씬 더 좋아하게 되었다. 진짜 나의 가치를 알아준다는 느낌이 들기도 하고 빈 껍데기가 아닌 속 알맹이를 인정해 주는 느낌이 들어서였다.

사람들은 자신의 매력, 자존감을 높이기 위해 다양한 것을 한다. 악기를 연주한다든지, 예쁘고 멋진 자신의 사진을 SNS에 올린다든지, 비싸고 예쁜 옷을 사 입는다든지. 그리고 우리는 그런 사람들을 보면서 '되게 멋있다.' 또는 '매력 있다.'라는 등의 표현을 사용한다. 나도 돌이켜 보면 자존감을 높이기 위해 많은 것을 했던 것 같다. 괜히 별로 좋아하지도 않는 분야의 운동들을 배우기도 했고, 재미있는 사람이 매력적으로 보여 관련 책들을 찾아보기도 했으며, 비싼 옷을 사 입기도 했다. 좋아하지도 않는 운동은 한 달을 가지 못했고, 내가 하는 개그들은 재치와 유머가 없는 나에게는 썰렁한 농담에 지나지 않았고, 유행을 따라 산 비싼 옷들은 더 이상 입지 않게 되었다. 그러는 순간 점점 나라는 존재도 사라지는 듯했다.

시간이 흐르면서 '매력 있는 사람이란 무엇일까?'라는 질문에 대한 고민을 시작하게 되었다. 그 전에 나는 '왜 내가 매력이 있어야 하는 걸까?'라는 질문에 대한 답변부터 고민했다. 매력이 있으면 사람들에게 호감을 받을 수 있으니까? 호감을 받으면 내가 행복할 수 있으니까? 하지만 이런 답변에도 그 속에는 '나'를 위한 것이 없었다. 매력을 키움으로써 타인의 인정이 자연스럽게 따라오는 것이지 타인에게 인정을 받기 위해 매력을 키우는 것은 진정성이 없어 보였다. 나는 '온전한 나로 살아가기 위해' 매력을 키우도록 노력해야 한다고 생각한다. 매력을 키우도록 노력을 하면서 나에 대한 존엄성을 한 번 더 생각해 보며 감사하고, 셀프 만족감을 키우며, 자신을 사랑하게 되기 때문이다. 이 노력은 외적인 것뿐 아니라 내적인 노력도 포함된다. 외적으로 반짝이는 것뿐 아니라 지혜를 섭취하며 내적으로도 반짝여야 한다.

매력 있는 사람들을 여럿 지켜본 적이 있었다. 아까 언급했듯, 그들의 공통점은 그들 자신을 사랑하고 있다는 것이다. 물론 자기 자신이 미워 보일 때도 있었겠지만, 그때도 그들은 자기 자신을 위해 헤쳐나가고 자신을 찾아 가려고 노력했다. 언젠가 책에서 이런 글을 본 적이 있었다. '모든 사람과 좋은 사이인 사람'과 '일부 사람과는 사이가 좋지만 일부 사람과는 사이가 나쁜 사람' 둘 중에 어떤 사람이 좋은 사람일까? 이에 대한 답은 후자 쪽이었다. 모든 사람과 좋은 사이인 사람은 가면을 쓰고 사람들을 대하고, 후자 쪽은 적어도 가면은 안 쓰고 자신의 소신대로 행동한다는 것이었다. 물론 이게 이기적이라든지, 전자 쪽은 정말 착한 사람일 수도 있다든지 말이 있긴 하지만, 적어도 나는 후자 쪽의 사람이 더 매력적으로 보였다. 자신의 소신대로 행동할 수 있다는 것은 사실 엄청난 용기가 필요한 것이기 때문이다. 자신의 '주관'이 있는 사람이 멋있어 보였다.

모든 것을 잘할 수는 없다. 악기를 잘 다룰 수도, 노래를 잘할 수도, 재미있는 사람이 될 수도, 비싼 옷을 사 입을 수도 있다. 하지만 자신을 사랑하는 사람은 누구나 될 수 있다. 자신을 사랑하는 사람은 타인을 인정할 줄도 안다. 그런 사람은 악기를 못 다뤄도, 싼 옷을 입어도 '빛'이 난다.

그리고 이제 나도 그런 사람이 되고자 한다.

손정윤

멘티들의 니즈
- 시작 계기

나는 2018년 초부터 지역 아동 센터에서 초, 중, 고 아이들의 멘토 선생님으로 활동 중이다. 몇 년간 멘토링을 진행하면서 아이들의 고민이나 진로 상담을 해 주고, 학업에도 도움을 줄 수 있었기에 뜻깊은 시간이었다. 또한, 그 아이들이 나를 통해 작은 변화가 생기면 큰 기쁨과 보람을 느끼기도 한다. 이렇듯 나에게는 누군가의 멘토로서 도움을 줄 수 있던 시간이 존재한다.

하지만 정작 나에겐 (부모님과 은사님, 주변 분들을 제외한) 나의 관심 분야에 전문가인 멘토 선생님이 없다는 생각이 문득 들었다. 지금이 인생에 중요한 시기임을 알고 있기에 도움이 필요했다. 따라서 한국장학재단에서 진행하는 멘토링에 신청하고 면접을 보게 되었다. 내가 누군가에게 열심히 배우는 멘티가 되어 멘토링을 받는다는 것은 이전과는 다른 모습으로 날 성장시킬 것이며, 이를 통해 내가 몰랐던 모습까지 찾을 수 있을 것이라는 기대감에 설렜다.

나의 어릴 적 꿈이 계속해서 다른 모습으로 변화했던 기억이 난다. 그만큼 불안정하고 확실히 관심 있는 직업은 딱히 없었다. 그러다가 고등학교 때 마케팅에 큰 흥미를 느끼게 되었고, 그 흥미는 곧 관심거리가 되어 갔다. 지금은 그 분야를 전문적으로 배우며 그만큼 많은 고민을 하고 있다. 학과 이름이 곧 직업의 이름이 되는, 꿈이 확실히 정해져 있는 주변 친구들과 비교하면 '경영'은 확실한 직업이 없기 때문이다. 하지만 반대로 생각하면 길이 넓다는 장점이 있는 것 같다. 나는 나의 인생에 명확하고 튼튼한 길을 건설하고 싶다. 그러기 위해서는 나에게 도움을 주실 인생 멘토 선생님이 필요하다.

2019년 3월 8일 금요일, 면접 날이었다. 나는 그날 학교에서 필수 수업을 들어야만 했고, 수업을 듣고 나면 시외버스 시간 때문에 학교에서 한국장학재단까지 최소 10분 정도 늦을 수밖에 없었다. 시간 약속을 칼같이 지키는 나로서는 매우 불안했고, 어떻게 해야 할지 고민했다. 고민 끝에 결국 멘토님께 상황 설명을 하며 양해 부탁드린다고 연락을 드렸다. 그러자 멘토님께서는 '예, 천천히 조심해서 오세요.'라는 편안한 답장을 보내 주셨고, 그 덕분인지 다행히 금요일 당일 면접 시간에는 예상보다 빠르게 도착할 수 있었다. 멘토님의 답장을 통해 따뜻함을 느낄 수 있었다.

우리의 첫 모임은 멘토님과 멘티들이 각자 어떤 개성을 가진 사람인지 알아보는 시간이었다. 같은 목표를 가지고 함께 활동하지만, 서로 살아온 환경이 다른 만큼 한 명, 한 명 궁금했다. 하지만 팀원들과 이야기를 나누며 나를 본격적으로 소개하기에 앞서 내가 앞으로 무엇을 할 것이며, 무엇을 원하는지 그리고 이를 위해서 어떻게 해야 하는지 잘 모르고 있다는 생각이 들었다. 따라서 멘토님께 많은 것을 배우고 도움을 받기 위해 노력하며, 동료 팀원들과 즐거운 멘토링 활동을 진행할 것이다.

이날 내가 조금 늦을 수도 있다는, 양해를 미리 구하는 연락 후에 멘토님께서는 예의, 예절에 대해 같이 면접을 보는 다른 멘티들에게 이를 언급하며 내 소개를 해 주셨다. 이때 다짐했다. 멘토님께 진로와 관련해서만 멘토링을 받는 것이 아니라, 인생에 대해 다방면으로 배워갈 것이라고.

시작의 가치

4월에는 한국장학재단 발대식이 진행되었다. 그날 팀원들과 함께 자신이 이루고자 하는 목표를 위해 선서도 하였다. 발대식이 끝난 후 멘토님과 팀원들과 다 함께 저녁 식사 자리를 가졌고, 'A.C.E'라는 팀명을 정하게 되었다. 팀의 목표와 비전을 정했고, 많은 이야기를 나누며 가까워지는, 의미 있는 시간을 보냈다.

우리 팀의 가치는 소통과 공유를 통해 동반자이자 생산적 관계가 되어야 한다는 것, 그리고 이를 위해서 투명해야 하고 기록을 통해 남기고 비교할 수 있어야 한다는 것이다. 목표는 'SMART 원칙에 따른 계량화'다. 앞으로 정기 모임이 있을 때마다 배운 것과 나의 생각 변화 등에 대해 기록하고 남길 것이다. 그리고 그 기록들을 통해 마지막 정기 모임이 되었을 때, '나'라는 사람을 스스로 비교하고 팀원들에게 피드백을 받고 싶다. 전략적인 사람이 되기 위해서 말이다. 이렇듯 활동을 시작하기에 앞서 팀의 가치와 목표를 연결 지을 수 있었기에 더욱 기대되었다.

또한, 우리 팀은 앞으로 전략적인 진로를 모색하고, 좀 더 나아가 인생의 행복을 찾는다는 공동의 목표를 가지고 활동해야 한다. 그러기 위해서는 A.C.E. 팀의 활동에 큰 가치와 의미를 두는 것이 중요하다고 생각한다. 예를 들면, 정기 모임에 적극적인 참여는 물론, 자신의 작은 의견 표출 하나하나가 생각보다 큰 비중을 차지할 것이다. 이는 곧 팀의 가치 향상이며 자신의 의지를 보여 주는 것으로 생각하기 때문이다.

동료 멘티들과는 서로 사는 곳, 나이, 관심사, 전공 등 모든 것이 달랐지만 이야기를 나누며 순식간에 가까워졌다. '앞으로 서로 도우며 자신이 갈망하는 진로를 모색하고, 그것을 위해 노력하자.'라고 마음속으로 말하고 있었던 것 같았다. A.C.E. 팀원 모두 동반자적 관계라는 가치에 따라 서로 도우며, 천천히 깊게 자신의 목표를 이루기 바란다. 나와 그들의 꿈을 응원한다.

이렇듯 앞으로 어떤 일을 하든, 시작에 가치를 두고 스타트를 끊는 것은 어떨까? 여태까지 시작에 가치를 두는 일에 대해 때때로 시기를 놓칠 때가 많았다. 하지만 이번 멘토링 활동 시작에 앞서, '기록하여 남긴다.'라는 것에 가치를 두고 목표와 본질을 다시 한번 상기시키며 기대치를 설정하였다. 이를 통해 긍정적인 생각을 하였고, 나에 대한 기대와 새로운 목표 설정으로 인해 삶의 질을 한층 높일 수 있었다. 앞으로 어떤 일을 시작하든 나의 행복한 삶을 위해 가장 먼저 '시작이라는 단어에 가치를 두겠다.'라고 다짐했다.

나 자신을 아끼고 사랑하기

'나 자신을 아끼고 사랑하기.'

내 삶의 목표 중 하나이다. 학업, 일, 사랑 등 모든 일을 시작할 때 인간관계는 기본이다. 그리고 나는 이러한 인간관계의 시작은 '나 자신을 아끼고 사랑하기.'라고 생각한다. 쉬워 보이지만 지키기 어려웠다. 나를 나보다 더 잘난 사람들과 끊임없이 비교하기 일쑤였으며, 그것은 나를 벼랑 끝으로 몰아가기도 했다. 비교하면 할수록 세상엔 더 많은 사람이 있었고, 그들과 경쟁한다고 생각하니 나 자신이 한없이 작게 느껴졌다.

하지만 작아진 나는 작아진 만큼 더 넓은 세상을 보기로 했다. 안 가봤던 곳에 덜컥 가보기도 하였고, 더 멀리 나가 보기도 했다. 처음엔 겁이 났다. '많은 사람 중 평범한 내가 어떤 방식으로 나를 사랑할 수 있을까?', '새로운 활동을 시작하게 됨으로써 여러 유형의 사람을 만나고, 나에게 더 실망하게 되는 일이 발생하면 어쩌나?' 등…….

역시나 무언가를 시작하고 초반에 느낀 감정은 내가 세상의 작은 먼지일 뿐이라는 것이다. 인정한다. 하지만 '방치한 보석 위에 쌓인 먼지를 닦고, 다시 관리함으로써 그 전보다 더 반짝이는 보석을 얻을 수 있지 않을까?'라는 긍정적인 생각이 들었다. 다른 사람들과 비교되는 나의 강점이 있고, 나의 생각이 있고, 나의 마음이 있다. 그리고 그 보석은 바로 열심히 사는 내가 될 것이다.

나는 아직도 먼지로 덮여 있다. 서두르지 않고 천천히 그것을 닦아 나갈 것이고, 시간이 오래 걸릴지라도 언젠가는 밝게 빛나는 보석이 될 것이다. 물론 쉽지 않겠지만, 더 넓은 세상과 경험을 통해 실수도 하고 실패도 맛보며 작은 보석보다는 큰 보석을 가다듬고 싶다. 이렇게 나는 나 자신을 먼저 사랑하며 가꿀 것이다.

그러고 나서야 비로소 남을 사랑할 수가 있다. 이게 바로 이상적인 인간관계의 시작이라고 생각한다. 나는 고등학교 시절 학급 교훈에 '친구를 내 몸처럼 아끼고 사랑하자.'라는 내용을 써서 공모하였고, 내가 쓴 교훈이 채택되었다. 이를 담임 선생님께서 붓글씨로 크게 쓰셔서 교실 위쪽 태극기와 함께 달아 놓아 주셨다. 이때 학급 교훈을 달기 전과 후로 조금은 변화가 생겼다고 생각한다. 나비 효과처럼 다른 반 친구들이 우리 반에 놀러 오면 특색 있는 교훈을 보고 관심을 가지고, 한 번씩 읽어 보며, 자신도 모르게 실천하고 있지 않았을까 싶다. 나를 사랑하지 않는 사람은 남을 사랑할 수 없다고 생각한다. 아직 많이 부족한 나지만, 그런 내 모습도 지금보다 더 아끼고 사랑하려고 한다.

이를 위해서는 나의 장점을 극대화하여 '셀프 칭찬'을 아끼지 않을 것이며, 그것을 키워 나가며 나 자신을 최우선으로 사랑할 거다. 그리고 이 마음 그대로 주변 사람들도 사랑하고 함께 웃으며 행복하게 살고 싶다.

멘토링 지원 이유

"크면 어떤 사람이 되고 싶은가요?"

초등학생 때 국제중학교에 가기 위해 치렀던 면접에서 들었던 질문이다.

"꿈이 있나요? 어떤 꿈을 가지고 있나요?"

중학생 때 특목고를 가기 위해 치렀던 면접에서 들었던 질문이다.

"고등학교 재학 기간 중 학업에 기울인 노력과 학습 경험을 통해 배우고 느낀 점을……."

고등학생 때 대학교에 가기 위해 적었던 자기소개서 문항 중 하나이다.

가끔 신기할 때가 있다. 내 인생인데, 내가 되고 싶은 것이 무엇인지 스스로 모르겠고 별로 궁금하지 않은데, 주변에서 더 궁금해하며 물어본다.

처음에는 솔직하게 말했다. "난 아직 모르겠어요." 그건 사람들이 원하는 대답이 아니었다. 면접에서 이렇게 말하는 것은 불합격의 지름길이라고 한다. 그래서 거짓으로 꾸며 내기 시작했다. “나는 선생님이 되고 싶어요.” “나는 의사가 되고 싶어요.” 사람들이 인정할 만한 직업을 가지고 싶다고 말하기 시작했다. 내 진로 조사서에는 선생님, 의사가 적혀 있다. 그제야 사람들이 납득하였다. “그런 꿈을 가지고 있다니 대단하다.” 라며 인정도 해 줬던 거 같다. 그리고 나는 내가 무엇이 되고 싶은지도 모른 채 기대를 받아야 했고, 부담을 느껴야 했다.

꿈을 찾는 것보다는 단지 내가 한 말을 책임지기 위한 삶을 살기 시작했다. 그래서 공부를 했다. 입버릇처럼 공부하기 귀찮다며 투덜대긴 했지만, 공부를 진심으로 싫어한 적은 없었다. 다행스럽게도, 조금만 공부를 해도 바로 결과를 볼 수 있었다. 즉각적인 보상은 공부를 계속하게 해 주었다. 그리고 ‘정말 저런 삶을 살면 좋을까?’라는 생각에 오기도 생겼고 의욕도 생겼다. 하지만 단지 그뿐이었다. 만들어 낸 열정은 오래가지 못했고, 소소한 시험에서는 성적이 잘 나왔지만, 긴 시간을 준비하고 본 시험에서는 기대만큼의 성적을 받지는 못했다. 결국, 4번의 도전 끝에 나는 지쳤고, 성적에 따라 지원을 해 대학을 갔다.

그래도 ‘하고 싶은 것을 찾아보는 노력이라도 해야겠지.’라는 생각에 특수 전공(사대, 의대, 간호대, 조예대 등)을 제외한 학과를 선택해서 2학년 때 진입할 수 있는 학과를 선택했다. 누군가가 말했다. 많은 일을 하다 보면 내가 좋아하는 것, 싫어하는 것, 어떤 길로 가야 할지를 찾을 수 있다고. 그래서 1년 동안 공부 외에는 아무것도 할 수 없었던 때를 생각하며 여러 가지를 해 보려 노력했다. 일단은 이과 쪽 학과를 선택하겠다는 판단하에 자연대, 공대, 뇌인지 학과 등 다양한 분야의 전공 기초 수업들을 들었다. 사람들도 많이 만나 봐야겠다는 다짐하에 동아리도 들었고, 다양한 곳에 면접도 보러 다녔다. 컴퓨터 관련 동아리에 들어 코딩에 대해 배우고, 새로운 사람들을 만났다. 내가 배운 지식을 나누기 위해 봉사 활동도 다녔다. 주로 중학생, 고등학생의 공부를 알려 주는 활동을 했고, 많은 보람을 느낄 수 있었다.

하지만, 여전히 알 수 없었다. 학교에 처음 입학할 때는 생명 쪽 학과를 선택할 생각이었지만, 의외로 공대에 관심이 가게 되어 전자·전기공학과에 진학했다. 적성보다는 취업률 등을 보고 선택했지만, 다행히 적성에 심각하게 안 맞는 것은 아니다. 그래도 아직은 내가 무엇을 하고 싶은지 모르겠다. 그래서 멘토링을 신청했다. 나의 적성에 맞는 나의 진로를 찾는 것을 쉴 수 없다는 불안감에 멘토링 신청을 위한 자기소개서를 작성했다.

나를 사랑하다

'당신의 이웃을 사랑하십니까?'라는 게임이 있다. 이 질문을 받은 당사자는 대부분 심각하게 고민하지 않고 대답한다. 또한 특별한 경우가 아닌 한 '왜 그렇게 대답했어?'라는 질문도 듣지 않을 것이다. 그렇다면, 이웃 대신에 나 자신이 들어가면 어떻게 될까?

'당신은 자신을 사랑합니까?'

참 난감한 질문이 아닐 수 없다. 선뜻 그렇다고 대답하기에는 확신이 서지 않고, 아니라고 하기에는 정말 아닌 것도 아니다. 고민 끝에 고작

할 수 있는 대답은 '그저 그래.'라는 무미건조한 대답일 뿐이다. 그럼 다음 질문이 들어올 것이다. '왜 그저 그래?' 그럼 또다시 뻔한 대답을 찾는다. 확실히 그렇다고 하기에는 나 자신의 단점이 너무 많이 보이고, 아니라고 하기에는 자신을 극한으로 방치할 만큼 애정이 없는 것은 아니니까. 그러니까 내 대답은 그저 그렇다고.

나는 이런 확실하게 대답할 수 없는 질문을 좋아하지 않는다. 대답한 것 같지도 않고 나 자신도 헷갈리게 만든다는 점에서 특히 더 그렇다. 그럼 이 질문을 확실하게 대답할 수 있는 방법은 단 하나뿐이다. 나 자신을 사랑하든지, 말든지 둘 중 하나를 고르면 된다. 사랑하지 않는 것은 좋은 기분이 아니니까 나 자신을 사랑해 보자고 결심했다.

첫 번째로 생각한 방법은 먼저 나 자신을 사랑하지 못했던 이유를 없애는 것이었다. 나 자신을 확실하게 사랑한다고 말할 수 없었던 가장 큰 이유는 내 단점이 스스로 너무 많이 보였기 때문이다. 그래서 나의 단점을 보지 않기로 결심했다. 하지만, 나는 나와 24시간, 주 7일을 함께 있는데 단점을 안 본다는 게 가능한 소리는 아니다. 심지어 다른 사람이 모르고 넘어가는 일도 나만은 알고 있기 때문에 정말 피곤한 관찰자가 아닐 수 없다. 그래서 단점을 안 보는 것은 깔끔하게 포기하기로 했다.

두 번째로 생각한 방법은 '안 볼 수 없다면 피하지 말자.'라는 것이다. 당연한 말이지만, 사람은 완벽할 수 없다. 단점이든 장점이든 그것은 '나'라는 인간을 구성하는 요소인 것이다. 그래서 이를 인정하고 수용하여 단점을 끌어안는 사람이 되기로 했다. 단점이 보일 때마다 스스로 반복하여 말했다. '괜찮아. 이런 점도 다 포함해서 너라는 사람이 된단다.' 말하고 또 말했다. 하지만, 곧 치명적인 문제점을 발견했다. '나를 사랑하기' 위해서 시작한 행동이 '나를 깎아내리고' 있었다. 단점만을 계속 인정하다 보니 종지에는 '내가 이 정도밖에 안 되는 사람이야? 난 단점만 있는 사람인 거 같은데…….'라는 생각으로 흘러가고 있었다. '아, 이것도 아니다.'라는 생각이 들었다.

이젠 마지막이라는 생각이 들었다. 단점을 안 보는 것도, 직면하는 것도 힘들다면 단점이라 생각했던 것에서 긍정적인 부분을 찾아보기로 했다. 일단, 난 성격이 급한 편이다. 주변에서도 그런 말을 많이 들었고, 일을 하다 보면 이것저것 빠르게 처리하려는 모습을 스스로 느끼곤 한다. 하지만, 성격이 급한 만큼 가장 빠른 길을 찾아 일을 효율적으로 처리하려 노력한다. 또한, 단시간에 다른 사람들보다 많은 일을 할 수 있다. 이런 방법으로 내가 생각했던 자신의 단점을 하나하나 긍정적인 부분으로 바꿔 나가기 시작했다. 신기하게도, 단점이라 생각한 부분들이 저마다 장점을 가지고 있었다. 이를 찾아 나가자 나는 점차 나 자신의 좋은 모습을 바라볼 수 있게 되었다.

이제는 누가 물어보면, 확실하게 대답할 수 있다.

그렇다고. 단점도 있지만, 그만큼의 장점도 가진 나를 사랑한다고.

진로?

학교를 다니면서부터 꾸준히 듣게 되는 말이 있다면 '진로'일 것이다. 초등학생 때 꿈이 뭐냐고 질문받았을 때 이때는 오히려 대답하는 것이 쉬웠다. 그냥 재미있고 좋아하는 분야를 찾으면 더 이상 생각할 것이 없었다. 초등학교는 그저 그 수준이면 충분했다. 꿈이 진로라는 이름으로 바뀌면서 더 구체적이고, 현실적이며, 합당한 것을 요구했다. 그러면서 나도 더 깊이 생각하게 됐고, 내가 좋아하는 것 외에 다양한 조건이 생겼다. 그러면서 나는 왜 진로를 찾아야만 하는지 궁금해졌다. 학교에서는 그에 대해 '대학에 가기 위해서', '좋은 직장을 갖기 위해서'라고 대답했다. 나는 거기에 따르면서도 진로의 필요성에 의문이 해소되지 않았고, 그래서 학교에 회의감을 느꼈던 기억이 있다.

많은 사람이 이런 경험을 해 봤을 것이다. 어쩌면 현재 진행형일 수도 있다. 나는 그동안 진로를 학생부를 위해서, 대입을 위해서 쓴 사람은 있어도 진정한 진로를 찾기 위해 쓴 사람은 드물다고 본다. 내 주변에서도 중고등학교의 진로 교육에서 도움을 받은 사람은 별로 없었고, 그래서 방황하는 경우가 종종 있었다. 실제로 다음 그래프를 보면 알 수 있다.

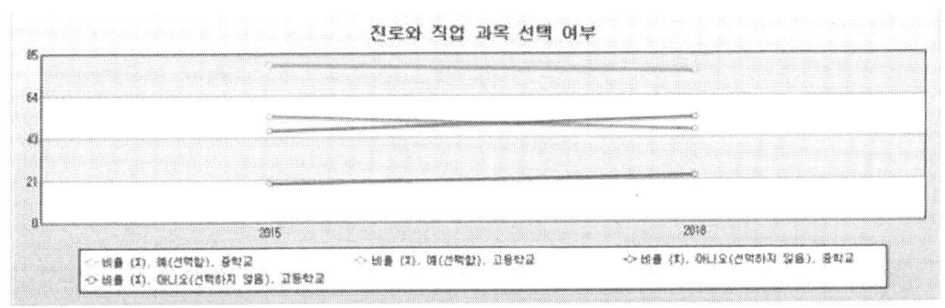

그래프에서 보면 2015년에 비해 2018년에 중고등학교 모두 진로와 직업 과목을 선택하지 않는 비율이 올라간 것을 볼 수 있다. 물론 이것이 학생들이 필요 없다고 생각해 선택하지 않았다는 것을 명백하게 보여주는 것은 아니다. 학교 측에서 선택하지 않은 것일 수도 있다. 하지만 그것은 그것대로 학교가 진로 교육에 대해 어떻게 생각하는지를 보여주는 것이다. 이런 환경 속에서 우리는 진로를 선택하라고 강요당한다.

도대체 진로는 왜 필요한 걸까? 나는 이 질문에 대한 해답을 멘토링을 통해 처음으로 얻을 수 있었다. 물론 사람에 따라 이에 대한 답은 달라질 수 있겠지만, 내가 얻은 답은 진로가 바로 '인생의 목표를 이루기 위한 경로 중 하나'라는 것이다.

많은 사람이 삶을 여행에 비유하고는 한다. 아마 목적지부터 경유지, 준비물과 그 목적까지 모든 것을 스스로 정하고 움직이는 자율성과 독립성 때문이 아닌가 생각한다. 인생도 여행과 마찬가지로 극한의 자유도를 가지고 있다. 어쩌면 그래서 더 어렵고 막막한지도 모른다. 목적지를 정해도 거기로 가는 경로마저 무궁무진하여 선택하기 어렵다. 경로를 정하지 않으면 출발할 수 없다. 여기서 정하는 경로가 바로 진로이다.

그렇다. 진로는 그저 내가 나아갈 길을 정하는 것에 불과하다. 물론 중요하지만 바뀌면 안 되는 것도 아니고 잘못 정해도 큰일이 일어나는 것은 아니다. 진로를 정할 때 가장 중요한 건 '나의 목표를 향해 가는 데 도움을 주는 것인지'와 '내가 이 진로를 원하는지'다. 서두를 필요도 없고 두려워할 필요도 없다. 애초에 실패라는 게 존재하지 않는다.

그럼 왜 우리는 진로를 정하는 것에 어려움을 느끼는가? 그것은 인생의 목표, 비전이 정해지지 않았기 때문이다. 다시 한번 말하지만 진로는 경로다. 경로를 정하려면 당연히 목적지가 필요하다. 애초에 목적지도 없는데 경로를 정하는 것이 말이 안 된다. 우리나라 학생들이 학교에서 진로 찾기가 힘든 이유가 바로 이것이다. 인생이 무엇인지, 목적은 무엇인지 생각도 못 해 본 아이들에게 다짜고짜 목적을 이루기 위한 경로를 찾아내라는 것은 일어서지도 못하는 아이에게 뛰라고 하는 격이다.

우선 진로를 고민하기 전에 자신을 돌아보는 시간을 가져라. 물론 하루하루 살아가기도 바쁜데 이런 것을 생각할 시간을 따로 내는 것은 불가능하다는 것은 나도 안다. 그러니 그냥 매일 자기 전 10분만 잠시 생각하는 시간을 가져 보자. 그렇게 자신에 대해 여러 질문을 던지다 보면 어떤 삶을 살고 싶은지 알 수 있을 것이다. 그럼 그때부터 진로를 고민해도 늦지 않다.

이미 진로를 정했지만 이 길이 맞는지, 할 수 있을지 등 불안해하는 경우도 있다. 전혀 불안해할 이유가 없다. 그 진로가 자신의 인생 목표에 부합한다면 말이다. 부합하지 않다면 그 경로는 목적지로 안내해 주는 경로가 아니니 다른 경로를 찾길 바란다. 만약 부합한다면 아무것도 불안해할 필요가 없다. 어차피 목적지에 도착하는 것이 중요하지 그 경로가 다른 주변 사람의 마음에 드는지가 무엇이 중요한가? 결국 그 여정은 온전히 자신이 주도하는 것이고 목적지에 도착하는 것도 나 자신이다.

물론 주변 사람의 말을 모조리 무시하라는 것은 아니다. 내가 보는 것과 다른 관점에서 보는 것이기에 내가 놓친 부분을 알려 줄 수도 있다. 하지만 어디까지나 조언으로 듣고 그 정보는 내가 취사선택하는 것이지 그 말에 휘둘려 내 목표마저 흔들리면 안 될 것이다.

박시연? 박시연!

"안녕하세요! 제 이름은 박시연이고, 저는……."

지금까지 나는 다른 사람에게 나를 몇 번이나 소개해 봤을까? 초등학교 때 짝꿍에게 "안녕? 나는 박시연이야! 너는?"이라고 인사한 적도 있고, 새내기 배움터에서 이름 쌓기 게임을 하기 위해 모르는 동기들 앞에서 이름을 말한 적도 있다. 더 구체적인 소개는 내가 원하는 동아리나 대외 활동의 지원서를 쓸 때 해 봤다. 수백 번은 경험했지만, 아직도 500자 이내의 텍스트, 혹은 1분도 안 되는 시간에 나를 소개한다는 건 너무 어려운 일 같다. 하지만 이제는 나를 어떻게 소개해야 할지 어느 정도 방향이 잡힌 것 같다. 아주 짧은 문장이지만, 그 한 문장에는 내가 경험하고 생각한 모든 것이 담겨 있기 때문이다.

나는 정시와 수시를 함께 준비했기 때문에 최대한 빠르게 대입을 위한 자기소개서를 마무리해야 했다. 시간은 촉박한데 대체 어떤 내용을 자기소개서에 담아야 할지 모르는 상태에서 나는 말 그대로 '멘붕'이었다. 자기소개서가 내게 어느 정도의 스트레스였냐면, 친구들로부터 "고3이 체질 같다."라는 이야기를 들을 정도로 행복한 고3 생활을 했던 내가 처음으로 울었던 게 자기소개서를 쓸 때였다. 문제를 풀 때는 정해진 답안에 나의 답을 맞히기 위해 노력했다면, 자기소개서를 쓸 때는 앞이 보이지 않는 상태에서 무작정 모범 답안을 찾기 위해 허우적거렸다. 대학교 입시를 위한 모든 자기소개서가 그렇듯, 내 자기소개서 또한 '내가 어떤 사람인가?'라는 내용보다는 내가 고등학교에서 얼마나 열심히 살았고, 이런 내가 왜 이 학교, 학과에 어울리는지에 대해 쓰였다. 지금 생각해 보면 진정한 나를 담은 자기소개는 아니었다. 하지만 뭘 써야 할지도 모르는 상태에서 썼던 미숙한 내 첫 자기소개였기에 가장 기억에 남는다.

대학교 입학 후 여러 활동에 지원했고, 많은 활동에서 불합격 통보를 받았다. 자만심 가득했던 새내기 시절의 나는, 나를 받아 주지 않는 활동이 많다는 게 당황스러웠다. 대학에 입학하기 전까지는 학교에서 항상 좋은 성과를 얻었기 때문에 내가 합격을 못 해서 내가 원하는 활동을 못 한다는 게 그때는 많이 억울했던 것 같다. 이러한 불합격들은 모이고 모여 결국 자신감 하락으로 이어졌다. 고등학생 때까지는 내가 제일 잘하는 게 공부라고 생각해 왔는데, 대학교에 와서 나보다 더 잘하는 학생들을 많이 만나 보니 공부는 내 장점이 될 수 없다는 걸 깨달았다. 고등학교에 다니며 나는 특히나 토론 관련 활동들을 좋아했다. 초등학교 때 교내 독서 토론 대회에서 최우수상을 받아 교외 대회에 나갔던 경험이 내게는 기억에 크게 남았기 때문이다. 한 학년 당 학급이 2~3개밖에 없었던 조그마한 초등학교에서 상을 받는 건 꽤 쉬운 일이었지만, 그 당시 나는 자연스럽게 내가 잘한다고 생각하는 걸 좋아하기 시작했다. 이처럼 나는 내가 내는 성과로부터 동기 부여를 받는 편이다. 그런데 대학교 1학년 1학기에는 아무리 열심히 해도 보이지 않는 벽이 있는 느낌이었다. 고등학생 때는 나름 열심히 산다고 자부했는데, 대학교에 오니 내가 가장 뒤처져 있는 기분이었다. 아직도 내가 뭘 잘하는지 잘 몰랐던 나와 다르게 국내 유명 자사고를 나온 친구는 이미 고등학교 때 했던 여러 활동을 통해 본인의 꿈을 확고히 해 놓은 상태였다. 대학만 가면 모든 게 좋아질 거라고 했던 고등학교 선생님들이 원망스럽기도 했다. 그때 대학교 동기 한 명이 내게 "난 너를 한 달밖에 보지 못했지만, 네가 잘 해낼 거라고 생각해. 너는 지금까지 숨 가쁘게 달려오느라 진짜 좋아하는 걸 해 볼 기회가 없었을 뿐, 기회가 생기면 넌 누구보다 잘 해낼 거야."라고 말해 주었다. 짧은 몇 문장의 말이었지만, 그 당시 내게는 어떤 말보다도 크게 다가왔다. 친구의 응원 덕분에 나는 대학교 1학년 2학기부터 꿈을 찾기 위한 행복한 여정을 시작할 수 있었다.

그때부터 나는 내가 못하는 걸 인정하고, 잘하는 걸 더 발전시키기 위해 노력했다. 내가 속한 연세대 UIC 융합인문사회계열(HASS)은 2학년 때 전공에 진입하게 된다. 나는 취업을 위한 전공보다는 내가 잘하고, 좋아하는 전공을 선택하고자 했다. 나는 어렸을 때부터 친구들과 벼룩시장을 기획하는 등 아이디어를 내서 창의적인 결과물을 내는 활동을 좋아했다. 대부분의 친구는 싫어하는 조별 활동도 다른 사람들과 아이디어를 공유하고 협력할 기회로 여기고 잘 참여하곤 했다. 어렸을 때부터 그림 그리는 걸 좋아해서 항상 한 달에 연습장 한 개는 그림 그리기용으로 사용했었다. 사실 이러한 활동을 좋아하고 잘한다는 건 알고 있었으나, 이를 진로와 연결할 생각은 해 본 적이 없다. 하지만 여러 활동을 하며 내가 하면서 행복한 일을 진로로 가져야겠다고 다짐을 했다. 그래서 이러한 적성과 흥미를 고려하여 나는 정보 인터랙션 디자인(IID)과를 전공으로 선택했다. 취업을 생각하면 기술 경영이나 통계학 쪽 전공을 선택해야 했지만, 나는 내가 좋아하는 걸 하면 결국엔 난 잘 해낼 거라는 확신을 가지고 있었다. 여러 가지 일이 있었던 대학교 1년이었지만, 내게는 잘하는 걸 확인하고 이를 진로와 연결할 생각을 처음으로 하게 된 아주 소중한 1년이었다.

지금은 2학년 2학기이고, 학교를 3주간 다니다가 중도 휴학을 결정하게 되었다. 막연히 '아이디어를 내고 창의적인 결과물을 통해 이를 사람들에게 보여 주고 싶다.'라고는 생각하고 있지만, 조금 더 구체적인 진로 설정의 필요성을 느꼈기 때문이다. 동기들보다 뒤처지는 게 아니라 내 미래를 위해 잠시 쉼표를 찍는다고 생각하니 망설임 없이 휴학 신청 버튼을 누를 수 있었다. 또한, 21년간 내가 걸어온 길을 돌아보면, 나는 절대 한 학기를 의미 없이 보낼 사람이 아닐 거라는 확신이 있었다. 한 학기 동안 학교를 안 다닌다고 해서 내가 엄청나게 특별한 일을 하지는 못하겠지만, 적어도 나는 내 휴학 목표를 달성하기 위해 무엇이든 도전하고 실천할 게 분명하다. 내 휴학 생활은 이제 막 시작했지만, 어찌 되었든 결과는 긍정적일 것이라고 기대하고 있다!

내가 나를 안 믿으면 누가 나를 믿을까? 고등학교 때부터 친하게 지냈던 친구가 "너 되게 이상적인 것 같아."라고 말해 주었다. 이상적이라는 말은 긍정적인 의미도 있지만, 노력 없이 마냥 잘될 거라고 믿는 의미도 지니고 있다고 생각했다. 그래서 '내가 항상 이상적인 건 인정하지만, 그보다 나를 더 잘 표현할 수 있는 말이 없을까?'라고 생각했다. 그때 내가 친구한테 한 말이 있는데, 나는 이제 누군가에게 나를 소개하게 된다면 그 말로 소개를 시작하고 싶다. 바로 이렇게.

"안녕하세요! 제 이름은 박시연이고, 저는 항상 이상적으로 생각하며 거기서 그치지 않고 결국에는 그 이상을 현실로 만드는 사람입니다!"

너는 꿈이 뭐야?

나는 물건을 잘 버리지 못하는 습관이 있다. 정리의 기본은 버리는 것에서부터 시작된다는 생각을 가지고 살면서도 추억은 항상 소중했다. 그래서인지 얼마 전, 서랍 속에서 아주 오래된 나의 스케치북 하나를 발견했다. 스케치북을 열어 보니 언제 그렸는지도 기억나지 않는 형형색색의 그림들이 정성스레 보관되어 있었다. 그중에서도 눈에 띄었던 그림의 제목은 '나의 꿈'이었다. 가운데에는 판사님들이 판사 봉을 들고 있었고 양쪽에 길게 늘어선 책상들과 함께 '나'라고 표시된 사람이 서서 열심히 이야기하는 모습이었다. 그 순간 잊고 지냈던 나의 어릴 적 꿈이 기억났다. 어릴 적 나의 꿈은 변호사였다. 초등학생이 되기 전부터 나는 변호사가 아니라면 나의 미래를 상상할 수 없다고 생각했다. 굳은 신념을 갖고 살았지만 변호사가 되고 싶다는 생각을 가지게 된 계기는 정말 간단했다. 법원에 현장 학습을 갔다 온 후부터 그곳에서 일한다면 정말 멋있을 거라고 생각했기 때문이다. 하지만 그 꿈은 오래가지 못했다.

그 이후부터 나는 거창하고 멋진 내 꿈의 이유를 만들려고 노력했다. 그래서인지 어떤 것에 작은 호기심을 가지더라도 거창한 이유가 생기지 않는 이상 누군가에게 그것에 대해 자세히 말하려 하지 않았다. 그리고 공부와 관련 있는 것이 아닌 이상 내가 관심이 가는 것에 대해 내 진로와 연관 지으려고 하지도 않았다. 왜냐하면 학교에 진학하고 나서부터는 그저 공부에 매진했고 '꿈', 자세히는 '장래 희망'이라고 함은 무조건 공부와 관련된 것이어야만 한다는 생각을 가지고 살았기 때문이다. 피아노와 플루트를 배우면서 선생님께 재능이 있다는 소리를 들었지만 이건 공부와 관련되지 않기 때문에 이런 일을 할 순 없다고 생각했다. 오케스트라에서 연주를 하는 것이 정말 즐겁고 공연을 올리는 것이 보람찼지만, 이 길로 나아가야겠다는 생각은 절대 하지 않았다. 나는 그저 어른들의 말씀을 고분고분 따르는 착한 아이가 되어야 한다고 생각했기 때문에 어른들이 했던 "공부 열심히 해서 훌륭한 사람이 돼야 한다."라는 말을 법처럼 여기고 살아갔다.

그렇게 어른들의 말을 따라 정신없이 공부에 매진하다 보니 좋은 결과로 이어졌다. 부모님과 주위 사람들의 기대에 부응해 좋은 학교에 입학하게 되었다. 그러나 그 학교에 다니면서 공부하는 게 좋았던 게 아니라 그저 주위의 시선이나 칭찬이 좋았던 것뿐이다. 그곳에 다니는 동안 나는 해야 할 것들이 넘쳐났고 그저 공부하느라 내 꿈에 대해 생각할 여유조차 없었다. 그러나 학교나 사회에서는 계속 나에게 꿈이 무엇이냐고 물어보았다. 내가 무엇을 잘하는지, 무엇을 좋아하는지도 모르는데 장래 희망을 정해야 했다. 거창한 이유와 함께 어른들이 말하는 훌륭한 사람에 대해 생각하다 보니 억지로 탄생한 나의 장래 희망은 '의사'였다. 그러기 위해서는 이과에 진학해야 했고, 막상 고등학교에 가서 공부하다 보니 이과가 나에게 잘 맞는 듯했다. 하지만 의사라는 직업에 대해 자세히 알게 된 후 나는 더 이상 의사가 되고 싶지 않았다. 남들에게는 거창한 이유를 대며 이야기했지만, 현실은 그저 의사의 연봉이나 명예와 같이 좋은 면만 보고 꿈을 꿨기 때문이다.

현재 나는 평범한 대학교의 공대를 다니며 환경 공학을 전공하고 있다. 그러나 처음부터 이 분야에 관심이 많았던 것은 아니다. 나는 우여곡절 삼수를 한 끝에 정시로 점수를 맞춰 학교에 입학했기 때문이다. 그러나 열심히 하다 보니 관심이 가고 할 만하다는 생각이 들었고 앞으로 전공을 살려 공기업에 취직하고 싶은 마음이다. 나는 여태까지 내 꿈에 대해 끊임없이 고민했지만, 너무 제한적인 시각에서 바라보기도 했고 가능성을 크게 열어 두지 않아 정말 아쉽다고 생각한다. 그러나 이제 나의 길을 찾았으니 내가 세운 목표를 향해 매진할 것이고 나의 행복에 집중할 생각이다.

어떻게 나의 꿈을 찾았냐고 누군가 물어본다면, 나는 그저 살아가다 보니 꿈이 나에게 찾아왔다고 대답할 것이다. 어릴 때부터 하나의 길이 아니면 안 된다고 생각하지 않는 이상, 많은 사람이 꿈이 없거나 "무엇을 해야 할지 모르겠다."라고 대답한다. 그러나 꿈이 없다고 해서 나쁜 것도 아니고 잘못하고 있는 거라고 생각하지 않는다. 아직 꿈이 뭔지 정해지지 않은 사람들이 너무 꿈꾸는 것에 대해 강요받지 않고 나의 작은 '꿈', '행복'이 무엇인지 차근차근 고민해 나갔으면 좋겠다. '꿈'은 거창한

'장래 희망'이란 뜻도 있지만, 나의 작은 '소원' 또는 '바람'이라는 뜻도 있기 때문이다. 예전에는 누군가 나에게 "너는 꿈이 뭐야?"라고 물어보면 한참을 고민하고 스트레스를 받은 후 거창한 대답을 만들어 대답했을 것이다. 그러나 현재의 나에게 물어본다면 "행복한 사람이 되어서 많은 사람에게 베풀고 서로 사랑하며 많은 걸 보고 배우고 싶어."라고 대답할 것이다.

이 글을 쓰기 전, 동기가 나에게 이런 질문을 한 적이 있었다. "언니는 꿈이 뭐야?" 그 질문에 나는 꿀 먹은 벙어리인 양 말문이 막혀 버렸다. 동기보다 더 언니이기도 하고 대학교 3학년쯤에 뭔가 확고한 꿈이나 진로가 없다면 대책이나 계획이 없는 사람으로 비칠까 두려웠기 때문이다. 나는 요즘 들어 내 꿈, 진로에 대해 끊임없는 고민하는 시기를 보냈음에도 결론이 나지 않아 복잡하던 찰나에 그런 질문을 받으니 더더욱 심란했다. 간신히 말문을 떼고 한 말은 "갑자기 왜 그렇게 어려운 질문을 해… 하하."라는 것이었다. 그러고 한동안 정적이 흘렀다. 동기는 내가 고민이 많아 보였는지 먼저 말을 꺼냈다. "언니, 뭘 그렇게 복잡하게 생각해. 내 꿈은 한강이 보이는 집에서 사는 거야!"라며 발랄하게 말했다. 그 순간 뒤통수를 한 대 맞은 것 같았다. 꿈이라는 것은 절대 어려운 것도, 거창한 것도 아니었다.

'나에게 멘토가 있었다면 내가 조금 더 쉬운 선택을 하지 않았을까? 당시의 어려움을 이겨 내는 데 있어서 덜 힘들지 않았을까?'라는 생각을 수능을 치른 뒤 정시 원서를 접수할 때 처음으로 해 보았다. 나의 미래를 그리는 데 있어 내가 도움을 받을 수 있을 것 같다는 생각이 들면 그 사람은 누구나 나의 멘토가 될 수 있다. 그것은 나의 가치관에 부합하는 사람이 될 수도 있고, 내가 미래에 지향하는 모습을 갖추고 있는 사람일 수도 있다. 멘티의 생각에 따라 멘토는 다르게 설정될 수 있다. 멘토라는 단어에 부담을 갖지 않았으면 좋겠다. 나 또한 멘토라고 표현은 했지만, 내가 목표에 나아가는 데 있어 도움을 준 주위 사람을 말한 것이다. 교수님이 될 수도 있고, 부모님이 될 수도 있으며, 학교 선배, 친구도 가능하다.

글을 시작하기 전에 내가 멘토링 프로그램에 참여하게 된 동기는 다음과 같다. 한국장학재단에서 멘토링 프로그램을 한다는 것을 알게 되었고 내가 취업을 준비하는 분야인 공공기관에 CEO로 계셨던 멘토님이 있어서 신청하게 되었다. 멘토님께서는 직접 운영하시는 '지식의 생산성을 높이는 사람'이라는 블로그를 알려 주셨고, 게시되어 있는 많을 글을 읽으면서 멘토님의 가치관과 성향이 나와 유사한 부분이 많다는 것을 알게 되었다. 멘토님과 1년을 함께하면 내가 지향하는 삶의 방향에 있어 많은 부분을 배울 수 있을 것 같아 멘토링에 참여하게 되었다.

나를 먼저 파악하자

'의지가 있는 자는 방법을 찾고 의지가 없는 자는 변명을 찾는다.'

"난 나일 뿐이야. 누구도 날 대신할 수 없어." 만화 포켓몬스터에 나오는 대사이다. 나를 대체할 수 있는 건 없다. 그렇기에 우리는 있는 그대로의 나를 사랑하면서 '나'로 살 가치가 있다. 그러기 위해 필요한 건 무엇일까? 나를 먼저 파악하는 일이다.

'나는 무엇을 좋아할까? 내가 잘할 수 있는 건 뭘까? 나는 어떤 성격을 가지고 있을까?'

학창 시절부터 나를 소개하는 글을 많이 써봤지만 내가 기억하는 나의 자소서 시작은 대학교 1학년 때, 밴드 동아리에 들어가기 위함이었다. 그때, 나는 사교적이며 활발하고 외향적인 성격을 가지고 있다고 쓴 것을 기억한다. 시간이 지나면서 느낀 것은 내가 사람과의 만남을 좋아하고 중요시한다는 것이었다. 다 비슷한 맥락이다.

그리고 나는 내가 포기하지 않고 끝까지 노력하는 근성을 가지고 있는 사람이라는 것도 알게 되었다. 어렸을 때 내가 승부욕이 강했던 걸 생각하면 충분히 납득할 만한 얘기다. 내가 3개월에 걸쳐 5수 만에 컴퓨터 활용능력 1급을 취득할 수 있었던 것도, 3개월이라는 시간 동안 14.3%였던 나의 체지방을 9.7%로 만들 수 있었던 것도 끈기가 있었기에 가능한 일이었다고 생각한다. 위에서 언급한 두 번의 경험 모두 중간에 정말 포기하고 싶었던 적이 있다. 하지만 나는 내가 계획한 목표를 허무하게 날리는 것이 싫었다. 충분히 할 수 있는 일이라고 생각했기에 나는 끈기를 가지고 도전하고 싶었다. 그리고 성공적인 결과(성과)를 내었다. 여기서 하야마 아마리의 저서 『스물아홉 생일, 1년 후 죽기로 결심했다』에서 나오는 문구를 하나 알려 주고 싶다. "'해 보기 전엔 절대로 알 수 없는 것'이 있다는 것, 그리고 '사람은 뭐든 할 수 있다.'" 이 문구는 나를 지탱하는 힘이자, 나의 생활신조이다.

내가 좋아하는 건 확실하게 말할 수 있다. 문화를 즐기는 것을 좋아한다. 특히 운동, 여행, 음악을 즐긴다. 운동은 나의 학창 시절을 책임졌다. 학교 점심시간 그리고 방과 후 항상 친구들과 모여서 운동을 즐겼다. 운동을 하면서 사교성이 더 좋아졌다고 생각한다. 여행은 부모님의 영향을 많이 받았다. 지방 곳곳 정말 많이 돌아다녀 보았다. 사람을 대하는 나의 모습 그리고 어떠한 환경에도 잘 적응하는 것은 여행 덕을 크게 본 것 같다. 음악은 친구들에게 "너 노래 잘한다."라는 소리를 들으면서 더 좋아하게 된 것 같다. 이 3가지와 함께 동행을 하면서 깨달은 것이 있다면 좋아하는 일은 즐길 수 있으며, 질리지 않는다는 것이다. 그래서 우리는 자기가 좋아하는 일을 해야 한다.

잘할 수 있는 일을 찾는 것은 정말 어려운 일인 것 같다. 나의 분야에 대해서 최선이 아니라 최고가 되어야 성공할 수 있기 때문이다. 안정감 있게 삶을 살아가면서 내가 좋아하는 일을 할 수 있고, 일과 여가를 함께 향유할 수 있는 직장을 다닐 때, 나는 잘할 수 있다는 생각이 들었다. 이러한 생각을 바탕으로 찾은 기업이 바로 국민체육진흥공단, 한국관광공사, 국민건강보험공단(혹은 건강보험심사평가원)이다.

나를 파악했으면 이제는 나를 믿는 힘이 필요하다. 자기 존중감(자존감)이 높은 사람이 되어야 한다. 긍정의 힘은 누구나 다 알고 있을 것이다. '나는 할 수 있다.' 자신감을 심어 주는 것이 중요하다. 자신감을 갖는 데 필요한 것은 나의 강점에 집중하는 것이다. 우리는 약점을 보완하는 것도 중요하지만 우선적으로 강점을 극대화하는 것에 집중해야 한다. 대체 불가능 존재인 '나'의 강점을 극대화해 나의 목표에 다가가고 주위 사람들을 통해 나의 약점을 보완하는 삶을 사는 것, 그것이야말로 나의 가치를 높이는 방법이라고 생각한다.

'지피지기(知彼知己)면 백전백승'이라고 했다. 우리는 경쟁자를 알기 전에 먼저 자신을 알 필요가 있다. 내가 진정으로 좋아하는 일은 무엇인가, 내가 잘할 수 있는 일은 무엇인가, 내가 하고 싶은 일은 무엇인가?

좋아하는 일(하고 싶은 일)과 잘할 수 있는 일은 엄연히 다르다. 이 중 필자는 하고 싶은 일을 하라고 말하고 싶다. 하고 싶은 일을 할 때는 의지가 생긴다. 그리고 그 의지와 함께 노력하게 된다. 의지를 가지고 노력을 하면 이룰 수 없는 일은 없다고 생각한다. 물론 실현 가능한 목표를 설정해야 한다. 그리고 운(運) 또한 필요하다고 생각하는데, 그 운은 노력하는 자에게 따라온다고 생각한다. 모든 사람에게 기회는 주어지지만 준비가 되어 있는 자만이 기회를 성공으로 바꿀 수 있다.

하고 싶은 일을 찾기 위해선 나를 먼저 찾아야 한다. 나의 성격은 어떠한지, 나의 관심사는 무엇인지, 내가 살아가는 데 있어 우선순위는 무엇인지 등 자신을 파악해야 한다. 본인의 강점과 약점을 알고 있는가? 나는 리더십 멘토링을 하기 전까지만 해도 약점을 보완하는 데 집중하고 있었다. 하지만 멘토님의 강연을 듣고 나의 강점을 알고 그 강점을 더 견고히 하는 것이 우선임을 깨달았다. 나의 강점을 찾는 간단한 방법은 자신이 세운 목표와 성과를 비교해 보고 성취감을 가지고 했던 일을 찾는 것이다. 아무리 사소한 것이라도 이게 나의 장점이 될 수 있겠다는 생각을 가져야 한다. 내가 이 세상에 유일한 존재라는 것을 항상 명심해야 한다. 또한, 우리는 다양한 경험을 함으로써 자신의 강점을 발견할 수 있다. 내가 입대를 하고 시간이 지나면서 가장 후회한 점이 대학교 1학년 때 다양한 경험을 하지 않은 것이었다. 나는 교내 동아리 활동만 했다. 사진 동아리, 밴드 동아리를 했는데 결코 후회되는 활동은 아니었다. 하지만 학교 내에 과 동아리라는 울타리 안에서 활동한 것에 아쉬움이 남는다. 최소한 '중앙 동아리, 더 크게는 교외 동아리, 대외 활동을 하면서 더 많은 사람을 만나 보고 더 많은 경험을 해 봤다면 좀 더 다양한 시각으로 세상을 바라볼 수 있지 않았을까?'라는 생각이 들었다. 다양한 분야의 사람들을 만나 보는 것이 중요하다고 생각했다. 그래서 나는 제대 후, 대외 활동을 시작했다. 2017년 서울동행 프로젝트와 봉사연합 동아리, 사회인 축구팀을 시작으로 2018년 대한민국교육봉사단(NGO 단체), 2019년 대학생 사회리더 프로그램까지. 많은 경험을 해 보진 못했지만 느낀 점이 있다면 다양한 경험 속에서 다양한 사람들을 만나면서 성공이든 실패든 그 속에서 깨닫는 것이 있다는 것이다. 또 확실한 건 나의 강점과 약점을 파악할 수 있다는 것이다. 그렇기에 보다 많은 사람이 아르바이트를 하든 대외 활동을 하든 공모전을 하든 다양한 경험을 통해 나를 파악하는 시간을 가졌으면 좋겠다.

이러한 과정을 통해 나를 파악한 뒤, 나의 강점을 극대화하고 약점은 보완할 수 있는 사람을 만나 협업해야겠다고 생각했다. 서로의 강점을 극대화하면서 약점을 극복할 수 있는 사람을 만나는 것이 정말 중요한 것 같다.

2019.03.08. 멘토링 시작

23살, 내가 무엇을 좋아하고 잘할 수 있는지에 대한 고민 그리고 미래에 대한 많은 고민이 쌓여 갔다. 그리고 늦었다는 생각에 무엇이라도 해보며 도움을 받든, 자극을 받든 변화를 주고 싶었다. 이런 생각을 하고 있던 중에 한국장학재단에서 실시하는 '사회리더 멘토링'을 보게 되었다. 그중 진로에 대한 고민이 제일 컸기에 '전략적 진로 모색'이라는 주제로 멘토링을 진행하실 이성재 멘토님에게 지원을 했다. 다행히도 멘토링을 받을 수 있게 되었고, 2019년을 나를 변화시키는 '기회의 300일'로 정하게 되었다. 우리 멘토링 팀의 목적은 '자신을 사랑하는 생산적인 멘토링 팀'이었고, 내가 추구하는 삶의 방향이지만 부족함을 느끼는 부분과도 같았기 때문에 더욱 배우고 싶은 마음이 컸다. 여기까지가 본격적인 멘토링 시작하기 전의 나의 다짐이며 기대였다.

첫 만남은 면접으로 진행되었다. 형식상의 면접이었지만 많이 긴장을 했고 자기소개조차 제대로 하지 못했다. 다른 멘티들의 자기소개를 듣고는 '멋진 친구들이 많고 배울 점이 많겠다.'라는 생각을 했다.

멘토링을 진행하면서 멘티들 각자의 생각과 추구하는 삶 등을 들어보니 실제로도 배울 점이 많았고 많은 자극을 받아 나의 미래를 생각하는 데 큰 도움이 되었다. 막연했던 나의 목표는 점점 명확해졌고 어떻게 준비를 하고 계획을 세워야 할지에 대한 생각이 구체적으로 바뀌었다.

이런 점은 멘토링에서 목적, 꿈, 가치, 목표 설정, 자신을 알아보는 시간을 가지면서 찾을 수 있었다. 혼자서는 힘들고 어떻게 해야 할지 몰랐던 부분들을 활동하면서 멘티들과 많은 이야기를 주고받다 보니 '해결할 수 있을 것 같다.'라는 생각이 들었다.

멘티들 각자의 이야기를 듣고 배워 지금 크게 두 가지 방법을 행하고 있다.

첫 번째는 목표를 보이는 곳에 붙여 놓는 것이다.

두 번째는 자신의 인생을 이야기할 때 풍요롭게 말할 수 있는 사람이 되는 것이다.

첫 번째는 무엇을 해야 할 때 늦장을 부리거나 까먹어 다급하게 하는 경우가 많았다. 그러나 목표, 해야 할 일들을 보이는 곳(나 같은 경우, 화이트보드를 벽에 걸어 놓고 메모해 놓고 있다)에 적어 놓으면 자주 볼 수밖에 없기 때문에 경각심을 느껴 해이해진 다짐을 잡아 주는 효과가 있다. 이 방법은 서브웨이 성공 방정식인 "목표는 잘 보이는 곳에 적고 더 많은 사람에게 알려라."라는 말과 같으며 많은 사람이 이 방법을 행했으면 하는 바람이 있다.

두 번째는 자신의 삶을 다른 사람에게 풍요롭게 말할 수 있는 것인데 그러기 위해서는 하나를 하더라도 열심히 하고 그 순간을 즐기며 해야 한다고 생각했다. 힘들고 지치는 일도 최선을 다한다면 성공과 실패에 상관없이 웃으며 말할 수 있기 때문이다.

이런 점들을 앞으로도 유지해 나가며 다른 사람들의 좋은 점은 계속해서 배워 나갈 것이다. 그리고 여기서 더 나아가 타인에게 좋은 영향을 주는 사람이 되는 것이 나의 목표이다.

자신을 사랑하시나요

여러분은 "자기 자신을 사랑하시나요?"라는 질문을 받으면 어떻게 대답할 것인가요?

살면서 한 번쯤은 이런 질문을 받아 본 적이 있을 것이다. 나는 "네, 사랑합니다.", "아니요, 싫어해요." 같이 명확한 답을 못 해 왔고 다소 애매한 대답을 해 왔다. 말로는 "흠… 좋아하는 편이죠."라고 하지만, 끝을 흐리며 자신 없는 목소리로 답을 해 왔다. 사실은 남들보다 부족한 점을 계속 느끼고 불안해하지만, 겉으로는 '난 괜찮아.', '뭐 어때, 나 잘할 수 있는데.'라는 생각을 하며 나를 사랑하는 척했다.

그래서 나는 진심으로 나를 사랑하는 사람, 자존감 있는 사람이 되기 위해 노력했고, 먼저 내가 나를 감추려고 하는 이유를 생각했다. 그 이유를 노트에 적어 보니 대부분이 신체적인 부분이었다. 그래서 발음과 목소리를 위해서 스피치 학원에 다녔고, 키와 같은 신체적인 부분은 운동을 했다. 그러다 보니 내가 만족할 수 있는 변화가 나타나기 시작했다. 물론 남들이 봤을 때는 무슨 변화가 있는지 잘 모르기도 하고 소수의 몇 명만 알아봐 주기도 했다. 나의 변화는 크게 나타나지 않았기 때문이다. 평소에 가지고 있던 습관과 고유의 특성을 완전히 새롭게 바꾸는 것은 거의 불가능하다. 그리고 남들은 당연하게 생각하는 부분을 나는 문제라고 생각했을 수도 있으니 말이다. 하지만 나는 이러한 작은 변화를 통해 나를 사랑하는 사람이 되었다. 왜냐하면 남들이 알아봐 주는 게 중요한 것이 아니라는 것을 알게 되었기 때문이다. 모든 문제는 스스로가 어떻게 생각하느냐가 중요했던 것이다. 많은 사람이 남보다 더 잘났다고 해서 우월감을 가질 수도 있고, 못났다고 해서 열등감을 가질 수도 있다. 나는 이 두 가지 모두 자신을 더 옭아매며 괴롭힌다고 생각한다. 남들의 능력과 재능, 노력을 인정하고 이해하려고 노력하며 자극제 그 이상으로 자신을 비난할 필요는 없다. 내가 잘못과 실수를 했다고 비난하지 말고 그것들을 어떻게 바꾸어 나갈지 생각해 보고 응원하고, 위로하고, 안아 주어야 한다. 그러기 위해서는 나를 좋아할 만한 이유를 만들어야 한다.

'과거의 나를 반성하고
미래의 나는 지금의 나보다 더 나은 사람이 되자.'

위에 있는 것은 내가 나를 좋아하게 만들어 준 나의 가치관이다. 현재의 모습을 보고 지난날의 자신보다 더 멋있고 나은 사람이 되었다고 느낀다면 자연스레 나를 사랑하게 될 것이고 자존감 또한 높아질 것이다. 내가 나를 사랑해야 남들 또한 나를 사랑하고 있다는 것을 알 수 있으며, 그것을 넘어 나도 사랑을 줄 수 있다고 생각한다.

끝으로 많은 사람이 '나는 중요한 사람이고 필요한 사람이며 사랑받을 자격이 있는 사람이다.'라는 것을 기억하며 힘들고 지친 자신을 위로해 주었으며 하는 바람이다.

제2장

전략적 진로 모색

01
삶과 경영 그리고 전략적 사고 세미나

- 3차 멘토링

〈Who am I?〉 워크숍

우리 멘토링의 핵심이 될 세 번째 모임이 4월 20일 토요일 한국장학재단의 대회의실에서 있었다. 사전에 중요성을 여러 차례 이야기하고 준비를 철저히 하여 잘될 것 같은 예감이 들었다. 워크숍을 처음 접하는 학생들이 대부분이고 하려는 주제도 만만찮아 기대를 잔뜩 하는 것 같았다. 팀이 일 년 동안 할 활동들의 이론적 배경과 인식 공유 차원이다. 커뮤니케이션의 어려움은 같은 말을 해도 받아들이는 각도가 다 다르다는 것이다. 이해의 폭이 서로 달라서 같은 이야기도 달리 해석하는 경우가 많다. 우리의 주제가 '전략적 진로 모색'이라고 했는데, 학생들의 생각과 내 생각이 다르다는 것을 인식하였기 때문이다. 지식의 차이도 있지만 인식의 차이도 있다. 그래서 나는 용어를 정의해 주는 버릇이 있다. 오해를 벗어나기 위해서다.

3차 멘토링의 시간 계획과 의제들이다.

시간 계획 및 의제

- 9:00~9:50 가치, 비전 체인, 목표 공유 및 토의
- 10:00~10:50 삶과 경영, 전략적 사고 세미나
- 11:00~11:30 "Who am I?" 설명
- 11:30~12:10 긍정 인터뷰 워크숍(워크시트 1) 진행
- 12:20~13:00 발표 (8명 멘티 각 5분 이내)
- 13:00~13:10 피드백, 과제(워크시트 2) 설명
- 13:10~13:20 팀 현안 사항 토의

수행할 내용이 많아 쉬는 시간을 줄이고 의욕적으로 진행한다. 계획대로 순조롭게 진행이 된다. 나도 강의와 워크숍을 오래간만에 진행하니 새삼스럽다. 멘티들은 열심히 기록하고 눈이 반짝반짝한다. 신이 나서 경영과 마케팅 사례가 많아진다. 옛날 경험으로 짠 워크숍은 하루 일정의 내용으로, 4시간에 압축하려니 내가 급해진다. 멘티들은 이해가 안 가는 부분이 있어 보인다. "Who am I?" 자료는 미국 피터 드러커 소사이어티(PDS)에서 매년 실시하는 심포지엄의 일환으로 전 세계 회원국의 대표들을 대상으로 한 워크숍에서 했던 강점 발견 툴(tool)이다.

〈Who am I?〉 워크숍을 포함한 각 의제에 관한 내용은 별도의 글에서 언급할 예정이다.

다행히도 책 출간 목표 설정에 멘티들이 대부분 긍정적으로 변하고 있다. 예상외로 책 출간에 흥미를 보인다. 자신들의 이력서를 장식할 한 줄의 경력이 매력적인 것 같다. 학생들은 소개서를 쓸 때의 막연함에 책 출간이 보탬이 될 것이라고 했다. 자기소개서를 쓸 때, 경험의 사실을 나

열하지 말고 그 경험에서 얻은 결과물을 제시하도록 가르쳐 주었다. 그리고 그 결과물이 지원한 회사에 어떤 도움이 될 것인지 언급하라고 했다. "우리 팀원들 사전에는 뜬구름을 잡는 일은 없다. 모든 것을 계량화하여 '어떤 활동을 했으며 어떤 결과물을 만들어 냈다.'라고 자신 있게 이야기하자. 우리 팀의 핵심 가치이다."

우리의 책 출간의 문지방이 될 툴을 네이버 카페로 결정했다. 네이버, 밴드, 다음 카페 등 여러 대안이 논의되었는데, 최종적으로 네이버 카페로 정했다. 우리의 글을 올리는 데 가장 적합한 것 같았다. 카페 주소는 "https://cafe.naver.com/acementor", 카페 이름은 '전략적 진로 모색'이다. 운영은 박시연 멘티가 자원했다. 멋진 카페로 탄생할 것이고 우리 멘티들의 주옥같은 글이 장식할 것을 기대했다. 회의 후 식사를 하면서 이야기는 계속되었다. 책 출간의 기대감에 부풀어 있었고, 인세는 재단에 기부하자는 기특한 제안까지 내놓았다.

〈Who am I?〉를 마치고

멘티가 묻고 멘토가 답하기

손승현 멘티

"Who am I?"라는 주제로 자신의 목표를 달성하기 위한 전략적인 방법에 대해 들으면서, 삶의 본질에 대해서 깊게 고민을 했습니다. 삶이란 경영이라고 하셨듯, 주변의 환경을 분석하고 자신의 강점을 분석해 전략적으로 다가가야 함을 깨달았습니다! 그런데 저는 제가 설정한 목표를 달성하는 데 기준이 되어야 하는 것은 행복이라고 생각했습니다. 그래서 전략적으로 다가가되 달성하는 과정이 너무 힘들면 불행해질 것 같고, 목표 달성하는 데 힘이 들 것 같습니다. 이처럼 멘토님께서는 목표를 달성할 때 큰 장애물이 있을 땐 어떻게 극복을 하시는지 궁금합니다!

멘토의 답변

장애나 문제에 직면하고 해결해 나가는 방법은 두 가지를 강구합니다. 하나는 현실을 직시하고 그것을 회피하지 않고 정면으로 돌파하거나 피해 가는 방법입니다. 정면 돌파를 할 때는 실사구시(사실에 토대하여 진리를 탐구하는 태도)의 방안을 찾아 나갔습니다. 사실을 정확히 파악할 필요가 있어요. 현실을 정확히 파악해야 하는데 자기에게 좋은 점만 이해하려고 하는 경향이 있습니다. 경계해야 할 사항입니다. '현 상황 → 문제점 파악 → 해결 방안 찾기'의 절차입니다. 저는 때에 따라 정면 돌파도 하고 피해 가기도 했어요. 경영을 할 때는 실사구시로 돌파해 나가는 편입니다. 그러나 인생을 살아가면서는 많이 타협합니다. 피해 간다는 것은 책임을 회피하는, 비겁한 방법일 수 있어도 하나의 방안이기도 합니다. 포기도 큰 용기가 수반됩니다. 삶에서 크게 성공한 사람(일반적 관점에서)은 의지가 강하고 주로 정면 돌파하며 살아가는 사람인 듯합니다. 행복하게 살아가는 것을 더 소중하게 여기는 사람은 적절히 타협하는 것이 좋을 수 있다는 생각이 듭니다. 가치의 문제입니다. 특히 요즘 들어 여러분을 만나고 나서 행복한 삶이 더욱 중요하다는 생각이 듭니다.

또 다른 방법은 자신을 돌아보는 것입니다. 자신에게서 문제를 찾는 것입니다. 기본으로 돌아가 자기 자신을 성찰하고 그것에서 문제 해결 방안을 찾아갑니다. 사유의 시간이 필요한 것입니다.

'내가 왜 이 일을 하고 있지?'

'처음에 어떤 목적으로 시작하게 되었지?'

'내 삶의 목적은 무엇이지?'

'나에게 어떤 가치와 이익이 있지?'

잃는 것과 얻는 것 중에 어느 것이 큰지 되돌아봅니다.

유지선 멘티

두 번째 한국장학재단 방문! 첫 번째는 면접으로 긴장을 많이 했다면 이번에는 기대감을 갖고 왔습니다. 그리고 멘토링 중 "사람이 발명한 가장 위대한 것이 무엇이라고 생각하는가?"라는 질문에 저는 당연히 전기와 같은 발명품들을 생각했습니다. 경영이라는 위대한 발명은 생각 못하고……. 멘토님의 말씀을 듣고 보니 당연하다고 생각한 많은 일이 경영을 통해 이뤄지고 있다는 것을 알게 되었습니다. 기업을 경영하는 것만이 아니라 자신을 경영해 보라는 말씀은 저에게는 정말 멋있는 말이었습니다. 그래서 목표와 계획을 세워서 체계적으로 이뤄 보려고 했는데, 어떤 것을 먼저 해야 좋을지 잘 모르겠습니다. 일을 순서대로 해야 한다는 관념에 너무 많이 옭매여 있는 것 같은 생각이 들어 멘토님에게 일의 순서와 조언을 듣고 싶습니다!

멘토의 답변

인간의 가장 큰 발명은 기업이라고 한 기억이 납니다(경영이라는 것과 같은 이야기이지요). 기업에서 경영(일)의 프로세스를 보면, '업(미션)의 정의 → 기업이 들어갈 시장(환경)에서의 목표 설정 → 전략과 계획 구상 → 실행 → 실행 결과(성과) 확인 → 피드백 → 다시 목표 설정'의 루틴을 가집니다. 일반적으로 'plan-do-see' 절차입니다.

이 순서를 자신의 인생에 대입하면 될 것 같습니다. 자기 삶의 목적을 정의하고(나는 왜 사는가), '내가 무엇이 되어야 한다.'라는 목표를 설정하고, 목표 달성을 위한 계획과 준비를 하고, 실행에 옮겨 나가고, 그 결과로 행복한 삶을 살아가는 것입니다. 그러는 과정에서 전략적 사고를 하고, 이 책을 통해 자신의 삶을 구상해 보면 좋습니다.

우선순위에 관한 것은 이 책 3장 피터 드러커 박사의 『자기경영노트』 중에 일의 우선순위를 참고해 보세요.

이런 절차를 따르며 지금 이 시간에 충실하고 행복한 삶을 살아가는 것도 중요합니다. 목적이나 목표 없는 삶을 살면 의미나 재미가 없습니다. 그래서 간단한 것이라도 목표를 만들어 볼 것을 권합니다. 저는 이번 멘토링을 통해 여러분의 목표를 만들어 주고 행복의 방법을 알려 줄 의도는 없습니다. 저의 제안은 참고만 하여 자신이 찾아 가는 것입니다. 다만, 저에게서 배울 게 있다면 스스로 느끼고 저의 삶의 태도를 통해 인식해야 합니다. 저는 그저 저를 보여 줄 뿐인 거죠.

구본석 멘티

'나는 누구인가?' 모든 질문은 여기에서 시작해 여기서 끝이 난다고 생각합니다. 또 철학도 여기서 시작되었다고 할 만큼 중요한 질문이기도 하고요. 그래서 우리 팀이 만들어지고 첫 멘토링을 이 주제로 진행한 것일까요? 저희 팀의 시작으로 딱 맞는 주제였어요.

저 같은 경우, 학교에서 자신의 강점과 약점을 써 보라고 했을 때 약점은 금방 쓴 반면, 강점은 오래 고민했어요. 그래서 강점 파악을 위주로 멘토링이 이루어져 제게는 더욱 도움이 되었습니다. 그래서인지 멘토님은 자신을 어떤 사람으로 생각하고 계시는지 궁금해요.

멘토의 답변

멘토링의 전체적 구도가 자신의 관점에서 보고, 자신에게서 방안을 찾고, 자신을 사랑하라고 하고 있습니다. 저는 외유내강형인 듯합니다. 남과의 관계에서는 관대하려 하고 이해하려고 합니다. 그러나 자신에 대해서는 가혹하리만치 철저해지려 합니다. 자신과의 약속을 지키려고 무던히 노력합니다. 강점을 말한다면 세상을 보는 통찰력, 기획력, 도전 정신, 긍정적이고 유연한 사고일 듯합니다. 저는 이런 강점을 40, 50대가 돼서야 발견하게 되었습니다. 그러니 여러분이 강점을 발견하기란 쉽지 않다는 것입니다. 약점은 관심 없는 일에 무심하고 책임을 두려워하며 우유부단한 편이라는 것입니다.

02
경영은 삶과 일에 관한 것이다

자신의 꿈과 비전, 목표를 설정하려면 우선 거시적 관점에서 우리의 인생을 한번 생각해 볼 필요가 있다.

'어떻게 살면 잘 사는 것인가?'

'내가 생각하는 성공한 삶은 무엇인가?'

'어떻게 살아야 후회가 없는가?'

'삶에서 가장 중요한 가치는 무엇인가?'

이런 물음을 통해 개인의 가치관이 확립되고 내 꿈을 찾아 가는 과정이 쉬워진다. 그런데 사람마다 생각이 다르고 가치가 달라 획일화된 방식은 없다. 정답은 없다. 자신의 선택과 책임하에 미래를 만들어가는 개인만이 존재한다. 나의 기준과 내면의 목소리에 귀 기울인다.

'내가 무엇을 하고 싶은가?'

'내가 무엇을 잘하는가?'

'내가 어떤 사람이 될 것인가?'

내가 어떤 삶을 살고 싶은지에 대한 답을 구하는 것이다. 타인의 기준에 나를 끼워 맞추지 않는 것이 중요하다. 그러나 자신의 기준으로 다양성을 인정하고 새로운 기회를 찾아 가는 것은 쉽지 않다. 사회는 일반적 방법과 길을 요구하고 기성세대는 현재의 가치와 사회 평판의 가치를 더 우선시한다. 다행스럽게도 요즘 MZ 세대는 좀 다른 것 같다. 자신이 정한 삶의 기준과 행복의 방법을 찾아 목표를 설정하고 꿈을 가지려고 하는 경향이 강하다. 멘티들에게 계속 강조하였다. "자신의 기준으로 세상을 살아가라."라고. 자신의 삶을 살기 위해서는 자기가 주인인 1인 회사를 만들고 경영해야 한다고 생각해야 한다. 자기 경영을 할 수 있어야 한다는 것이다. 자기가 회사의 주인이고 CEO가 되어야 한다는 의미이다. 그리고 인간은 일을 통해 삶을 살아간다. 삶의 가장 많은 부분을 일하는 데 소비한다. 그러므로 일을 잘하는 것은 삶을 행복하게 하는 원천이 되는 것이다. 그래서 우리는 행복한 삶을 위해서는 기본적으로 경영을 알아야 한다. 경영이란 무엇인가? 경영학에서 많은 정의가 있다. 그중에서 '경영의 아버지'라고 불리는 피터 드러커 박사는 경영은 일과 삶에 관한 것이라고 했다. 그분이 정의한 것을 인용하면 "직원들에게 공동의 목표와 가치관을 설정하고 지속적으로 배울 수 있고 발전할 수 있는 가능성을 줌으로써 그들이 혼자가 아니고 조직의 일원으로 성과를 낼 수 있게 하는 것."이라고 했다. 자신의 1인 회사인 인생에 대비해 보면 적절해 보인다. 나의 관점에서 드러커 박사의 생각을 빌려 경영을 정의하면, 경영이란 '일을 잘하게 하는 것'이다. 인간의 일과 삶에 관한 것이다. 인간의 가치관과 성장, 발전에 관여하는, 실용적인 행동과 적용에 근거를 둔다. 그래서 성공 여부는 성과로 판정한다. 성공적 삶이란 일을 잘하며 삶을 잘 살아가는 것이고 결국은 경영을 잘하는 것이 된다. 경영에서 일이 잘되게 하려면 경제적 측면을 고려해야 한다. 삶에 필요한 경비를 벌어야 한다. 우리 개인의 가치(노동)는 우리의 몸값(봉급)보다 더 높아야 하고, 우리 몸값은 우리의 원가(생활비)보다 높아야 한다. 그래야 생존할 수 있다. 그래서 자기의 가치를 높여 몸값을 올려야 한다. 그리고 자기가 살아갈 수 있는 비용보다는 높은 몸값이 되어야 한다(윤석철, 『경영·경제·인생 : 강좌 45편』(서울: Monday Ent., 2004) 참조). 몸값을 높이는 노력을 해야 하는 이유이다. 그리고 일은 개인이나 조직을 통해 하게 되는데, 조직(개인)은 '가치 있는 장기적 생존'을 목표로 한다. 가치 없는 반사회적 삶이나 행동은 의미가 없을뿐더러 목표가 될 수 없다. 자신이 살아갈 수 있는 경제적 가치는 생존 시까지 유지되어야 한다. 삶은 자신을 경영하며 행복을 추구하는 과정이 아닐까 생각한다.

03
당신은 무슨 일을 합니까

상황 1

어느 날, S 전자 반도체 소재 분야에서 일하는 'A'와 S 전자에 소재를 공급하는 중소 기업에 다니는 'B'가 처음 만나 대화를 하였다.

"A 씨, 무슨 일을 하십니까(어떤 일을 하며 삶을 영위하느냐는 의미)?"

"저는 S 전자의 과장이에요."

"……?"

"그럼 왜 S 전자에 다니나요(왜 그 일을 하느냐는 의미)?"

"……돈을 벌기 위해서요. 가족의 삶을 윤택하기 위해서 일을 합니다. B 씨, 당신은 무슨 일 하시나요?"

"저는 반도체 소재 분야 전문가로 저희 고객사에 최선의 제품을 공급하기를 노력하고 있어요."

"아, 예. 왜 그 일을 하지요?"

"전 반도체 화합물 소재에 관한 한 최고의 전문가가 되어, 회사가 반도체 화학 분야 전문 회사가 되고 우리나라의 반도체 산업이 일본의 그늘에서 벗어나는 계기를 만들고자 합니다. 나아가 인류에 4차 산업 혁명의 새로운 기회를 주는 데 이바지하기 위함입니다."

상황 2

대학 캠퍼스에서 졸업을 앞둔 두 학생과 대화를 나눴다.

"C 군, 장래 희망이 무엇이에요(꿈이 무엇이냐는 의미)?"

"공무원이 될 거예요."

"음, 왜 공무원이 되려고 하지요?"

"저희 아빠의 바람이에요. 사람들이 안정된 신의 직장으로 여기고 있잖아요."

"D 양, 장래 희망이 뭐예요?"

"저는 어려운 생활을 하는 국민의 삶을 향상시키는 일을 하는 복지 전문가가 되고 싶어요."

"그래, 어떻게 그 일을 하려고 해요(일을 하는 이유를 묻는 의미)?"

"국가 공무원이 되거나, 공공복지 단체나 기업에서 운영하는 복지 재단에서 일하며 복지의 현장에서 어려운 이웃들을 만나고 싶어요. 그리고 그런 경험을 통해 우리나라 복지 정책 입안에도 기여하고 싶어요."

자신의 꿈과 목표에 몰입하다 보면 자신의 삶의 목적을 상실할 수 있다.

'난 왜 사는가?'

'난 어떤 사람이 되고 싶은가?'

'태어나 이 세상에 무엇을 기여할 수 있는가?'

'난 왜 이 일을 하는가?'

자기 삶의 목적에 집중할수록 더 강한 사람이 되고 행복해진다. 의미 있는 삶이 되는 것이다. 사람들은 그들이 옳은 일을 하고 있다는 확신에

차서 그들이 몸담고 있는(담을) 조직을 목적 그 자체로 바라보게 되는데, 그것을 '관료화'라고 한다. 관료화된 사람은 자신이 조직의 최고 전문가이고, 더 이상 배울 것이 없으며, 자신이 모든 일을 처리했다고 여긴다. 일이 잘못되면 상부의 지원이 부족하고 동료들이 문제가 있다고 여긴다. 관료화는 지금의 멘티들에게는 아직 해당되는 사항이 아닐 수 있다. 그러나 가끔 공무원이 되는 것이 목표가 되고, 대기업 입사가 목표가 되는 등 조직 자체가 목표가 되면 곤란하다는 생각이 든다. 자기가 잘할 수 있는 업무를 생각해 성장할 수 있고 보람과 존재 이유를 확인할 수 있는 목표를 정하기를 바란다.

04
진로의 전략적 사고

자신의 삶을 살아가고 목표를 정할 때 전략적 사고가 필요하다. 진로를 선택할 때도 전략이 필요한데, 전략이란 원래 군사 분야에서 사용하는 말인데 요즘 경영학 등 많은 분야에서 사용한다. 전략은 전쟁에서 이기는 방법이다. 동양에서는 손자가, 서양에서는 클라우제비츠가 발전시킨 이론이다. 경영학에서도 전쟁의 전략이 활용되고 있는데, 경쟁에서 이기는 방법이라고 할 수 있다. 경쟁이 존재할 때 전략이 필요한 것이다. 그러므로 취업이나 진로의 선택에서도 전략이 필요하다.

전략이란 무엇인가

첫 번째로, 전략은 목표 달성을 위한 것이다. 전략을 결정하려면 목표가 있어야 한다. 목표 없는 전략은 없다. 전략은 목표를 달성하기 위한 최적의 방안이니 목표를 정하는 일 자체도 전략을 구상하는 것이다. 무엇을 하고 살 것인가? 어떤 직업을 선택할 것인가? 어떤 직장에 갈 것인가? 그러므로 목표를 보면 전략을 알 수 있다.

두 번째로, 전략은 목표와 관련된 주변 환경을 살펴봐야 한다. 추구하는 목표를 둘러싼 거시적 환경(큰 틀의 환경)과 미시적 환경(지엽적인 환경)에 대응한다. 주변 환경 속에는 목표 진로나 취업 달성에 유리한 면(기회 요소)이 있고 불리한 면(위협 요소)이 존재한다.

세 번째는 자신이 가지고 있는 능력을 살펴봐야 한다. 자신과 자신이 가고자 하는 산업 분야의 경쟁자들을 비교하여 자신이 잘하는 점(강점)과 자신이 상대적으로 못하는 점(약점)을 확인한다. 강점과 약점을 통해 경쟁 우위를 확보하는 것이다.

네 번째는 자신이 가지고 있는 자원을 적절히 분배하는 것이다. 자신의 자원이란 시간, 돈, 기술, 전문 지식, 건강, 인맥 등이 될 것이다. 자신의 자원을 어디에 많이 할당하고 투자하는지는 주요한 전략적 요소가 된다. 진로와 취업을 결정하는 입장에서도 자신이 가진 자원을 어디에 할당하는지 중요하다. 2개 이상의 직장에 지원할 때 어디에 자신의 자원을 할당할 것인지는 전략적 판단이 요구되는 분야이다.

이상의 네 가지 요소 중에 첫 번째 목표 설정은 두 번째와 세 번째 요소에 의해 설정해야 하기 때문에 순서를 나중에 둘 수 있다. 즉, 자신이 가야 할 진로나 직장의 선정은 환경 분석과 자신의 능력 분석을 한 다음에 해야 한다는 것이다.

한편으로 높은 목표(취업이 어려운 직장) 혹은 낮은 목표(상대적 취업이 용이한 직장)의 설정이라는 원천적 대안이 선행된다면 먼저 목표를 정할 수도 있다. 그러므로 목표는 선 목표와 후 목표로, 상호 연관되게 설정할 필요가 있다.

취업 전략의 원천적 대안은 첫 번째로 앞에서 언급한 높은 목표 지향적 직장 혹은 낮은 목표 지향적 직장이 있다. 그리고 두 번째는 선행적으로 직장을 선정할지, 추이를 보고 후행적으로 직장을 선정할지 선택해야 한다. 세 번째는 시기적으로 졸업 전, 졸업 후라는 시간적 문제이다. 네 번째는 투자를 할지(주로 창업이 될 수 있다), 투자하지 않고 직장을 구할지 하는 문제도 대안으로 검토한다. 결국 원천적 대안을 제외한 목표 설정이 전략적이라는 것은 두 번째 요소인 주변 환경 요인에서 자기 진로와 관련한 유리한 기회를 찾는 것이고, 세 번째 요소에서 자기 자신의 능력 평가에서 강점을 찾아 경쟁에서 우위를 확보하는 것이다. 이 두 가지 측면에서 전략을 만든다.

환경변화에 대응(**기회**, 위협) + 자신의 평가(**강점**, 약점)	→ **전략 수립**(경쟁 우위 확보)

전략적 사고란

전략을 만들어 갈 때, 두 번째 환경 변화의 측면에서 기회 요소를 찾는 것은 통찰력, 인간의 기쁨, 슬픔, 행복 등을 느끼는 감수성과 사회 변화에 대한 정보와 자신이 진출하고자 하는 산업의 추이나 특징 등을 보면 찾고 적용할 수 있다. 그러나 세 번째 자신의 능력을 활용할 때는 약점 개선 위주의 문제를 해결하려는 사람과 강점 중심의 적극적 자기 능력 개발을 추구하는 부류로 나누어진다. 중요한 것은 약점의 개선보다 강점의 강화가 훨씬 전략적이라는 것이다. 우린 자신의 부족한 면을 만회하기 위해 노력을 많이 한다. 약점의 개선을 통해 문제를 해결하려고 한다. 이를 '관리적 사고'라고 한다. 통상적으로 문제점을 발견하고 해결 방안을 찾는 문제 해결 방법이다. 관리적 사고는 일의 효율을 강조하는 것으로, 개선에 시간이 소요되고 성과가 획기적으로 좋아지지 않는 특징이 있다. 반면에 자신의 강점을 증강하는 데 노력하고 강점을 활용해 기회를 확대하는 전략적 발상을 하는 것이 중요하다. 잘하는 것을 더욱 잘하게 하고, 성과가 나는 부분에 더욱 자신의 자원을 투자하는 것이다. 이를 '전략적 사고'라 하는데, 효과를 중시하는 것으로 진행의 속도가 빠르고 성과가 획기적이다.

유추할 수 있는 예시이지만, 기업에서 일할 때 프로젝트를 맡기면 한 팀은 비용을 줄이는 노력을 하면서 주어진 목표를 달성하는 효율을 중시한다. 다른 한 팀은 비용을 많이 쓰면서 목표를 초과 달성하는 효과를 중시한다. 전자는 팀원들이 비용을 줄이는 노력을 하는 데 비해 후자는 비용을 줄이는 데 필요한 시간을 성과(매출) 확대에 투자해 더 높은 성과를 달성한다.

기업가 입장에서는 누구를 더 선호하겠는가? 물론 관리적 사고를 가진 상사는 비용을 따질 수도 있다. 그러나 전략적 사고를 하는 기업가는 후자를 지원한다. 성과가 높기 때문이다. 비용을 문제점으로 치환하면 더 쉽게 이해가 될 것이다.

한편으로 자신의 약점을 강점으로 전환하는 사고도 필요하다. 우리 주변에는 자신의 약점을 강점으로 승화하여 대박을 친 경우도 허다하다. 가수 싸이나 요즘 핫한 마마무의 화사와 같이 데뷔 때는 비호감으로 비치던 약점들이 특유의 자신감과 함께 지금은 가장 매력적인 강점으로, 중심 역할을 하고 있다. 자신이 가진 역량이 강점이 될 수 있고 약점도 될 수 있는 것은 전적으로 자신이 어떻게 자신의 특징을 잘 살려 나가느냐 하는 문제일 수 있다.

멘티들 중에 자신감이 부족하지만 좋은 장점으로 활용할 수 있는 특징을 갖고 있는 친구가 있어 끄집어낼 요량이다.

자신에게 유리한 기회를 제공해 줄 수 있는 분야를 찾아 진출하고, 자신이 남보다 잘할 수 있는 점을 확인하고 강점을 더욱 강화하는 노력을 기울이는 것을 전략적 사고라 한다.

자신의 진로를 설정하고 취업에 도전할 때, 자신이 강한 면을 확대하고 그런 특징을 잘 활용하여 경쟁에서 이길 수 있는 분야에 진출해야 성공할 수 있는 것이다.

05
원하는 진로의 환경 변화에 대응한다

앞 장에서 언급한 전략을 만들어 가는 과정에서 환경 분석을 해야 한다고 했다. 진로와 직업(직장)을 선택할 때 고려해야 하는 환경은 면밀히 검토할 필요가 있다.

여기에서 말하는 환경이란 자신의 진출하고자 하는 분야의 외부 환경을 말한다. 환경을 분석하려면 여러 측면이 있고, 자신의 진로가 어느 정도 결정되었는가에 따라 범위와 한계가 달라질 수 있다. 중고생처럼 아직 진로의 큰 방향이 정해지지 않은 경우는 큰 틀의 외부 환경을 전부 아우르며 검토하고 방향을 잡는 게 좋다. 그러나 대학생의 경우는 자신의 전공 분야가 정해져 있고 진출하고자 하는 분야가 상당히 좁혀져 있으니 더욱 작은 틀에서의 환경을 분석할 필요가 있다.

우선은 거시적 환경에 관심을 가져야 한다. 이는 자신이 통제할 수 없는 환경이 되는데, 외부 환경에 대한 다음 개관도를 참고한다.

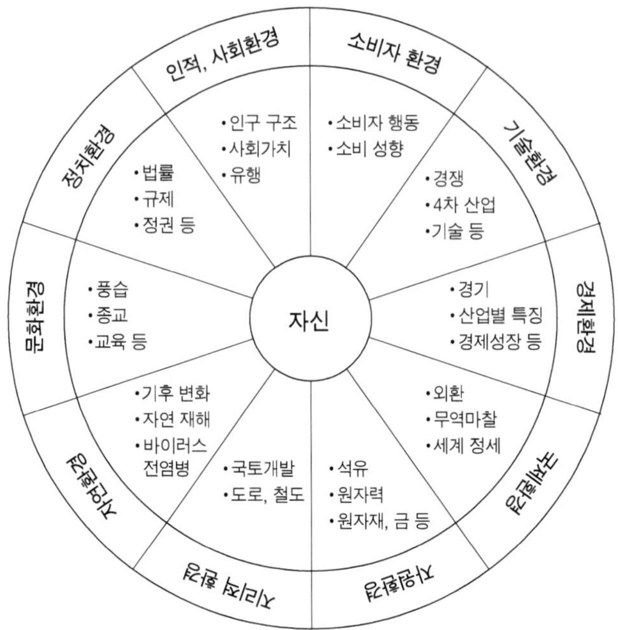

여기에서 자신이 진출하고자 하는 분야와 관련된 요소들을 검토할 필요가 있다. 세상이 급변하고 있고 산업의 변화가 급속히 진행되고 있다. 4차 산업 혁명의 시대이다. 미래를 예측하기가 어려운 시대이다. '미래를 예측하지 말고 창조하라.'라고 말하는 시대이다. 어디에 나에게 맞는 찬스가 있을까?

이를 놓치지 않고 아는 것이 쉽지는 않다. 스스로 책, 언론 매체, 인터넷 등을 보며 사회의 다양한 변화에 관심을 갖는 것이 좋다. 그렇지 않으면 인적(부모, 교수, 선배, 친구 등)) 자원이나 단체의 지원을 받는 것이 좋다. 각 대학교나 국내외 기업의 연구소, 정부, 정부 관련 기관에서 발표하는 미래 전략 보고서, 트렌드 보고서, 정책 등에 관심을 가지면 세상 변화에 대한 안목을 키울 수 있다.

중요한 것은 미시적 환경을 살펴보는 것이다. 자신이 진출하고자 하는 분야의 산업, 직업에 대한 환경들을 분석하고, 더 지엽적으로 자신이 원하는 직장, 경쟁자, 지역(창업의 경우)을 살펴본다. 우선 자기가 진출하고자 하는 산업의 전망과 구조를 면밀히 알아볼 필요가 있다. 시장의 크기, 발전 추이와 트렌드, 특수한 요소 등을 고려할 필요가 있다. 이 판단은 그 분야에 정통한 전문가, 선배의 조언을 듣는 것이 유리하다.

그리고 더욱 세분화하여 자신이 가고 싶은 직장의 평판, 회사의 설립 목적과 가치, 이념, 분위기, 매출과 이익 추이, 당면 과제를 살펴본다. 그런 직장을 선호하는 예비 경쟁자의 특징과 경쟁 상황 등도 검토한다.

통상적으로 직업을 선택하고 원하는 직장에 가려면 지속적으로 관심을 기울이고 관찰해야 한다. 그래야 경쟁력이 생긴다. 면접을 해 보면 회사에 얼마나 관심을 갖고 있는지 알 수 있다. 당연히 회사는 자신들에게 관심을 갖고 있는 인재를 선발한다.

환경의 매력도를 면밀히 검토하면 자신에게 유리한 기회가 보인다. 자신이 잘하는 분야, 좋아하는 분야, 잘할 수 있는 분야에서 기회가 많은 분야를 선택할 수 있다.

06
전략 수립 기법

앞 장에서 전략에 대한 정의와 전략적 사고에 대해 알아보았는데, 이번에는 전략을 수립하는 방법에 대해 알아보자.

전략을 수립할 때는 앞에서도 언급했지만, 항상 자신을 중심으로 외부 환경을 살펴보고 환경의 매력도를 측정해야 한다. 다른 한 축은 자신의 내부 능력을 파악해 경쟁자와 비교, 검토해야 한다.

또한, 자신의 능력에 대한 강점과 약점을 살펴본다. 전략을 도출하는 대부분의 도구(tool)는 전부 두 가지 축을 기준으로 만든다고 보면 된다. 전략을 도출하는 대표적인 스왓(SWOT) 분석, B.C.G. Matrix, G.E. MCkinsey Matrix 등도 외부 환경의 축과 자신의 능력(자사의 능력) 축을 기본으로 한다. 멘티들도 앞으로 진로의 문제든, 인생의 문제든, 사업과 관련하든 전략을 구상할 때는 항상 두 가지 측면을 고려하면 쉽게 접근할 수 있다.

여기서는 진로의 대표적인 전략 구상 방법인 스왓(SWOT) 분석과 진로 매트릭스(Matrix) 기법을 알아본다.

스왓 분석

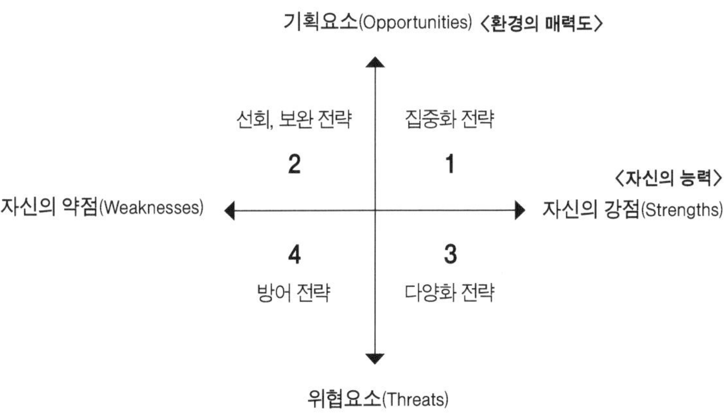

스왓(SWOT)은 영어의 앞 글자를 따서 만든 이름이다. 자신의 능력의 강점과 약점, 환경의 기회와 위협을 의미한다.

전략은 위의 그림에서 '1' 위치의 분야에 진로나 목표를 집중화해야 한다. 가장 경쟁력이 있고 기회가 많은 곳이다. '2'의 경우는 자신이 약한 부분이지만 (취업) 시장의 기회가 많은 곳이다. 자신의 약점을 보완하고 새로운 강점을 만들 때, 즉 약점을 강점으로 승화할 때 취해야 할 전략이다. '3'의 경우는 자신의 강점이 있지만 주변의 환경이 좋지 않는 경우인데, 무시하지 말아야 할 곳이다. 충분히 시장 규모가 된다면 도전해 볼 만한, 다각화가 필요한 전략이다. '4'의 경우는 자신도 없고 시장의 기회도 없는 곳이기 때문에 가급적 진출하지 말아야 할 곳이다. 즉, 방어적 전략을 취하는 것이다.

위의 매트릭스 타입은 4가지 구획으로 전략을 단순화해 놓았지만, 각자의 요소를 점수화해 위치시키면 더욱 다양한 전략을 도출해 낼 수 있다.

진로 매트릭스

진로 매트릭스(Matrix)는 자신의 능력을 얼마나 확대하느냐에 따라 진로 기회를 확대해 나갈 수 있는 전략 구상 매트릭스이다.

	현 진로(직업) 시장 →	신 진로 시장
현 자신	1 - 시간 비용절감 - 현 원하는 직장선택 - 동일산업 타 직장 검토	2 - 신 직장 개발 * 지리적 확대 * 새로운 기회 발견
↓ 새로운 자신	3 - 역량개발 * 시장 니즈 변화 대응 * 장기적 능력개발 - 가치 증대	4 - 다각화 * 신 직업 * 관련 직업 * 비관련 직업

첫 번째 매트릭스는 현재 자신이 가지고 있는 역량을 중심으로 강점과 기회가 있는 산업 분야를 선택해 직장을 선택하는 전략이다. 두 번째 매트릭스는 새로운 직업 시장에도 눈을 돌려 타 지역이나 해외 직장을 검토하고 창업과 학업, 해외 이주 등을 고려하는 전략이다. 세 번째 매트릭스는 새로운 자신을 지속적으로 개선함으로써 새로운 역량의 개발

로 자신이 원하는 직장을 찾고 자신의 가치 증대로 더 좋은 조건의 직장을 찾는 전략을 구사할 수 있다. 네 번째 매트릭스는 새로운 자신을 갖고 완전히 새로운 직장이나 직업을 찾아보고, 새롭게 탄생하는 직업이나 자신의 취미, 특기를 가지고 직업을 선택하는 다각화 전략을 구상할 수 있다. 화살표의 아래로 향한 방향은 위험의 정도를 표시하고, 좌우로 향한 방향은 비용과 시간이 증대되는 정도를 나타낸다.

진로 매트릭스는 내가 이고르 앤소프(Igor Ansoff) 교수의 제품 시장 매트릭스에서 착안하여 만든 진로 선택을 위한 매트릭스이다. 진로 매트릭스 역시 진로의 직업 시장이란 환경 요인과 자신의 능력이란 두 가지 측면을 가지고 전략을 도출하는 방법이라 하겠다.

07
진로의 선택

- 목표 정하기

지금까지 전략과 전략적 사고의 정의, 전략을 만드는 방법을 살펴보았다. 그럼 우리가 실질적으로 전략을 구사할 때 사용하는 방법들은 무엇이 있을까?

전략 수립이라 말하고, 전략의 구성 요소라고 할 수 있다. 문제는 '취업 시장에서 자신의 진로를 선택하고 성공하려면 어떻게 해야 하는가?'라는 것이다. 구성의 첫째는 목표(진로 선택)이고, 둘째는 자신이 진출할 취업 시장(산업)의 선정, 셋째가 자신의 포지셔닝, 네 번째는 경쟁에서 우위에 설 수 있는 차별적 우위 요소이다.

먼저 목표 선정에 대해 살펴본다. 앞 장 '진로의 전략적 사고'에서 이미 언급한 사항이지만, 이 책의 핵심 내용이라 전략 수립 차원에서 다시 살펴본다.

목표는 전략이기도 하지만 결과물이기도 하다. 자신의 진로를 선택하는 것이 먼저인가? 아니면 지금까지 배워온 전략 만들기의 환경의 기회요인과 자신의 강점이 존재하는 곳을 먼저 결정하고 진로를 선택할 것인가? 즉, 목표를 정하는 것이 전략의 구성이나 결과에서 궁극적으로 달성해야 할 것이기 때문에 순서가 먼저일 수 있고, 나중일 수도 있다. 또한, 동시에 검토할 수도 있다.

목표(진로 선택)
⇕
전략 수립(산업 선정, 포지셔닝, 경쟁 우위)

목표는 전략을 수립하면서 계속 염두에 두어야 하고, 전략을 통해 달성해야 할 진로의 결정이기도 하다. 진로의 선택은 자기 삶의 목적에 부합하는 직업이나 직무로 선정하는 것이 좋다(앞에서 언급한 '당신은 무슨 일을 합니까?' 참조). 직장이나 직위를 목표로 정하면 자신의 목표가 너무 좁아지는 우를 범할 수 있다.

예를 들어, 자신이 공무원이 되기를 원하면 공무원이 되는 목표만이 있지만, 국가 발전과 사회에 기여하는 행정가가 목표가 되면 진출할 수 있는 길이 상당히 넓어진다. 그리고 장래의 삶과 다양한 진로를 개척할 수 있고 성취의 목표도 높일 수 있다. 자기 삶의 목적을 지나치게 좁게 잡으면 자신의 성장에도 많은 제약을 가져온다. 이는 '근시안적 삶(Life Myopia)'이라 할 수 있다.

자기 삶의 목적을 분명하게 정하고 살아가는 것은 아주 중요하다. 거대한 목적을 정하지 않아도 된다. 작은 목적도 아름다울 수 있다. 박시연 멘티는 자신 삶의 목적을 '작은 행복을 찾는 것'이라고 했다. 그녀는 항상 '소확행'을 추구한다. 자신의 목적이 분명하면 분명할수록 삶은 풍요롭게 변하고 자신도 강하게 변한다.

08
자신을 포지셔닝한다

전략 수립의 두 번째는 자신이 진출할 산업을 선정하는 것이다. 취업이든, 창업이든 자신의 강점을 활용할 수 있고 시장의 기회가 있는 곳을 선정하는 것이다. 전공이 정해진 멘티들의 경우는 진출할 분야도 이미 정해진 경우가 대부분이었다. 아직 진출할 분야나 방향을 못 정한 멘티는 자신이 원하는 목표, 자신의 강점, 전공, 행복해질 수 있는 분야를 찾아 자신의 목표 진로로 점차 좁혀 나갈 것을 권했다. 자신의 표적 취업 시장을 명확히 정의하고 그곳에 집중해야 한다. 문제는 자신이 정한 목표 취업 시장에서 어떻게 경쟁을 하는가이다. 전략 수립의 가장 핵심인 자신을 포지셔닝(Positioning)하는 것이다. 포지셔닝은 우리말로 '위치화한다.'라는 의미인데, '자신이 원하는 대로 자신의 가치를 수요자(취직을 원하는 직장)에게 인식하게 하는 방법'이다. 나의 역량(전문 지식과 사회적 가치)이 수요자의 요구를 만족시킬 수 있고 대체 인력이 없다는 것을 수요자에게 확신시켜 주는 것이다.

예를 들면 '이성재는 마케팅 지향적인 전문 경영인이다.'라고 포지셔닝하는 것이다. 사람들이 인식하는 그 사람의 위치이다. 멘티들의 경우도 자신만의 차별적 우위를 가질 수 있는 자신의 포지셔닝을 만들어 보도록 했다. 물론 아직 사회적 가치나 자신의 전문 지식이 완성되지 않은 경우이지만 현재 상태에서 경쟁자보다 확실하게 차별적으로 수요자(면접자)의 마음에 고착할 수 있도록 하는 것이다.

수요자를 자신의 고객으로 인식하는 것도 한 방법이다. 고객에게 자신을 인식하게 하고 자신을 팔 수 있어야 한다. 고객의 마음을 사서 고객이 사게 해야 한다. 고객은 많은 정보와 많은 지원자(제품)를 만난다. 자신들의 욕구를 만족시킬 수 있는 대체재가 필요하므로 구별이 필요하다. 자신을 경쟁자와 구별할 수 있게 해 주는 것이 포지셔닝이다. 한 번 정해진 포지셔닝은 일정 기간 유지하면서 자신의 포지셔닝을 더욱 강화하는 방향으로, 전략적으로 가야 한다. 주변의 의견이나 경쟁자의 포지셔닝에 흔들리지 말고 자신의 포지셔닝을 믿고 굳건히 밀고 나가야 할 것이다. 그래야만 수요자가 확신할 수 있다. 그러므로 선정을 신중히 해야 한다.

특히 면접할 때 자신이 어떤 인물인지 확실하게 인식시킬 수 있는 차별적 우위가 포함된 자신의 포지셔닝을 인식시켜야 한다. 수요자들은 사람을 선정할 때 많은 것을 기억하지 못한다. 특히 많은 지원자가 있을 경우에는 더욱 그렇다. 비슷한 자질을 갖고 있는 경우에도 그렇다.

"그 사람 똑똑하네.", "전문가네." , "진정성이 있네.", "남의 의견을 잘 듣네.", "아이디어가 좋네.", "경험이 많고 창의적이네.", "책을 출간한 특이한 경험이 있네." 등 지원자의 특징 한두 가지를 가지고 사람을 채용하게 된다. 포지셔닝을 정할 때 유의 사항은 여러 가지를 열거하는 게 아니라 간단하고 명료할수록 고객의 마음을 사로잡을 수 있다는 것이다. 수요자의 니즈를 파악하여 반영한다. 회사의 인재상과 기업 이념, 가치, 장기

비전, 목표 등을 알고 반영할 필요가 있다. 경쟁자와 차별화된 의미 있는 것, 타인과 다르게 기업에 공헌을 할 수 있을 것 등이다. 자신의 강점을 알고 반영된 진정성 있는 포지셔닝이 되어야 한다.

09
경쟁적 우위 요소를 찾는다

전략 수립의 네 번째 요소는 경쟁 우위 요소를 찾는 것이다. 경쟁 우위라는 것은 다른 말로 차별화라고 하는데 '구직 활동에서 적극적으로 이용하기 위한 경쟁자들에 대한 상대적 강점'을 말한다. 차별적 우위 요소를 찾아 그것을 요약하고 한마디로 표현한 것이 포지셔닝이다. 차별적 유의성을 찾는 방법은 세 가지 요인을 통해 만들 수 있다.

첫째, 전문가적 요인이다. 즉, 자신의 전공에 대한 지식의 깊이다. 좁고 깊을수록 좋은 것 같다. 그리고 경험이다. 전공과 관련된 인턴, 사회 경험, 적용 사례 등이다. 전공과 관련이 없어도 수요자들은 지원자의 다양한 경험을 선호한다. 알고 있는 지식을 성과로 연결할 수 있는 실행력이다. 조금 어려운 일이고 신입 사원에게 요구하기에는 쉽지 않다. 실행과 연결된 결과나 명확한 성과를 만든 경험이 있으면 좋은 차별화가 된다. 그리고 창의력이다. 자신의 전공이나 실행 경험에서 자신이 아이디어를 내고 실행했는지가 중요하다. 창의력은 일을 주도적으로 하는가를 판가름하는 기준이기도 하므로 중요한 차별화가 된다.

두 번째는 사회적 요인이다. 함께 일할 수 있는 능력이고 타인과의 관계 능력의 차별성이다. 통상적으로 통합, 소통, 배려, 이타심, 상생, 네트워크 등의 우위성을 강조한다. 일반적으로 첫 번째 요인보다 더 중요하게 고려되기도 한다.

세 번째는 본인의 외부적 요인이다. 본인의 이미지, 언변, 태도, 패션 그리고 취미, 특기, 사회봉사나 기부 활동, 동아리 활동, 도전 경험, 여행 경험 등의 우위성을 강조한다.

한국장학재단의 사회리더 대학생 멘토링 경험도 차별적 우위성이 될 수 있다. 위의 세 가지 요인 중에 경쟁자와 가장 차별화되고 수요자의 니즈에 맞는 두세 가지로 요약하여 강조하는 것이 좋다. 항상 웃고, 긍정적이며, 자신감 있는 태도는 모든 차별적 경쟁 우위 전략의 기본이 된다.

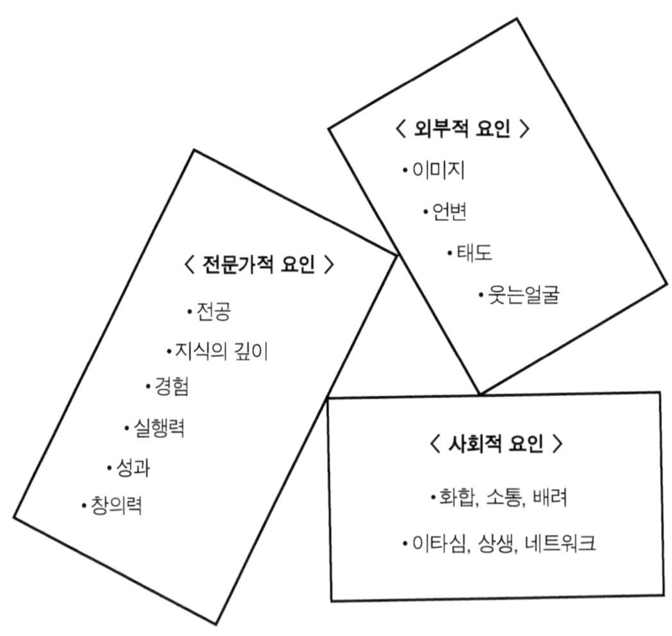

〈 외부적 요인 〉
•이미지
•언변
•태도
•웃는얼굴
〈 전문가적 요인 〉
•전공
•지식의 깊이
•경험
•실행력
•성과
•창의력
〈 사회적 요인 〉
•화합, 소통, 배려
•이타심, 상생, 네트워크

10
취업 기회 전략

4C 믹스 전략

지금까지 진로를 위한 전략에 대해 알아보았는데, 진로 선택을 위한 전략이 결정되면 실질적 실행을 위한 전략적 계획이 필요하게 된다. 전략의 하위 개념인 전술적 차원이라 하겠다. 취업 기회 전략(job opportunity strategy)이란, 자신의 욕구와 능력을 취업 환경과 통합하여 효과를 최대한 발휘하는 실행 전략이라 하겠다. 실행 전략을 구성하는 요소는 개인 역량(Capability), 자신의 몸값인 희망 연봉(Cost), 취업의 경로(Channel), 자신의 존재를 알리는 소통 촉진(Communication)이 있다. 네 가지를 잘 믹스하여 경쟁에서 이기는 전략을 구성한다. 그래서 다른 이름으로 4C 믹스 전략(4C mix strategy)이라 한다.

통합적 접근

취업 시장은 자신의 능력만 좋다고 성공하고, 희망 연봉을 줄인다고 성공하는 것이 아니라 여러 가지 요소들이 통합하여 조화롭게 되어야 성공한다. 물론 뛰어난 능력을 갖추고 있어 근접하기 어려운 경쟁력이 있으면 다를 수 있다. 그러나 대부분 취업자의 경쟁력은 우위를 분별하기가 어렵기 때문에 여러 가지 요소에 통합적으로 접근할 때 성공할 수 있는 것이다.

'믹스(mix)'라는 개념은 통합적 접근을 하라는 의미이다.

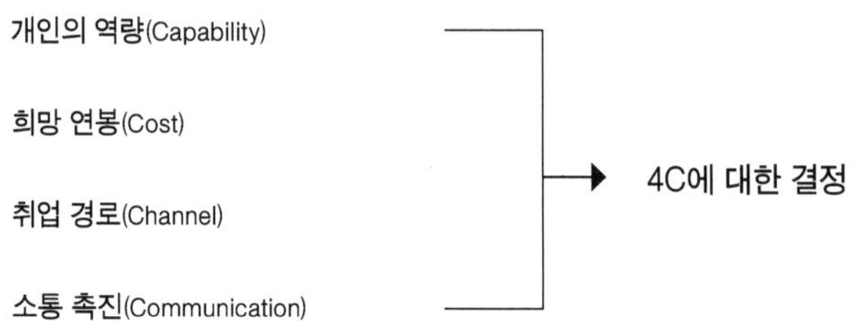

개인의 역량에는 전문적 지식이나 경험, 사회적 요인, 외적 요인(인성 포함) 등이 있다. 요소별로 세부적으로 차별적 우위를 찾아보아야 한다(차별성 우위성 참고). 희망 연봉은 산정하기가 쉽지 않다. 자신의 능력과 비슷한 선배 동료들의 경험이 중요한 기준이 될 수 있다. 연봉은 입사 기준이고, 조직원이 되고 나서의 성과 배분의 문제도 중요하다. 취업 경로는 정기 공채, 개별 공채, 수시 채용, 추천, 직접 방문, 스카웃, 개별 창업, 공동 창업 등의 수단을 고려해야 한다. 소통 촉진은 자신을 수요자에게 알리는 방안인데, 아래와 같이 다양한 방법을 고려해야 한다. 소통의 다양한 방법을 잘 믹스할 필요가 있는데, 소통도 통합적으로 접근할 필요가 있다.

소통 촉진 믹스 전략

- 홍보(publicity): 서면(이력서, 자기소개서, 업무 계획서), 영상, 홈페이지, 유튜브, 블로그 등
- 대면 촉진(face to face promotion): 면접, 단체 활동, 방문, 질의
- 인적 관계(personal relationship): 학교, 동창회, 동아리, 사회단체 활동, 친지 등을 통한 인적 소통

위의 3가지 소통 촉진 전략이 잘 통합됨으로써 시너지를 나타낼 수 있다.

방탄소년단의 성공 요인도 통합적 접근에서 찾아볼 수 있다.

우선, 전략적 접근인 포지셔닝과 그룹 컨셉도 확실했지만, 노래를 하는 그룹의 조화가 이채롭다. 각자가 가진 매력을 잘 믹스했다. 노래를 잘하는 네 사람과 랩을 하는 두 사람, 춤을 잘 추는 한 사람의 구성도 그렇고 생김새도 일곱 명의 비주얼이 조화를 이룬다.

음색에 있어서 지민, 정국, 진, 뷔로 이어지는 여성적 음색에서 남성적 음색으로의 다양화는 타 그룹을 압도한다. 랩도 RM, J-hope, Suga로 이어지는 조화가 일품이다. 아미들에게 멤버 중에 누구를 가장 좋아하느냐(최애 혹은 bias로 표현)고 물어보면 대부분이 선택을 어려워하는 이유이다.

일곱 멤버(개인 역량)의 믹스도 잘 되었지만 상품인 콘텐츠도 팝과 일렉트로닉스, 댄스 뮤직, 라틴 팝, 랩, R&B의 서정적 노래까지 잘 믹스되었다. 더욱이 커뮤니케이션도 전통적 방식에 SNS, 영상, 게임, 영화, 굿즈까지 다양한 요소로 믹스되었다.

멘티들에게도 자신이 가진 장점과 차별성을 4C 믹스처럼 통합해 접근할 것을 권한다.

11

<Who am I?> 워크숍

삶과 경영, 전략적 사고에 대한 세미나를 마치고 다음은 '나는 누구인가(Who am I)?'라는 주제로 워크숍을 진행했다.

<나는 누구인가> 워크숍 주제는 첫 번째, 자신을 알고 자신의 강점을 확인하고 찾는 것이다. 두 번째로 내가 어떻게 일을 수행하는지를 알아보는 것이고, 세 번째로 내가 어떻게 배우고 학습하는지 알아보는 것이다.

워크숍에서는 자신의 강점을 찾는 방법으로 Appreciative Inquiry(A.I) 방법을 활용하였다. 긍정 인터뷰(Appreciative Interview)는 A.I 프로세스의 핵심 요소이다. 이는 멘티들의 과거 성공 경험을 상기시키거나 이야기를 공유할 수 있는 기회를 제공한다. 성공의 경험담을 이야기할 때의 유의 사항을 몇 가지 알려 주었다. 긍정 인터뷰를 통해 상대방과 성공의 경험담을 나누고, 이를 통해 자신의 전성기에 일을 수행했을 때의 순간들에 대해 새로운 통찰력을 확인하게 된다. A.I는 데이비드 카퍼리더(David Cooperrider) 교수에 의해 발전했는데, 피터 드러커 소사이어티에서도 활용한 기법이다.

멘티들을 2인 1조로 나누어 진행했다. 자신의 파트너는 서로 잘 모를

수록 좋다. 자신이 최선을 다한 사실, 자신이 기대한 결과를 가장 잘 달성한 경험, 가장 즐기면서 한 일, 가장 일하고 싶은 환경, 긴장을 풀게 해 주던 경험이 포함된 워크시트 1을 기준으로 한 사람이 질문하고 한 사람이 기록한다. 단순한 이야기의 나열이 아니라, 전반적으로 하나의 스토리가 되도록 한다. 한 사람의 인터뷰가 끝나면 임무를 교대하여 자신의 파트너를 인터뷰한다. 이런 인터뷰를 60분가량 진행하였다.

멘티들의 긍정 인터뷰 준비와 진행은 진지했고, 이어서 각자가 작성한 상대방의 인터뷰 내용을 발표하게 했다. 약 5분의 시간을 주었다. 발표의 내용은 훌륭했다. 멘티들의 성숙한 사고에 놀랐고 사회 기여 등에 놀라운 참여가 있었다(자세한 내용은 멘티들의 워크시트 1을 참고한다). 각자에게 피드백을 해 주었다. 멘티들을 이해하는 데도 도움이 되었다. 워크시트는 상대가 작성하고 본인에게 주는 것인데, 잘 보관할 것을 당부했고, 우리의 이야기로 만들어 가자고 했다. 이를 토대로 워크시트 2를 완성해 다음 모임에서 발표하기로 했다. 긍정 인터뷰는 자신이 무엇을 잘하고 관심이 있으며 강점이 무엇인지를 알 수 있다. 앞으로의 진로 결정과 행복 추구에 주요한 역할을 할 것이다. 이 내용은 우리 팀의 일 년 농사의 50% 이상 달성을 의미한다.

나는 어떤 사람인가?'를 찾는 질문

긍정의 인터뷰 (Appreciative Interview)를 통해서

1. 당신이 최선을 다했을 때에 대해서 이야기 해보라.
(일 혹은 공부, 그 외의 활동 등 포함)

- 동아리 (블랙퍼스트) → 20명

푸드팀 / 재료, 가격 알아봤던 / 굽고, 가격 파는 / 영수증 체크 / 예산 분배, 음식 정하기 / 교수님 학생들도 와서 / 팀원에게 부담을 주지 않기 위해 최선을 다함

2. 일(공부)을 가장 즐기면서 했던 때에 대해서 이야기 해보라

좋아하는 주제 / 대학 → 별로 × / 전공 진입 후 재미있게 함 (힘들지만) / 내가 좋아하는 전공.

3. 자신이나 주변의 기대한 결과를 가장 잘 달성한 경험을 아야기 하라.
(칭찬 받은 일 포함)

선생님, 부모님이

대에 합격 / 9월 모의고사 후 결정, 자소서 일주일 전 / 영어 면접, 자소서 but 할 수 있다,

면접 대답하는 연습 힘들었지만 → 달성 / 자신보다 주변

4. 당신이 가장 일(공부)하고 싶은 환경에 대해서 설명하라.

1) 직접 아이디어 구상 → 의견이 실제로 업무에 반영 되는 환경 (수평적 관계)

5. 당신은 어떻게 배우는가? 당신은 듣는 타입인가? 읽는 타입인가?

읽는 타입 / 고등, 대학 교수님이 주신 것 → 내 언어로 노트 필기.

인강 → 필기 보는 것을 좋아함 / 필기하는 것도 좋아함 (손필기)

6. 자신이 하고 싶은 것, 이루고 싶은 것을 이야기 하라.

하면서 행복한 일, 적성과 진로가 맞는 일

취미 생활이 일에서 충족되었으면

디자인 → 가치, 아이디어를 구현하는 방법

(구상~결과까지 의견이 반영, 좋은, 기여하는 일을 하고 싶다)

워크시트1

워크시트 1(유지선)

나는 어떤 사람인가?' 를 찾는 질문

긍정의 인터뷰 (Appreciative Interview)를 통해서

1. 당신이 최선을 다했을 때에 대해서 이야기 해보라.
   (일 혹은 공부, 그 외의 활동 등 포함)

공부를 미×
고3 → 공부 열심히 - 시간을 가리지 않고 아침부터 저녁까지

2. 일(공부)을 가장 즐기면서 했던 때에 대해서 이야기 해보라

아르바이트 (홀서빙) - 12시간
알바생과 친해지고 손님과도 즐겁게 → 대화하는것 이 즐거움

3. 자신이나 주변의 기대한 결과를 가장 잘 달성한 경험을 아야기 하라.
   (칭찬 받은 일 포함)

고3 - 수학은 재밌었다　혼자 공부 → 인강과 과외를 하면서 전교 3등

4. 당신이 가장 일(공부)하고 싶은 환경에 대해서 설명하라.

편안한 분위기, 스트레스 해소가 쉬운 환경, 재밌는 환경

5. 당신은 어떻게 배우는가? 당신은 듣는 타입인가? 읽는 타입인가?

읽기는 타입 - 들어서는 이해가 안되는 부분이 있음. 이해될때까지 읽기를.

6. 자신이 하고 싶은 것, 이루고 싶은 것을 이야기 하라.

남들에게 부끄럽지 않은 일을 하는것, 자부심을 느끼고 싶다.
좋아하는 일 있었으면 좋겠다. 취미도 할수 있었으면.
단점은 바꾸고 싶다. 배우고 싶다.

워크시트1

'나는 누구인가' 워크시트1.2.hwp　1

12
피드백 분석

강점을 확인하는 방법에는 긍정 인터뷰와 함께 피드백 분석(Feedback Analysis)이 있다.

<Who am I?> 워크샵을 통한 강점 발견을 피드백 분석을 통해 확인할 수도 있고 또 다른 강점을 찾을 수도 있다. 피드백 분석은 선택과 선택에 따른 행동을 취할 때마다 일어날 수 있는 가능성을 적어 보는 것이다. 그리고 그 선택이 종료되는 6개월, 1년 후(혹은 2~3년) 그 가능성에 대한 결과를 예상해 보는 것이다. 이렇게 적은 놓은 기대감(expectation)과 종료 후 결과치를 비교해 보는 것이다. 결과가 다르게 나오는 경우가 발생하는가 하면, 기대치보다 좋은 성과를 나타내는 경우도 있다. 첫 번째로 자신의 기대치보다 좋은 성과가 나오는 부분이 자신의 강점이 된다. 자신이 그 일을 수행하면서 수월함을 느끼고, 관심이 커지고, 자신도 모르는 능력을 발휘하는 분야가 있다. 그러면서 자신이 누구인지 알게 되고, 자신의 강점을 취하게 되고, 실패를 통해 부족한 부분도 알게 된다. 피드백 분석에서 얻을 수 있는 가장 중요한 결론은 강점에 집중하는 것이다. 강점이 성과와 좋은 결과를 만들어 낼 수 있는 곳에 자신을 포지셔닝하면 된다.

두 번째는 강점을 발전시키는 것이다. 분석을 통해 개선해야 할 기술

이 무엇인지, 새롭게 습득해야 할 지식이 무엇인지 알 수가 있다.

세 번째는 실패하면서 자신의 무능함을 알게 하는 지적 교만이 어디에서 왔는지 아는 것이다. 학생들은 아직 이런 경험이 적을 것으로 보인다. 그러나 최고 경영자나 사회에 있는 사람은 자신이 너무 많이 알고 있다는 생각으로 실패를 하곤 한다.

네 번째로는 자신의 좋지 않은 습관을 확인하고 고치는 것이다. 멋진 계획을 세우고도 그것을 실행하지 못해 실패하는 경우가 있다. 이러한 나쁜 습관들을 확인할 수 있는 것이다.

피드백 분석으로 현재 자신의 강점을 확인할 수도 있지만 자신의 강점을 계발하는 측면이 강하다. 하반기에 진행할 새로운 강점 찾기의 방법으로 활용해도 될 것이다.

13

스스로 일어나라, 강점의 발견

- 4차 멘토링

멘토링 4차 모임은 6월 29일 강남에 있는 토즈 컨퍼런스 센터에서 있었다. 못 만나는 기간에도 멘티들과 지속적으로 소식을 전하고 교신을 했다. 취업을 목전에 둔 멘티와는 취업에 관한 조언과 도움을 줄 기회를 가졌다.

멘토링 연간 운영 계획에서 지금까지 3번의 모임은 서로 알아 가는 워밍업 단계로, 기치를 공유하고 목표를 실정하는 등 생사의 방식을 공유하였다. 그리고 지난번 워크숍을 통해 자신의 강점을 찾는 방법과 전략에 대한 지식, 용어 정의에 대한 인식을 같이했다. 이제는 각자의 강점을 인식하고 본격적으로 멘토링을 하는 단계에 진입하게 되었다.

시간 계획

- 10:30 워밍업, 여행 소감, 주제 메시지 〈스스로 일어나라〉
- 11:00 3차 모임 결과 확인
- 12:00 '워크시트 2' 발표 및 피드백 자신의 강점 발견
- 13:00 책 출간 의견 수렴 진행, 5차 모임 소개

이번의 주제를 '스스로 일어나라.'라고 정했다. 내가 멘토링을 진행하는 과정에서 멘티들에게 전해 주고자 하는 나의 두 번째 메시지이다. 내가 그동안 젊은이들을 만나 느낀, 들려주고 싶었던 메시지 중 하나이다. '스스로 일어나라.'라는 주도적 삶에 대해서는 별도로 언급한다. 아울러 주도적 삶에서 인맥의 중요성과 자신이 만들어 가는 인맥이 얼마나 중요한지를 이야기해 주었다.

4차 모임은 지난번 실시한 〈나는 누구인가〉 워크숍의 일환으로 작성한 워크시트 1을 바탕으로 다음과 같은 목표를 가진다.

1. 자신의 강점을 발견한다.
2. 일하는 방식을 알아본다.
3. 꿈을 알아본다.
4. 자기 관리 계획을 수립한다.

내가 보는 나, 내가 원하는 나, 남이 보는 나를 비교하고 자신을 되돌아보며 자신의 강점을 확인하고 향후 집중할 분야를 결정하는 것이다.

다음은 어떻게 일을 수행하는가 하는 것이다. 사람은 성장하고 일을 경험하면서 일하는 방식을 갖게 되는데, 이것을 확인하는 것이다. 본인만의 특징이 개인의 성과를 도출해 낼 수 있다.

그리고 학습(일)하는 방식을 확인하는 것이다. 일을 진행할 때 동료와 함께하는 경우와 혼자서 하는 경우 중 어떤 때 일이 잘되는지를 판단해 보는 것이다. 일의 역할에서 자신이 조언형인지 결정형인지, 조직의 크기에서 작은 물고기의 역할을 선호하는지 큰 물고기형을 선호하는지, 환경적 측면에서 스트레스 상태에서 일이 잘되는지 정리된 상태에서 잘되는지, 지위상 팀원으로 일을 잘하는지 리더로 일하는 것이 잘하는지 등을 살펴볼 수 있다. 이외에도 직관적으로 일을 시작하는지 분석하고 판단하여 일을 시작하는지, 단계를 쫓아가는지 목표를 정해 역산하여 하는지, 위기 상황에서 잘하는지 안정된 상황에서 잘하는지 등 여러 상황에서 일을 처리하는 방식으로 자신의 강점을 확인할 수 있다.

나는 누구인지, 나의 강점은 무엇인지 확인하고 나는 어떻게 배우고 일하는지 알아 가는 것이 중요하다.

각자 워크시트 2를 통해 잘 준비했고 발표도 잘하였다(별도 멘티별 발표 내용 참조).

워크시트 2(박선민)

나는 어떤 사람인가?'

(정의하고 적용하기)

1. 나의 강점은 무엇인가?

- 쉽게 포기하지 않음
- 맡은 일에 책임감을 가지고 일함
- 긍정적으로 생각하려 노력.
- 어떤 일 이후에 피드백 하려고 노력 (뭘 잘하고 뭘 못했는가)
  → 다음에 더 발전된 모습 위해.

2. 나는 어떻게 배우고 받아들이는가?
(나는 읽는 사람인가? 듣는 사람인가? 어떤 방법으로 학습하는가?)

- 혼자 공부할 때는 주로 읽는 타입. 혼자 숙독.
- 공부 외의 것들은 주로 보고 들으면서 배워가는 타입 → 조언을 구하기도 하고 남의 좋은 면을 보면서 배우기도 함

3. 나는 어떤 스타일로 일(공부)을 하는가?

- 공부 – 혼자 고민하면서 익숙해질 때까지 봄. 이론공부 후에 문제 풀면서 적용하는 편. 암기가 필요할 때도 있음.
- 일(알바?) – 문제가 생기면 혼자 고민하기보다 조언 구하거나 남이 하는 걸 보고 배우기도 함.
  시킨 일은 책임감 갖고 하는 편.

4. 나의 꿈은 무엇인가?

내가 좋아하는 일을 하며 내가 좋아하는 사람들과 하루하루 열심히 행복하게 사는 것

- 최근 환경엔지니어박람회
  [한국환경공단
  한국환경산업기술원.) 관심을 가지게 됨.

위의 내용을 바탕으로 자기 자신을 더 잘 관리하기 위해 어떻게 해야 하는지 정리해보자. (나는 어떻게 더 나은 자기 관리를 할 수 있을까?)

- 나태해지면 안되겠다는 생각이 듦. 하루하루 열심히.
- 나의 약점이 무엇인지 찾고 보완하려 노력
- 장기적인 인생 목표 필요 (5년 후, 10년 후, 20년 후엔 적어도 ~것들을 이루겠다)
- 단기적인 목표도 필요 (방학동안 ~하겠다, 오늘하루 ~하겠다)
- 어떤 걸 할 때 행복하고, 내가 잘하는 게 뭔지 자세히 알 필요 있다.

워크시트2

워크시트 2(손정윤)

〈나는 어떤 사람인가?'〉 손정윤 (내 이야기)

(정의하고 적용하기)

1. 나의 강점은 무엇인가?

나는 밝고 사교성이 있다.
나를 발전시키려고 노력하는 모습을 잃지 않는다.
책임감이 있다.

2. 나는 어떻게 배우고 받아들이는가?

(나는 읽는 사람인가? 듣는 사람인가? 어떤 방법으로 학습하는가?)

읽기도하고, 듣기도 하는 편인것 같다 (반반)
읽고/듣는다기보다는 → (쓰고기록) 하는 사람.

3. 나는 어떤 스타일로 일(공부)을 하는가?

계획을 (단계적) 세워서 단계별로 공부하는 타입이다.
(이미) 공부한 것도 반복한다
조용히 혼자 깨우치지만, 그것이 힘들 때엔 여러사람과 머리를 맞대며 깨우친다.

4. 나의 꿈은 무엇인가?

나는 나의 행복이 가장 중요하다.
따라서 행복한 사람이 나의 꿈이다.

위의 내용을 바탕으로 자기 자신을 더 잘 관리하기 위해 어떻게 해야 하는지 정리해보자. (나는 어떻게 더 나은 자기 관리를 할 수 있을까?)

내가 나를 더 '잘' 관리하기 위해서는
계획세운것을 차근차근 '잘' 이뤄나가는것이
중요하다.
또한 지금의 막연한 행복만을 추구하는 것을
→ 구체적이며 깊게 진로를 모색할 필요가 있다

14
주도적 삶

'스스로 일어나라.'라는 말에는 자기 자신을 남에게 의존하지 말고 독립적이고 주도적으로 인생을 살아가라는 의미가 담겨 있다. 주도적으로 살아간다는 것은 쉬운 일은 아니다. 우선 자기를 사랑하여야 하고 자기와의 싸움에서 이기는 독한 사람이 되어야 가능한 이야기이다. 자신이 주도적이지 못하면 남들이 나의 생활로 들어와 잔소리를 하고, 내 인생에 관여하게 된다.

주도적 삶을 살기 위해서는 먼저 **자신이 선택지를 만들어야 한다.** 일이 있으면 자신이 무엇을 할지 미리 구상한다. 자신의 의견이 있어야 한다. 선택지를 만든 사람은 그 선택지에 책임을 진다. 그러지 못하고 선택지를 고르는 사람, 다른 사람의 의견에 따르는 사람은 타인 의존적이고 책임을 지지 않는다. 스스로 선택지를 만드는 사람을 통상 회사에서는 일머리를 안다고 한다. 선택지를 만드는 사람이 창의적이고 창의적인 사람이 책임감이 강하다. 기업에서 사람을 선택할 때 최적의 인재로 분류된다.

다음은 **자신의 의견을 분명히 밝힌다.** 자신이 한 말을 지켜야 하기 때문에 책임감이 강하다. 의사소통이 분명하다. 문제가 생기면 같이 풀려고 노력한다. 솔직함과 용기가 필요한 부분이다.

마지막으로 **주도적 삶은 자신의 인생에 책임을 진다.** 왜냐하면 자신이 한 말이 있고 선택지, 아이디어를 자신이 결정했기 때문이다. 모든 문제는 책임의 원인을 나에게 둔다. 주도적 삶을 살아가는 사람의 전형이 나의 아들 영탁이가 아닌가 생각이 든다. 아이는 주도적 삶이니 책임이니 이런 말을 하지 않았음에도 어릴 적부터 자기 일은 알아서 결정하고 진행해 왔다. 부모의 경제적 지원도 항상 마다하고 독립적이었다. 학교생활이나 공부하는 방법, 대학 진학, 입대, 취업, 최근에 승승장구하던 직장을 사직하고 세계 일주 여행을 떠난 것도 본인이 결정하고 진행했다. 부모가 개입할 여지가 별로 없었다. 한 번도 누구의 탓을 하는 것을 본 적이 없다. 왜일까? 부모 잣대로 바라보는 자식에 대한 말은 참고, 참고, 또 참고, 목구멍까지 나오는 잔소리를 인내하고, 인내하고……. 아이 의견에 공감한다. 그리고 무한 신뢰가 아닐까?

멘토는 인생을 주도적으로 살아오지 못한 것 같다. 부족함을 알고 변해 보려고 노력한 것 같다. 지방 공기업 CEO로 있을 때 책상 앞에 이렇게 적어 놓았다.

'모든 것은 나의 책임이다. 그러므로 나는 이 순간 선택할 수 있다.
지금 이 순간의 나의 선택이 나의 내일을 만든다.'

이것은 효과가 있었다. 이후 회사에서 일어나는 모든 잘못된 결과를 남에게 책임 전가하는 일은 없었다. 나에게서 원인을 찾는 습관이 생겼다. 선택의 중요성을 알고 신중하고 신속하게 하는 습관도 생기게 되었다. 직원들과 노조원들에게 신뢰를 얻는 데 도움이 되었다. 주도적 삶을 사는 사람은 자유와 여유로움으로 자신의 삶을 스스로 선택하고 주도하는 사람이다.

<〈스스로 일어나라〉를 마치고

멘티가 묻고 멘토가 답하기

유한영 멘티

멘토님의 워크시트 2의 문항들 덕분에 자신에 대해 다시 한번 생각할 수 있는 기회를 가질 수 있었습니다!

첫 번째 문항부터 과거의 나를 바탕으로 현재의 나를 생각해 볼 수 있게 해 주었는데, 내가 무엇을 잘하는지 곰곰이 생각해 보니 이번에 종강한 1학기가 떠올랐습니다. 1학기 때 여러 가지 활동을 시작하는 바람에 다양한 일을 한 번에 진행하며 보고서를 제출하고, 학점도 챙겨야 했지만, 그 일들을 모두 잘 마무리하게 된 것이 생각났습니다. 잠을 줄이고 시간을 아껴가며 일들을 처리한 제 모습을 보며 '이것이 내가 가진 강점이 아닐까?'라고 생각했고, 제 강점은 책임감을 가지고 맡은 일을 마무리하는 것이라 적었습니다.

또한, 문항에 있던 성과가 잘 나온 경험을 고민하게 됐는데, 저는 이를 통해서 제가 어떤 스타일로 일(공부)을 하는지를 깨닫고 그에 따른 자기관리 방법도 깨달을 수 있었습니다! 제가 과거에 흥미를 가지며 공부하고 성적을 잘 받았을 때는 명확한 계획과 목표를 가지고 있었습니다. 단순히 몇 점 이상이 아닌 노트 필기를 한다든지, 노트를 다시 한번 읽는다든지 구체적인 계획이 있었고, 이 계획이 눈앞에 보일 때 성취 확률이

월등히 높았습니다. 그래서 저는 명확한 목표를 가지고 행동할 때 능률이 올라간다는 것을 알게 됐고, 인생의 단기 계획, 장기 계획 등 제가 이루고 싶은 것을 눈에 보이게 적어 놓는 방법을 적용해야겠다는 다짐을 세울 수 있었습니다!

멘토님! 멘토님께서 강조하신 피드백 분석(Feedback analysis)의 방법으로 저는 저에 대해 잘 알 수 있었고, 알게 된 것을 바탕으로 앞으로 더 성장할 수 있을 거로 생각합니다! 감사합니다. :)

멘토의 답변

유한영 멘티는 기분을 좋게 해 주는 DNA를 갖고 있습니다. 적극적이고 자신의 의견을 잘 표현합니다. 내면이 강하고 책임감이 있는 친구라는 느낌을 받았습니다.

박선민 멘티

멘토님께서 준비해 주신 워크시트 2를 각자 발표하기 전, 멘토님께서 자신을 남의 기준에 맞추지 말고 나의 기준에 맞춰 강점을 강화해 자신의 가치를 높이는 사람이 되라고 말씀해 주신 것이 기억에 남습니다. 이를 통해 자신의 강점을 아는 것이 얼마나 중요하고 필요한지 깨닫게 되었습니다!

그리고 워크시트 활동 덕분에 저 자신의 강점이 무엇인지, 어떻게 배우고 받아들이는지, 어떤 스타일로 일(공부)을 하는지, 나의 꿈은 무엇인지,

마지막으로 저 자신을 더 잘 관리하기 위해 어떻게 해야 하는지에 대해서 깊게 고민할 수 있었습니다. 덕분에 명확하지 않던 저의 목표도 좀 더 선명해졌습니다! 정말 감사합니다.

이번 멘토 모임에서도 멘토님께서 여러 좋은 말씀을 많이 해 주셨는데, 그중에서도 '나의 선택이 나의 내일을 만든다. 독한 사람이 되자. 나를 남의 기준에 맞춰 바꾸지 말고 내가 잘하는 걸 강화하자. 경쟁적 우위가 있어야 내가 팔린다.' 등과 같은 말들이 특히 정말 인상 깊었습니다! 방학 동안 나태했던 저를 좀 더 채찍질해 나아갈 수 있는 시간이 되었던 것 같습니다.

멘토의 답변

강점을 찾을 수 있었다니 감사합니다.

긍정 인터뷰를 통해 자신의 강점을 찾는 것이 쉽지는 않습니다. 특히 경험이 많지 않는 분들은 크게 성공하거나, 목표 이상의 성과를 낸 경우가 많지 않기 때문입니다.

그러나 큰 강점보다 작은 성취와 차별성을 찾기는 상대적으로 쉬운 것 같습니다. 이제 앞으로 일을 하면서 더 큰 강점을 발견할 것입니다. 차별적 우위성을 찾아 자신을 포지셔닝할 준비를 하세요. '이것만은 난 자신이 있다.'라는 자신만의 특징을 발견하려는 노력을 하고 계발해 보면 좋을 것 같습니다. 자신의 내면에 있는 보물을 끄집어내면 됩니다.

15

1차 목표 세우기

- 5차 멘토링

멘토링 5차 모임은 7월 27일 한국장학재단 회의실에서 있었다. 여름 방학이 한창인 멘티들의 개인적인 사정으로 3명이 빠져 5명이 참가한 모임이었다. 불참한 멘티들이 불참의 이유를 상세하게 설명하며 양해를 구한다. 우리 팀의 저력이란 생각이 든다. 개인적 사정이 있으나 팀 모임에 우선순위를 두고 성실히 참석하는 멘티들에게 최선을 다해야겠다는 생각이 든다.

5차 모임은 멘토링 전반부를 마무리하는 시간으로, 1차 목표를 만들어 보는 의미 있는 시간이다. 우리가 지금까지 공유한 지식(경영, 전략, 강점, 기회 요소, SWOT 분석, 진로 매트릭스, 경쟁 우위 전략, 포지셔닝)과 결과물(강점과 일·공부하는 방식 등)을 기반으로 자신의 목표를 자유롭게 만들어 보자는 것이었다. 연말에 만들기로 한 목표 보드를 미리 잠정적으로 만들어 보는 시간이다.

목표를 세우는 방법은 SMART 원칙을 갖고 단기(1~3년), 중기(3~10년), 장기(10년 이상)로 나누어 가능한 계량화된 계획과 함께 만들어 보는 것이다.

전략적 목표(진로) 세우기

1. 자신의 강점+환경의 기회 요소
2. 자신의 약점+환경의 기회 요소
3. 자신의 강점+환경의 위협 요소의 순으로

\+

자신의 진로 매트릭스(Matrix) 검토

\+

자신의 가치를 수요자에게 인식시키는 포지셔닝(Positioning)

\+

나의 역량(전문 지식과 사회적 가치)과 남들의 역량에 대비되는 차이점을 부각하는 경쟁 우위 전략(Differentiation)

\+

취업 기회 (job opportunity) 전략

↓

목표 세우기

- 자신의 강점이란

① 전문적 지식(전공, 지식의 깊이, 경험, 실행력, 성과, 전공 창의력)

② 자신의 특징(성격, 기질, 재능, 손재주, 언변, 흥미, 이미지, 태도, 웃는 얼굴)

③ 사회적 요인(화합, 소통, 배려, 이타심, 상생, 네트워크)

- 자신을 둘러싼 환경 요인(통제 불능 요소들)

① 개인의 환경(가족, 거주, 경제적 여건, 학력)

② 자신이 진출하고자 하는 산업의 환경

- 단기 목표를 선정할 때의 참고 사항

① 상대적 경쟁력이 높은 것

  - 잘하는 것

  - 잘할 수 있는 가능성이 높은 것

② 좋아하는 것(일에서 찾을 것.)

• **직장 선정 시 고려 사항**

- 사람을 존중해 주는 회사: 사람을 비용으로 생각하지 않고 인적 자원이나 인적 자본으로 생각하는 회사

→ 가능한 많은 사람을 만나고, 경험하고, 자료를 찾는다.

직무에 근거해 목표를 설정하고 직장을 선택한다. 직장에 목표를 두고 사회의 평판에 목표를 두면 기득권에 안주하게 되고 관료화되기 쉽다. 자칫 직장이 인생의 목적이 된다. 어디에서 근무하는가보다 어떤 일을 하고 어떤 사람이 되는가에 초점을 맞추어야 한다.

자신의 인생에 주인이 되라는 이야기이다. 직업과 직무에 대한 정보는 국가의 직업 분류표나 산업 분류 기준을 참고하고, 고용노동부에서 운영하는 워크넷을 참고하면 도움이 된다.

각자 자신들이 준비한 지금까지의 배운 내용을 바탕으로 잘 준비했고 발표도 잘하였다. 이어 각자가 준비한 책 출간에 대한 의견(별도 자료)들을 검토하는 시간을 갖고 내용에 대한 논의를 했고 특별 활동(단체 MT)에 대한 의견도 교환할 수 있는 시간을 가졌다. 책 출간에 대한 방향은 합의를 이룬 것 같다. 모임을 하는 동안 한국장학재단이 준비 중인 리더십 콘서트(8월 개최)에 활용할 인터뷰가 있었다. 멘토와 멘티 대표로 나와 손정윤 멘티가 인터뷰를 했다. 멘티들과 멘토링을 수행하면서 내가 더 많이 배우고, 더 행복한 시간을 보내고 있다는 사실을 솔직히 이야기해 주었다. 행복한 하루였다.

16
서두르지 마라

5차 모임의 주제는 '서두르지 마라.'이다. 멘토링을 진행하는 과정에서 멘티들에게 전해 주고자 하는 나의 세 번째 메시지이다. 내가 그동안 젊은이들을 만나 느끼고 들려주고 싶었던 메시지 중 하나이다.

'서두르지 마라.'라는 주제는 지금의 멘티들에게 직접적으로 와닿지는 않은 주제일 수 있다. 지금 당장 취업을 하고 진로를 결정해야 하는 친구들에게 말이다. 그래서 좀 더 현실적 방안으로 각색해 전해 주려고 했다.

첫째는 대기만성의 논리이다. '크게 될 사람은 늦게 이루어진다.'라는 의미인데 성공과 취업에 너무 조급하게 접근하지 말라는 뜻이다. 그러기 위해서는 꾸준해야 한다. 쉬운 말이지만 참 어려운 일이다. 야구 선수 박찬호가 미국 프로 야구에서 한참 성공적으로 공을 던질 때, 인터뷰에서 "가장 어려운 것이 무엇이냐?"라고 기자가 질문을 하니 "어떤 일이든 꾸준하게 하는 게 제일 어렵다."라고 답한 것을 들었다. 예상 밖의 답변이었다.

나는 아침 산행으로 16년 동안 매일 새벽에 청계산 과천매봉을 오른다. 나와의 약속을 지키기 위해서다. 그래서 지금 건강할 수 있는 것 같고, 사유하고 삶의 활력을 얻고 있다. 비바람 치는 날, 칠흑같이 어두운

데다 영하 20도 가까운 혹한에 꾸역꾸역 옷을 챙겨 입고 집을 나서는 날 보고 아내도 지독하다고 한다. 꾸준해지기 위해서는 자신에게 철저하고 독한 사람이 되어야 한다. 이번 방학에 영어 공부를 계획한 멘티에게 자신과 약속하고 그것을 지켜보라고 했다. BTS 리더 RM(김남준)이 영어를 유창하게 된 것도 미국 드라마를 꾸준히 보아서 가능했다고 알려져 있다. 우린 자본주의 사회에서 경쟁을 피할 수 없는 숙명을 안고 태어난 사람들이다. 원죄라는 생각이 든다. 공산 국가에서 태어나지 않은 이상 우린 경쟁하며 살아가야 한다. 우리가 추구하는 행복도 여건을 갖추지 않으면 안 되는 것이다. 그러니 경쟁 우위에 서지 않을 수 없다. 공정하게 경쟁하고 살아남아야 한다. 그러기 위해 꾸준해야 하고, 그래서 자신을 사랑해야 하고, 어느 정도는 독해야 한다.

두 번째는 일회성 게임이 아니라 연속 게임에서 승리해야 한다는 것이다. 한 번의 경기에서만 승리하는 것은 급조해도 되고, 상대를 기만하고 페어플레이를 하지 않아도 된다. 그런데 우리는 지속 가능한 삶을 살아가야 하고, 장기적으로 승리하기 위해선 연속적 승리가 요구된다. 그러려면 게임의 룰을 지키고 상생하며 가야 한다. 그리고 일관성도 있어야 한다. 정도가 중요하게 된다. 능력과 실력으로 경쟁하는 이유이다. 주변에서 일찍 성공하고 좌절하는 사람, 성공에 자만하고 노후에 어려워하는 사람들을 많이 보아 왔다. 인생을 짧게 보지 말고 긴 안목으로 볼 필요가 있다.

애플의 스티브 잡스는 이런 이야기를 했다. "Stay hungry, stay foolish(늘 갈망하고 우직하게 나아가라)." 번역이 완벽하지는 않다. 지금의 성공에 만족하지 않고 계속 정진해 나가라는 의미와 잔머리를 굴리거나 쉽게 이루려 하지 말고, 바보스럽게 남 눈치 보지 말고 나아가라는 의미인 것 같다. 내가 멘티들을 모집할 때 언급한 "어차피 인생은 한 번 사는 것, 자신을 일반화하지 말고 도전하는 삶을 살고자 한 사람을 찾는다."라고 했던 말과 상통하는 말이다. '서두르지 마라.'라는 말은 CEO로 일하면서 계속 나를 채근한 말이기도 하다.

'성공한 CEO는 없다.'라는 조금 도전적인 글을 쓴 기억도 난다. '성공했다.'라고 생각하는 순간부터 그 조직은 하향의 길을 걷게 되기 때문이다. 이번 주제에서 전하고자 한 메시지는 '항상 겸손하라.'라는 의미이기도 하다.

<서두르지 마라>를 듣고

멘티가 묻고 멘토가 답하기

손승현 멘티

이번 활동에서 멘토님께서 해 주신 말씀 중 가장 인상 깊었던 것은 "어떤 회사보다는 어떤 일을 하고 싶은지 알아야 된다."라는 말입니다. 주변에 대기업에 입사한 지인들이 많습니다. 하지만 방황하고 있는 사람들이 많았습니다. 그 이유는 그 사람들은 목표가 단순히 대기업 취직이었기 때문인 것 같습니다. 그래서 조금 더 저의 목표에 대해 돌아보고 깊게 성찰을 할 수 있게 되는 좋은 계기가 된 것 같습니다!

또한 말씀해 주셨던, "갈망하고 우직하게 나아가라.", 즉 "Stay hungry, stay foolish."라는 목표에 겸손하게 꾸준히 나아가도록 하겠습니다!

멘토의 답변

"조직은 자신의 목적을 분명하게 하면 할수록 강한 조직이 된다."라고 드러커 박사는 이야기하고 있습니다. 개인도 마찬가지입니다. 자신의 목적을 분명하게 하면 자신이 강해지고 행복해지는 것 같습니다. 자신의 삶의 목적을 분명히 하고 그에 맞는 자신의 능력을 전문화시키면 됩니다. 그리고 스티브 잡스가 말한 것처럼 겸손하게, 자만하지 말고 꾸준하게 밀고 가면 될 것 같습니다. 대기만성이 이런 것을 의미합니다.

손승현 멘티는 전기 자동차 배터리의 전문가가 되어 주변의 삶을 편리하게 한다면, 더할 나위 없이 행복한 삶을 살아갈 수 있을 듯합니다. 대기업이나 안전한 직장이 자신의 행복을 보장하지 않습니다.

손정윤 멘티

단기 목표를 위해서는 앞으로 내가 잘할 수 있는 것이 무엇인지, 그다음 순위로는 좋아하는 것이 무엇인지를 참고해야 한다는 것을 배웠습니다.

이번 멘토링에서는 제목 그대로 '서두르지 말아야 한다.'라는 것이 가장 기억에 남습니다. 저는 항상 조급하고 서두르기 바빠 남과 비교하며 자신을 혹사시켰습니다. 하지만 앞으로는 저 자신이 가장 중요하며 비교할 필요 없다고 생각하였습니다. 왜냐하면, 멘토님의 강의(경험)처럼 대기만성과 연속성 논리에 대한 이야기가 현실적으로 다가와 간접적으로 느낄 수 있었기 때문입니다.

또한, 여태까지 저는 사전 준비 없이 무논리로 말도 안 되는 목표를 세웠던 적이 많았다는 것을 깨닫게 되었습니다. 따라서 앞으로는 사전 준비를 통해 '나'에 대해 더 깊고 세부적으로 분석한 후 현실적인 목표를 다시 한번 다져 볼 것입니다.

앞으로 제가 선택의 갈림길에 섰을 때, 무언가를 시작할 때 등 인생을 서두르지 않고 현명한 사람이 될 수 있도록 현실적인 조언 부탁드립니다, 멘토님!

멘토의 답변

우리가 자신의 목표를 설정하는 이유는 장기적 승부에서 유리하기 때문입니다. 저는 목표를 갖고 행동하는 사람을 무서운 사람이라고 칭하기도 합니다.

정윤 멘티는 친화성이 좋고, 좋은 인상을 갖고 있고, 적극적 도전 정신이 훌륭하며 시장의 변화에 잘 적응하니 마케팅 분야에서도 발군의 실력을 발휘할 수 있습니다.

자신의 진로 선택에서 갈림길에 섰을 때에는 자신의 내면의 목소리에 귀를 기울여 봐야 합니다. '야! 너는 좋아하는 게 뭐야?', '어떤 사람이 되고 싶어?', '어떤 일을 할 때 제일 행복했어?' 등등……. 그렇게 자신이 가려고 하는 곳이 자신의 전략적 선택에 맞는지 돌아보면 좋습니다.

경영학은 진출의 범위가 가장 넓지만 진로 설정이 어렵습니다. 진로를 차츰 좁혀 나가고 그곳에 집중해야 합니다. 자신이 꿈꾸는 곳에서 마케팅 전문가로 활동해 보면 어떨까요?

넌 어쩔 건데?
: 멘티들의 이야기

손정윤

삶 그리고 전략적 사고

전략적인 진로 설계를 위해서는 강점과 핵심 역량을 알아야 한다. 또한, 내재되어 있는 무형적인 지식을 가치로 증진시켜 나가야 한다. 나는 아직도 내가 무엇을 원하는지, 어떤 일을 하고 싶은지 자세히 알지 못한다. 하지만, 멘토님의 강의를 통해 차차 알아 가 보고 있는 중이다. 멘토님의 강의를 중심으로 지금껏 나에게 해 보지 못했던 질문들을 워크시트를 통해 진행해 보았다. 막연했지만 내가 진정으로 원하는 것이 무엇인지 나를 들여다보는 계기가 되었다.

나는 내가 생각하는 '삶'에 대해 두 가지 질문을 해 보았다.

- 첫 번째 질문: 내가 생각하는 성공한 삶을 한마디로 정리하자면? '여유'

- 두 번째 질문: 어떻게 살아야 후회가 없는가? '행복, 하고 싶은 것 다 하는 것.'

어찌 보면 비슷한 질문 같아 보이지만 나의 답변은 달랐다. 왜냐하면, '여유'라는 답변을 중심으로 질문의 순서를 다르게 한다면, 다른 의미를 가진 대답이 되기 때문이다. 나는 여유 넘치는 삶을 바라지, 여유 있게만 산다고 후회가 없는 삶이 되는 것은 아니다. 즉, 후회 없이 행복을 바라고 하고 싶은 것을 다 하면서, 그로 인해 여유 넘치는 삶을 사는 것이 내 꿈이다.

이번 강의에서 내가 가진 특성을 통해 어떻게 전략적 사고를 해 나갈 것인가 생각할 기회를 가지기도 했다. 전략이란, 목표 달성을 위해 환경 변화에 대응하여 경쟁 우위를 확보하고 자원의 분배를 효율적으로 하는 것이다. 문득 전략의 요소 중 '환경 변화에 대응한다.'라는 말이 나에게 참 어울린다는 생각이 들어, 내가 가진 특성과 연관 지어 보았다.

나는 환경 변화에 적응을 잘한다. 어색한 상황에서도 시간이 조금 지나면 잘 어울릴 수 있다. 하지만 사실 나는 처음 보는 사람들 앞에서 낯을 가리곤 한다. 모순되는 말 같아 보이지만 스스로 돌아본 결과, 나는 변화된 환경에 낯가리는 수많은 사람 중에서 1등으로, 빠르게 적응을 잘할 뿐이었다.

이런 내가 전략적인 사고를 하기 위해서는 낯가림을 즐길 줄도 알아야 한다는 생각이 들었다. 처음 낯가려지는 상황에서는 어색하고 불안하다. 하지만 나를 바꾸려고 하진 않을 것이다. 내 성격이고 특성이니 바로 고쳐질 수 없다는 것을 알기 때문이다. 따라서 조금의 변화를 줄 것이다. 바로 처음 만나는 사람들 앞에서 내 낯가림을 (피할 수 없으니) 즐기는 것이다. '아, 어색하다.'라는 생각이 자꾸 들어 오히려 더 낯가려지던 상황에서 생각을 조금 바꿔, '외향적인 내가 어색함도 느낄 줄 아는 사람이야? 귀엽네!'라고 즐기며 긍정적으로 생각하는 것이다. 이렇게 하면 나도 모르게 외적으로 웃음이 새어 나가게 될 것이고, 이로 인해 함께 있던 사람들도 어색한 분위기를 풀 수 있다. 게다가 새로운 환경에 대한 적응도 지금보다 더 빠르게 이루어질 것이다.

나는 이렇게 작은 특성까지 내 맞춤으로, 행복한 삶을 위해 끊임없는 전략적 사고를 도출해 내야 한다.

나는 누구인가

2019년 6월 29일 토요일, 네 번째 정기 모임이었다. 저번 강의에 이어 자신의 강점을 찾아 그것을 진로 모색에 자양분이 될 수 있도록 하는 것이 주된 목표였다. 워크시트 2를 채워 가는 것이 이번 모임의 과제였는데, 내 강점을 찾는 것이 여전히 막연했다. 하지만, 저번 모임 때 작성했던 워크시트 1을 기반으로 차근차근 워크시트 2 문서를 작성하다 보니 꽤 적어 내려갈 수 있었다. 이렇듯 멘토님의 강의는 멘티들이 헤매지 않도록 순서를 정해져 있었으며, 절차가 있었다. 이번 모임에서는 멘토님께서 하신 "자신을 변화시키려 하지 마라."라는 말이 가장 기억에 남는다. 나는 나 자신을 최우선으로 생각하고 사랑하기로 했으면서, 주변 사람들의 조언과 그 길을 무작정 따라가려고 했던 것 같다. 하지만 멘토님의 강의를 통해 나 자신만의 고유한 강점을 찾고, 그것을 더 좋은 방향으로 이끌어 가기 위해서는 어떤 노력을 해야 할지 깊게 생각할 수 있었다.

그러기 위해서는 나는 어떤 사람인가 알아볼 필요가 있다. 경쟁적 우위 전략에서 차별화를 통해 상대적 강점을 찾아보았다. 외부적 요인으로 본 나는 차가워 보이지만 웃는 얼굴을 가졌다. 또한 긍정적이며 공손한 태도를 지녔다. 다음은 사회적 요인이다. 나는 정직한 사람이고 책임감을 지녔으며, 사람과 상황에 맞게 의사소통할 줄 안다. 여러 활동을 통해 다양한 사람을 만나면서 의사소통하는 법을 자연스레 배웠다. 마지막 전문가적 요인이다. 나는 경영을 전공하고 있으며, 멘토링, 아르바이트, 공모전, 동아리, 봉사활동, 인턴 등의 경험이 있다. 이렇게 나는 나의 특성을 바탕으로 계속해서 업그레이드하는 노력을 통해 나의 삶을 전략적으로 모색할 것이다.

네 번째 정기 모임과 멘토님의 강의가 끝난 후, 우리는 바로 지금 쓰고 있는 'A.C.E 팀의 책 출간'에 대해 논의하였다. 어떤 방향으로 해야 할지, 그리고 그것을 어떻게 풀어 나가야 할지 등 많은 의견을 주고받았다. '책 출간'이라는 단어를 들었을 때, 나의 주된 관심사는 '기획'이었다. 따라서 A.C.E 팀의 책 출간에 도움이 되고자, 전공을 살려 프로젝트를 기획해 보았다.

기획 의도는 '기획서를 통해 한국장학재단의 지원을 받기 위해서'이다. 기획서에 들어간 내용으로는 프로젝트 소개, 배경, 타당성 분석(SWOT, NABC 분석), 프로젝트 범위(프로젝트 헌장, 범위 기술서, WBS), 일정 관리, 이해 관계자 분석, 인적 자원 관리 분석, 리스트 관리(식별, 분석, 대응 계획, 확률 X 영향 그리드)이다. 학교에서 과제를 위해 작성하던 기획서가 아닌, 실전에 적용시킬 기획서를 혼자 작성해 본 경험은 처음이라 많이 부족하다. 하지만 우리 팀에 도움이 되고자 내가 하고 싶어서 했던 것이기에 즐기면서 할 수 있었다. 이를 통해 우리 A.C.E 팀에게 하나의 작은 자양분이 되고자 한다!

멘토님께서 하셨던 말씀 중 "무언가를 시작하기 전에 기대치를 설정해 둔 후, 결과물과 비교해 보아라."라는 말이 떠오른다. 내가 이 기획서를 쓰기 전 기대치를 설정하지 않고 막연하게 했다면, 결과물을 본 후 피드백을 받지 못할 것을 알아챘다. 좋은 스킬을 얻었다. 기획서를 발표하고 멘토님과 다른 멘티들에게 피드백 받을 때 기획서 수정에 많은 도움이 됐다. 정기 모임을 하면 할수록 점점 나의 진로를 전략적으로 모색하기 위한 준비가 천천히, 차곡차곡 쌓여 가는 것 같아 뿌듯하다.

나는 어떤 사람일까

길을 걷다가 친구에게서 질문을 받은 적이 있다. “너는 네가 잘하는데 재미없는 일을 하고 싶어, 아니면 못하는데 재미있는 일을 하고 싶어?” 굳이 답하자면 나는 잘하지 못하더라도 내게 재미를 주는 일을 하고 싶다. 또한, 나에게는 잘하지 못 하는 일이라 하더라도 재미있게 하다 보면 결국은 잘하게 될 것이라는 확신이 있었다. 따라서 내가 가지고자 꿈꾸는 진로는 내가 좋아하고 잘하는 진로다.

내가 좋아하고 잘하는 진로를 찾기 위해서는 나의 흥미와 적성을 확실히 아는 것이 중요하다. 더 나아가, 흥미와 적성을 알아 가는 과정에서 편견을 가져서는 안 된다. 고등학생 때의 나는 ‘디자인’은 미대를 준비하는 학생들만의 전유물이라는 생각이 강했다. 이 때문에 디자인은 일반 고등학교에서 인문 계열에 진학했던 나에게는 해당되지 않는다고 생각했다. 하지만 지금 나는 정보 인터랙션 디자인(Information Interaction

Design)을 전공하고 있다. 그리고 놀랍게도 나의 적성과 흥미와 잘 맞는다. 이 경험을 통해 나와 연관이 있을 거로 생각하지도 못한 분야가 어쩌면 나에게 최고의 선택일 수도 있음을 알게 되었다. 따라서 나는 앞으로도 내가 나아가고자 하는 길에 나도 모르게 제한을 두고 있지는 않은지 생각해 보려 한다. 당연히 아닐 거라고 생각하고 지나친 길이 사실은 내게 도움이 되는 길일 수도 있다는 가능성을 항상 염두에 두려고 노력 중이다.

사회리더 멘토링 활동 중 피터 드러커의 『자기경영노트』를 읽고, 그에 대한 생각을 나누는 시간이 있었다. 피터 드러커는 그의 주장을 뒷받침하기 위해 기업과 관련된 예시를 많이 사용했다. 하지만 그가 제시한 내용들은 놀랍게도 아직 대학생인 나와도 많은 연관이 있었다. 피터 드러커는 그의 저서인 『자기경영노트』에서 강점을 바탕으로 성과를 내라고 조언한다. 이는 나중에 내가 가지게 될 직업뿐만 아니라 내가 하는 모든 활동에도 적용되는 조언이라고 생각했다. 그래서 내 과거 경험을 바탕으로 강점들을 생각해 본 후, 이를 정리하는 시간을 가져 보았다.

1. 나는 창의적 아이디어를 내고 그를 기획하여 실행하는 일을 잘한다.
2. 나는 내 아이디어를 시각화하는 작업을 잘한다.
3. 나는 남들과 협동해서 어떤 일을 해내는 걸 잘한다.
4. 나는 회의할 때 내용을 정리하거나, 피드백을 전달하는 역할을 잘한다.
5. 나는 남들 앞에서 발표하는 걸 두려워하지 않는다.
6. 나는 글씨를 잘 쓴다.
7. 나는 노트 정리를 잘한다.

8. 나는 플래너를 작성해서 내가 할 일의 우선순위를 정하는 일을 잘한다.

9. 나는 우울한 일에 대해 깊게 생각하지 않고, 잘 털어 내는 편이다.

10. 나는 항상 이상적으로 생각하기 위해 노력한다.

내가 나에 대해 분석한 후에는 주변 친구들에게 나에 대해 설명해 달라고 부탁했다. '나는 보지 못하는 나의 장점들을 내 친한 친구들은 더 잘 파악하고 있지 않을까?'라는 생각 때문이었다. 대학교 1학년 때 '기독교와 현대 사회'라는 강의에서 조 모임을 하며 친해진 대학교 동기에게 나에 대한 소개를 해 달라고 부탁했다. 2학년 1학기 때는 송도 국제 캠퍼스에서 나의 룸메이트였기 때문에 만난 지는 2년밖에 되지 않았지만, 나에 대해 잘 파악하고 있을 것 같았다.

"너는 단발이 잘 어울리고, 피어싱을 양쪽 귀에 3개씩 뚫었고, 착해. 똑 부러지는 사람들 중에서 몇 안 되는 착한 사람인 것 같아. 되게 '동글동글'하지만 엉성하다는 뜻은 아닌 '동글'이야. '동글동글'하면서도 '네모네모'한 체계성과 계획성을 가지고 있어. 예를 들어, 같이 시험 기간이거나 둘 다 과제가 있으면 나는 제출 전날 저녁에 걱정하기 시작하지만 너는 일주일 전부터 플랜을 짜기 시작해. 그리고 친구들을 많이 사귀는 편은 아니지만 한 번 친해지면 깊게 지내는 편이야. 여름 방학에는 알바를 열심히 해서 유럽도 다녀왔어. 나는 유럽 여행을 간다면 분명 부모님께 돈을 빌려서 갔을 텐데, 너는 100% 너의 돈으로 다녀온 걸 보고 대단하다고 생각했어. '여리여리'해 보이지만 체력은 좋은 거 같아. 아, 글씨체가 예뻐. 그리고 언젠가 '인스타 툰' 연재해 줬으면 좋겠어."

이 이야기를 듣고 나는 내가 밤을 못 새우는 편이기도 하고 무엇에 쫓기는 기분을 싫어해서 벼락치기를 잘 하지 않는다는 사실을 다시 상기하게 되었다. 이 때문에 해야 하는 게 있을 때 계획을 세워서 미리미리 하려고 노력한다는 사실 또한 알게 되었다. 나에게는 대학교 1학년 때부터 쓰던 '나의 일 년, 하루하루 이야기'라는 월간 플래너가 있다. 새내기 시절 시간을 효율적으로 활용하고자 쓰기 시작했는데, 이제는 습관이 되어 항상 배낭에 넣고 다니며 나의 스케줄을 확인하곤 한다. 이러한 습관 덕분에 나는 자기 자제력이 가장 중요하게 작용하는 휴학 생활을 나름대로 보람차게 보내고 있는 것 같다는 생각이 들었다. 그냥 지나칠 수도 있었던 장점을 친구가 끄집어내 준 기분이 들었다.

친구가 소개해 준 나는 내가 생각하는 나와 대부분 비슷했지만, 친구들이 생각하지도 못한 부분을 짚어 주기도 했다. 이를 통해 강점을 찾는 과정 속에서 나의 판단도 중요하지만 나를 겪은 주변 사람의 의견도 많이 고려하는 게 중요하다는 걸 깨달았다. 지금까지 내가 내렸던 무수한 결정들 또한 결정은 내가 내린 것이지만 그 결정을 내리기까지 내 주변 사람들의 영향을 많이 받았음을 다시 한번 깨닫게 되었다. 그리고 나는 종종 다른 사람들이 내가 내리는 결정에 대한 평가를 잔소리처럼 여겼음을 반성하게 되었다. 그때는 내가 심사숙고해서 내린 결정에 대해 반대의 의견을 제시한다는 것 자체가 내게 달갑게 다가오지는 않은 것 같다. 하지만 지금 다시 생각해 보니, 그 조언을 받아들였다면 조금 더 나은 선택을 할 수 있지 않았을 거라는 생각이 든다. 물론 주변 사람들이 건넨 조언을 모두 받아들이는 것은 불가능하겠지만, 앞으로는 그 조언들을 다시 한번 되새겨 보겠다고 다짐했다.

피터 드러커는 강점을 바탕으로 성과를 내야 한다고 조언했다. 내가 원하는 진로는 내가 좋아하고 잘하는 진로다. 나는 내가 일을 하며 행복을 느끼기를 바란다. 그러기 위해서는 나의 강점들을 고려하여 진로를 설정해야 한다. 그럼 나는 앞으로 어떻게 진로를 모색해야 할까? 지금 나는 내가 원하는 진로를 직업명으로 표현할 수는 없는 상태다. 하지만 한 가지는 확실하다. 나는 내 강점들을 바탕으로 '톡톡 튀는 아이디어로 무언가 새로운 걸 기획하는 사람'이 되고 싶다. 내가 기획할 새로운 것이 뭐가 될지는 나도 모르겠다. 행사일 수도, 상품일 수도, 마케팅 전략일 수도, 혹은 TV 프로그램일 수도 있다. 그래서 남은 대학 생활 동안 이를 구체화시키기 위해 노력하려 한다.

낮아진 자존감을 극복하는 방법

우리는 흔히 '저 사람은 참 자존감이 높아.' 또는 '저 친구는 자존감이 너무 낮아.'라고 생각하거나 평가하곤 한다. 평소에 자주 쓰는 말이지만 정확히 자존감이란 무엇인가에 대한 생각이 문득 들었다. 자존감은 자아 존중감(self-esteem)이라고도 하며, 자신이 사랑받을 만한 가치가 있는 소중한 존재이고 어떤 성과를 이루어 낼 만한 유능한 사람이라고 믿는 마음이라고 한다. 즉, 자존감이 높아지려면 나 자신을 사랑하고 믿는 마음이 커야 한다는 뜻이다. 이것은 어떤 객관적인 수치로 결정할 수 있는 것도 아니고 아주 주관적인 개념인 것이다.

나는 한창 자존감이 매우 낮았던 시기가 있었다. SNS를 하다 보면 나보다 훨씬 예쁘고 똑똑하고 멋있어 보이는 사람들이 넘쳐나는 것 같았고, 남들과 끊임없이 비교하며 한없이 작아진 나를 발견했다. 그럴 때마다 머리로는 비교하지 말자고 생각은 했지만 마음은 이미 자신감이 많이 낮아진 상태였다. 자존감이 낮아지다 보니 그런 모습이 남들에게까지 비치기 시작했는지, 난 항상 자신감이 없었고 나를 깎아내리는 말을 하기 시작했으며 주변 사람들로부터 "너는 왜 자신감이 그렇게 없는지 모르겠다.", "자신감을 좀 더 가져도 된다."라는 말을 종종 듣기도 했다. 그때부터 나는 바뀌어야겠다고 생각했다. 당당하게 자신의 모습을 드러내는 사람이 멋져 보이듯이, 내가 나를 사랑해야 남들도 나를 사랑해 줄 것이기 때문이다. 그때 나는 나 자신에게 너무 엄격한 잣대를 들이민 것이 아닌가 생각했다. 나는 항상 남들을 편견 없이 바라보고 어떤 모습이든 아름답다고 생각해 온 사람인데, 정작 나 자신의 모습에는 만족을 하지 못하고 내가 최고가 아니기에 항상 못났다고만 생각해 온 것이었다.

그렇다. 내가 최고일 필요가 전혀 없다. 내가 세상에서 제일 예쁠 필요도, 제일 똑똑할 필요도, 제일 멋질 필요도 없다. 그리고 최고가 되도록 노력한다고 해서 될 수도 없다. 왜냐하면 사람에 따라 보는 눈, 즉 기준이 다 다르기 때문이다. 나의 제일 친한 친구에게는 5년째 사귄 남자친구가 있다. 내가 보기에는 내 친구가 세상에서 제일 예쁘지도, 멋지지도 않은데 친구의 남자친구는 항상 내 친구가 세상에서 제일 멋진 사람이라고 이야기해 준다. 그리고 어떤 모습을 하고 있든 항상 사랑스럽다고 이야기해 준다. 그걸 보고 나서부터 이런 나의 있는 그대로의 모습도 사랑해 줄 사람이 있을 것이라고 느꼈다.

이런 깨달음을 얻고 난 후, 나는 자존감을 높일 수 있는 나만의 방식을 찾기 시작했다. 더 이상 SNS에 사진을 올리고 남들의 평가와 반응에 연연하지 않았고, 남들과 비교하며 힘들어하지도 않았다. 그저 나만의 기준을 세워 그것에 맞추려고 노력하며 살기 시작했다. 내가 만족할 만한 나만의 기준에 맞추다 보면 내 만족도도 높아질 것이고, 그렇게 하나씩 성취해 나가는 내 모습을 보는 주변 사람들도 나를 인정해 줄 것이라 생각했다. 그리고 정말 열심히, 나 자신이 멋져 보일 정도로 열심히 살아가다 보면, 그게 나의 자존감을 높이는 방법이 된다는 것을 터득했다. 나만의 목표를 세우고, 그것을 조금씩 성취해 나가고, 나 자신에게 뿌듯함을 조금씩이라도 느끼다 보니 내 자존감은 어느 정도 회복된 것 같았다.

사실 글을 쓰면서 '과연 내 이야기가 궁금한 사람들이 있을까?'라는 의문을 많이 가졌다. 그러나 자존감을 많이 잃은 사람들이 이 글을 본다면 나와 같이 극복해 나갔으면 좋겠다. 내가 나 자신을 사랑하지 않으면 그 누구도 나를 사랑해 줄 수 없다. 자존감이 떨어져 있는 상태에서 이 말을 듣는다면 아마 듣고 흘릴 것이다. 나도 그랬기 때문이다. '나 자신이 사랑스럽지 않은데 어떻게 나 자신을 사랑하라는 거지?'라고 생각했다. 그러나 내가 보기에 사랑스럽지 않은 그 모습을 사랑해 줄 사람들은 정말 많다. 그러니 어떤 모습이든 자신감을 조금 더 가지고 당당해진다면 사람들은 당신에게 멋지다고 말해 줄 것이고 사랑해 줄 것이다. 멘토님이 강조하셨던 방탄소년단의 메시지가 떠오르는 대목이다. "Love Yourself."

LOVE
YOURSELF

나를 소개하다
– 자신의 포지셔닝과 강점 발견

자기소개는 태어났을 때부터 시작한, 피할 수 없는 평생에 걸친 과제다. 말을 하시 못할 때는 부모님이 나 대신 대답해 주었다면, 말을 하고 나서는 내 몫이 된 그 자기소개 말이다. 더군다나 나이가 들어갈수록, 간단했던 자기소개는 대입과 취업의 이유로 복잡의 끝을 달리고 있다.

초등학교까지는 새 학기에 같은 반 친구들 앞에서 나를 소개하는 시간을 가졌다. 나이는 대부분 같으니 넘기고, 이름, 좋아하는 것, 장래 희망이 주가 된다. 좋아하는 것이 비슷한 친구들과 우정을 쌓기 위한 목적이지 않았나 싶다.

중학교 때는 말을 많이 하지 않는 쿨한 것이 멋있다고 생각했다. 그래서 새 학기에 나에 대해 많은 소개를 하지 않았다. 어디 초등학교에서 왔는지와 이름 정도만 말할 뿐이었다.

고등학교 때는 중학교 때의 흑역사를 뒤로하고 나에 대한 많은 것들을 친구들에게 소개하였다. 이름, 출신 중학교, 취미, 좋아하는 TV, 음악, 성격 등 많은 것을 오픈하고 시작했다.

대학교 때는 그렇게 긴 말을 하지는 않았다. 하지만, 학창 시절 때와 다른 점이라면 나이를 먼저 말하게 된다는 것이다. 초, 중, 고등학교 때와는 달리 다양한 경험을 가진 사람들이 모이기도 하고, 나이를 중시하는 우리나라에서는 어쩔 수 없는 일이다.

친목을 목적으로 한 자기소개는 간단해도 되고, 길어도 된다. 그것은 온전한 내 선택이다. 경험상으로 짧게 하든 길게 하든 장기적으로 봤을 때는 친구들을 사귐에 있어서 큰 영향을 주지는 않았던 것 같다.

하지만, 고입, 대입, 취업에 있어서의 자기소개는 다르다. 물론, 길이를 말하는 것이 아니다. 짧은 문장에 나의 장점, 학교나 회사에서 나를 뽑을 만한 점을 보여 준다면 상관없다. 간단한 자기소개에서 복잡한 자기소개로 바뀌어 가는 이유는 단 하나다. 나를 알아 갈 시간이 짧은지 긴지가 차이다.

친목이 주가 되는 간단한 자기소개는 그야말로 긴 이야기의 서장일 뿐이다. 읽으면 도움이 되겠지만, 꼭 읽을 필요는 없는 그 서론 말이다. 본론에서 충분히 알아 갈 시간이 많기 때문에 서론에서 못 보여 줬다면, 본론에서 보여 주면 된다. 그러나 학교나 회사의 복잡한 자기소개는 다르다. 내가 나를 보여 줘야 할 사람들은 이미 수많은 사람을 보고 온 사람들이고, 볼 사람들이다. 그 자리에서 나를 보여 주지 못한다면, 더 이상 보여 줄 기회는 없다. 짧게 말하자면, 간단한 자기소개가 긴 책의 서장이라면 복잡한 자기소개는 한 장의 종이 안에 나를 담아내야 하는 전단지이다.

점차 복잡해져 가고 있는 자기소개에서 이제는 나를 보여 줄 수 있는 말을 가지고 있어야 한다. 선택이 아닌 필수다. 그러기 위해서는 우선 나를 알아야 하고, 내 강점을 발견해야 한다. 나를 나타낼 말 중 고르고 골라, 나를 수식해야 하는 것이다.

먼저, 나에 대해 아는 것부터 시작한다. 항상 같이 있는 '나'지만, 명확히 인식하지 않으면 '나'에 대해 잘 모르는 것을 느끼고는 한다. 물론 '나'를 알아 간다는 것이 막연하긴 하지만, 사소한 질문에 대답한다고 생각하며 나아가면 끝내 알 수 있지 않을까 생각한다.

그래도 무엇부터 알아 가야 할지는 여전히 미지수다. 일상적인 모습, 공적인 모습, 친구 사이에서의 모습 등 많은 카테고리가 존재하기에 어디부터 접근해야 할지가 막막하다. 그래서 이 책에서는 일(공부)을 할 때의 모습에 한정하려 한다. 공부도 결국 학생으로서 일을 처리하는 것과 같은 맥락이므로 일과 공부를 비슷한 맥락으로 보려고 한다. 구체적으로 일을 언제 하는지, 어떻게 하는지, 어떤 환경에서 할 때 잘되는지에 대해 말하려고 한다.

일이나 공부를 할 때 나는 기한이 정해져 있는 것에 대해서는 주로 기한 직전에 처리하는 편이다. 특히, 보고서를 쓰거나 시험을 공부하거나 과제를 할 때는 대부분 전날에 한다. 그때가 가장 효율이 높고, 도중에 딴 길로 새는 경우가 없어서 다른 때보다 처리 시간이 단축되기 때문이다. 하지만, 정해진 기한이 없고 내가 스스로 찾아 나서야 하는 일에 대해서는 미리 계획을 세워서 처리하는 편이다. 그렇게 하는 것이 성취감이 크고, 자투리 시간을 활용하기에 좋기 때문이다. 정해진 날짜는 없지만, 마음속에 '언제까지'라는 마지노선을 가지고 있으므로 그 선은 넘지 않는다.

마감 날짜가 같은 일이 세 개가 있다고 가정하자. 1번을 끝내면 2번을 하고, 2번을 끝내면 3번을 하는 등 순차적으로 일을 하는 사람이 있는 반면에, 1번 살짝, 2번 살짝, 3번 살짝 건드리며 돌아가면서 여러 개를 한 번에 하는 사람도 있을 것이다. 나는 명백히 후자다. 한 가지의 일을 먼저 끝내기보다는 돌아가면서 하는 것이 지루하지도 않고, 스스로는 능률도 오른다고 생각한다. 그래서 어떤 때는 마감 기한이 지나지 않는 선에서 일을 여러 개 받은 뒤에 모아 놓고, 적당한 날을 잡아 하루에 그 모든 일을 처리하기도 한다. 그 하루가 끝나면, 나는 항상 극상의 성취감을 맛보곤 한다.

과제를 선택할 수는 없다. 과제가 팀 프로젝트로 주어지면 팀 활동을 해야 하고, 개인 과제가 주어지면 혼자서 해결해야 한다. 그렇지만 내가 선호하는 것은 있다. 나는 혼자 과제하고, 공부하는 것이 편하다. 누구나 공부가 잘되는 시간이 다르다. 그렇기에 내가 원하는 시간에 하고 싶은 공부나 과제를 할 수 있다는 것은 큰 장점이다. 개인 과제는 선호하지만, 혼자 공부하는 것을 선호하지는 않는다. 혼자만 공부할 수 있는 1인용 독서실이나 도서관은 좋아하지 않는다. 주변이 너무 조용하면 몰려드는 잡생각으로 인해 오히려 하려는 일에 집중할 수가 없다. 차라리 PC방에서 공부하던 것이 더 집중하기 좋았다. 그래서 적당한 소음이 있는 오픈형 라운지나 카페에서 공부하는 것을 특히 좋아한다.

나에 대해 어느 정도 파악이 끝났다면, 이제 찾아야 할 것은 강점이다. 첫째로는 고정된 마감 기한은 넘기지 않는다는 것이다. 즉, 책임감을 가지고 맡은 일은 정해진 기간 안에 끝내서 제출한다. 두 번째는 여러 가지 일을 한 번에 맡은 경험이 많아, 여러 가지 일을 부여받아도 시간을 효율적으로 배분하여 일을 해결할 수 있다는 것이다.

그렇다면, 공(公)적인 모습에서의 나는 이렇게 소개할 수 있을 것이다. "맡은 일에 책임감을 가지고, 효율적으로 처리하는 유한영입니다."

김경관

불안의 근원은 어디인가

삶을 살아가면서 불안한 적이 한 번쯤은 있었을 것이다. 고등학생은 대학 진학에 대한 불안감, 취준생에게는 당연히 취업에 대한 불안감이 마음속에 자리 잡고 있을 것이다. 나도 아무렇지 않게 생활하다가도 갑작스럽게 불안감에 빠지곤 한다. 불안하면 사람이 급해지고, 그럴수록 의미 없는 일로 시간을 허비하는 일을 경험했을 것이다. '불안감이 생기는 원인'에 대해서 생각해 본 적이 있는가? 많은 생각 끝에 내가 내린 결론은 이러하다.

불안감은 행동하지 않을 때 생겨난다. 여기서 전제 조건은 개인의 목표가 있어야 한다는 것이다. 그리고 목표를 가진 사람들은 행동으로 옮기는 실천력이 필요하다. 여기서 말하는 실천은 말 그대로 도전을 의미한다. 결과를 따지지 말고 우선 시도해 보는 것이다. 성공한다면 이보다 좋을 순 없을 것이고 만약 실패를 한다고 해도 실패 속에서 배운 점이 반드시 있을 것이다. 다시 말하면, 안 해서 후회하는 것보다 도전해 보고 후회하는 게 낫다는 것이다. 불안감 유무도 이때 결정된다. 목표를 이루기 위한 행동을 하지 않기 때문에, 시도를 하지 않기 때문에 불안감이 생기는 것이다. 불안감에 사로잡힌다면 당장이라도 무언가 목표를 세우고 계획을 세워 실천으로 옮겨 보자. 100번의 기획과 계획보다 단 한 번의 실행(실천)이 더 가치 있고 중요하다고 생각한다.

목표 설정의 중요성

목표를 세우는 것은 모든 일의 시작이다. 목표 설정이 이루어져야 내가 나가야 할 분야가 정해지고 그 분야의 사람들을 만날 수가 있다. 목표는 구체적이고 자세하게 설정해야 한다.

목표를 설정하는 데 있어 나의 특징(성격과 기질 등)과 전문적 지식(전공, 성과)을 활용하는 것이 중요하다. 그리고 나를 둘러싼 환경을 파악하는 것(내가 처한 환경과 내가 나아가려는 산업에 대한 환경)이 중요하다. 경영학적인 관점에서 볼 때, 나를 하나의 기업이라 생각하면 이해하기 쉬울 것이다.

멘토님은 직무에 의거하여 직장을 선택하고 목표를 설정하라고 말씀하셨다.

내가 일하고 싶은 환경은 다음과 같다. 근무 환경은 내가 목표를 설정하는 데 있어 많은 부분을 차지한다.

1. 서로에 대한 신뢰를 바탕으로 소통하는 환경
2. 수직 관계와 수평 관계가 공존하는 환경

3. 직원의 행복과 복지를 중요시하는 환경

다음과 같은 환경을 중시하는 회사에서 근무하는 것이 나의 꿈을 위한 하나의 수단이라고 말하고 싶다. 목표의 설정은 모든 수단과 꿈을 이루는 데에 중요하다. 나의 꿈(나와 내 주위 사람들이 행복한 것)을 이루고 꿈을 이루기 위한 수단(내가 일하고 싶은 환경에서 근무하는 것 등)을 사용하기 위해서 목표를 설정하는 것은 나를 움직이게 만들고 나에게 자극을 주는 하나의 방법이다.

실행의 중요성

모든 일은 행동으로 옮겨질 때 결과가 발생한다. 계획은 단순히 내 머릿속에 머물 뿐이다. 그렇기에 단순히 계획을 세우는 것과 실제로 실행에 옮기는 것은 차이가 크다. 나는 동아리 활동을 하면서 실행의 중요성을 느낀 경험이 있다.

사회인 축구팀에서 임원으로 활동 중인 나는 팀의 지각 문제를 해결하기 위한 운영안을 만들고 싶었다. 하지만 회장은 "지난 여러 번의 시도에도 불구하고 지각 문제를 해결하지 못했다."라고 말하며 팀 운영안을 만드는 데 회의적이었다. 나는 "그럼 운영안을 먼저 만들어 볼 테니 한 번 검토 후 실행에 옮겨 보자."라며 회장을 꾸준히 설득하였다. 상대방의 의견을 역지사지의 관점에서 경청하고 최대한 존중한 후, 나의 의견을 개진하고 상대와 조정해 나가는 방법으로 대화를 이어간 결과, 회장은 나의 운영안을 받아들였다. 실행하는 과정에서 몇 차례 시행착오가 있었지만 수정(벌금 당일 납부)을 거치며 지각 문제는 해결되어 갔다. 나는 이때 실행(경험)의 중요성에 대해서 느꼈고, 이상과 현실의 괴리는 실행(경험)을 통해서만 해결 가능하다고 생각하였다.

혹시나 두려움에 갇혀, 혹은 자신감 결여로 인해 계획만 세우고 실행으로 옮기지 못하고 있다면 우선 한 번 도전해 보는 게 어떨까? 하지만 계획과 실행을 하는 데 있어 전제는 본인의 결정에 후회하는 일이 없어야 한다는 것이다. 다시 말해, 결과가 좋든 나쁘든 이에 상관없이 본인의 결정에 책임을 질 수 있어야 한다. 책임을 진다는 것은 쉽지 않은 결정이기에 실행을 강요할 수는 없지만 나의 사례를 통해 봤듯이 실행은 성공하든 실패하든 결과물을 가져다준다는 것을 독자들이 알았으면 좋겠다.

나의 반성문

1. 척

나는 그동안 척을 많이 해 왔다. '척'에는 잘 아는 척, 바쁜 척, 무관심한 척 등 여러 가지가 있다. 그동안 왜 그렇게 해 왔는지는 모르겠다. 아마 타인의 눈치를 보느라, 아니면 스스로 안정감, 안도감을 주기 위해서 그랬던 것 같기도 하다. 이런 나는 사람과의 만남에서 진짜 내 모습을 보여 주는 것을 두렵게 만들었고, 그래서 나는 뭔가 불편하고 자연스럽지 못해 점점 내가 아닌 사람이 되었다. 다른 사람에게 잘 보이고, 잘나 보이는 것보다는 내가 할 수 있고 보여 줄 수 있는 선에서의 내가 훨씬 더 자연스럽고 매력 있었을 텐데 말이다. 거짓된 모습은 불안하고 진실성이 없기에 거리를 두고 사람을 대하는 경우도 많았다. 한마디로 나는 나에게 불편한 사람이었다.

대학교 2학년 때, 동아리 임원으로 활동하면서 생긴 일화는 이런 나를 잘 설명해 준다. 임원을 처음으로 해 보았고 선배라는 입장도 처음 경험하는 것이었다. 나는 1학년 때 '선배들은 멋있구나.'라는 것을 느꼈고 '나 역시 후배들에게 멋진 선배로 보여야겠다.'라고 생각했다. 그래서 평소보다 더 착한 척을 했고, 괜히 바쁜 척을 하는 등 거짓된 모습을 많이 했다. 제일 후회되는 것은 바쁜 척을 한 것이다. 왜냐하면 내가 맡은 일과 역할은 책임감 있게 하였지만 사람들과 관계를 갖는 일은 회피했기 때문이다. 피곤하고 힘들었을 때 집에서 쉬고 싶어 "다른 약속이 있어 못 나갈 것 같아.", "오늘 과제 때문에 못 만날 것 같아." 등 여러 가지 바쁜 척을 하며 만나는 것을 피했다. 이것이 점점 습관이 되면서 아무것도 하지 않는데 무엇을 하는 척하는 것이 일상이 되어 버린 것이다. 이러한 습관은 남에게 멋있어 보일 거라는 나의 착각이었고 오히려 나 자신에게 역효과를 주었다. 이런 거짓된 모습에 사람들과의 관계는 서서히 멀어졌고 다시 가까워지기에 너무 늦은 사람도 있었다. 그리고 몇몇 사람은 내가 거리를 둔다는 이야기를 듣기도 했다. 제3자 입장에서 보면 쉽게 발견하고 고칠 수 있는 것이었지만 막상 저 때의 나는 잘하고 있는 것이라고 생각했기 때문에 저런 일들이 자연스러운 것인 줄 알았던 것이다.

지금도 내가 어떠한 척을 하고 있을지 모르지만 계속해서 나에 대해 알아 가면서 솔직하고 자연스러운 모습을 갖는 나 자신을 찾아 갈 것이다.

2. 다들 하니까…….

"너는 이거 왜 해?"라는 질문을 받았을 때 "다들 하니까."라는 대답을 많이 한다. 많은 사람이 하기 때문에 따라 하고, 배우고, 즐기고, 웃었다. 언제부터 그래 왔는지는 기억이 나질 않는다. 그렇게 시간이 지나다 보니 나에 대해 모르는 사람이 되었다. 그리고 "취미가 뭐니?", "좋아하는 게 뭐야?"라는 질문을 자주 받았다. 나는 그럴 때마다 쉽게 대답하지 못했다. 왜냐하면 나를 몰라서 그 질문에 대답하기 어려웠기 때문이다. 별거 아닌 것 같지만 이것이 나의 자존감을 갉아먹고 있었다고 생각한다.

물론 남들이 하는 것을 따라 하는 것이 나쁘다는 생각은 안 한다. 많은 사람이 하는 것은 취업과 삶 등 인생을 살아가는 데 다 도움이 되기 때문에 한다고 생각하기 때문이다. 구체적인 목표와 생각 없이 따라 했던 것이 크게 보면 모든 일에 어떻게든 연결이 되겠지만, '무엇을 얻었다.'라는 성취감은 존재하지 않고 '나도 했다.'라는 안도감만 준다고 생각한다. 본인이 계획한 것을 이뤘을 때 얻을 수 있는 성취감과 그것이라도 하지 않으면 불안하기에 타인을 따라 하여 이룬 안도감에는 차이가 있다. 나를 위한 행동이라는 공통분모가 존재하지만 확실한 목표를 갖고 이룬 것과 그렇지 않은 것에는 발전 속도에 큰 차이가 있다고 생각한다. 목표가 있는 사람은 그것을 이룬 후, 성취감에 맛 들여 다른 성취감을 계속해서 찾아 나아가지만, 목표가 없는 사람은 아무래도 수동적이기 때문에 느릴 수밖에 없다.

내가 내린 결론은 다음과 같다.

'목표를 갖는 것부터 시작해서 주도적인 삶을 살아야 다른 무언가를 더 하려고 하고, 즐기면서 내가 원하는 목표에 다가갈 수 있다.'

앞에서 말한 두 가지 반성을 바탕으로 미래에 지금의 나보다 나은 사람이 되기 위해 나를 알고, 나아가 주도적인 삶을 살아야겠다고 생각했다. 그래서 이러한 노력을 하기로 했다. 그러기 위해서는 계획을 세우는 것이 중요하다. 멘토링 활동을 하면서 배운 SMART 원칙으로 계획을 세우는 법을 실천하기로 하였다.

SMART 원칙은 다음과 같다.

계획은 SMART 원칙인 구체적이고(Specific), 측정 가능하며(Measurable), 달성 가능하고(Achievevable), 실현 가능한(Realistic), 정해진 기간(Timely)을 바탕으로 세워야 한다. 구체적이지 않고 막연하게 되면 단지 희망 사항이 될 뿐이고, 계획에 어느 정도 도달했는지 측정할 수 있는 행동으로 정하는 게 확실한 성취감을 얻을 수 있을 것이다. 그리고 현실성 없는 무모한 계획은 성취감보다는 빠른 포기, 좌절로 이어질 수 있다. 또 계획에 적절한 기간을 잡아 즉시, 아니면 기간 내에 확실히 할 수 있는 계획을 세우는 것이 올바른 방법이다.

SMART 원칙을 실제로 적용해 무리하지 않고 세운 계획들은 도중에 포기하지 않고 결과를 낼 수 있었으며 그에 따라 피드백도 할 수 있게 되었다. 피드백을 통해 나의 잘못된 습관, 방법 등을 알아 가며 더 자세히 나를 알아 갈 것이다. 부족한 점은 고치고, 좋은 점은 발전시키면서 앞으로의 나를 더 사랑하며 살 것이다.

삶에 대한 태도

우리가 생존하는 데에는 그저 물질적인 것만 있어도 충분하다. 의식주만 있으면 된다. 그러나 우리는 삶을 살아가는 존재다. 그럼 생존과 삶을 사는 것에는 차이가 존재해야 하는데, 이것은 무엇일까? 나는 계속 도전하고 목표를 향해 나아가는 것이라고 생각한다. 그저 일상생활만을 영유해서는 진짜 삶을 산다고 할 수 없다.

일상은 반복되고 우리는 그런 일상 속에서 편안함을 느끼며 안주하게 된다. 우리는 일상이 깨지면 불안함을 느끼고 긴장을 하며 스트레스를 받는다. 이러한 일상과 편안함을 우리는 경계해야만 한다. 변화가 없기 때문이다. 약간의 변화가 생겨도 금세 다시 원래의 루틴으로 돌아오게 된다. 물론 그저 생존만을 바란다면 상관없겠지만, 자신의 삶을 살기 위해서는 경각심을 가져야 한다.

일상과 편안함을 버리고 이겨 내는 것은 굉장히 힘들다. 애초에 일상과 편안함을 포기할 동기를 찾는 것부터 힘들기 때문이다. 이 편안함이라는 것은 우리 조상들이 야생에서 살아남기 위해 발버둥 칠 때부터 생긴 감각이다. 결국 편안함이라는 것은 굶주리지 않고 온도도 적당하며 몸에 무리도 오지 않은 상태, 생존에 최적화된 상태이기 때문에 여기서 벗어나기는 쉽지 않다. 그리고 생존하기 좋은 방식을 찾게 되면 그것을 반복하는 것이 생존에 더 유리하므로 항상 같은 방식으로 행동하려 하는 것, 변화를 싫어하는 것 역시 조상으로부터 전해 내려온 습성이어서 마찬가지로 바꾸기 쉽지 않다. 이것을 뛰어넘을 만큼의 강한 동기가 아니라면 애초에 벗어나려는 시도조차도 하기 힘들다. 또한, 잠깐 변화를 시도해도 금방 돌아갈 수밖에 없는 것도 마찬가지의 이유다.

일상에서 벗어나려면 또 다른 루틴으로 대응하는 수밖에는 없다. 변화시킨 일상을 일상으로 다시 만드는 것이다. 이 일상으로 만드는 것은 시간이 필요하다. 그러니 일단 벗어나려면 아주 사소한 것이라도 행동으로 옮겨라. 예를 들면 책을 매일 10쪽씩 읽는 것이다. 이렇게 보면 굉장히 쉬워 보이지만 실제 해 보면 그렇지 않다는 것을 알 수 있다. 처음 3~4일은 어려움 없이 읽을 수 있을 것이다. 하지만 어느 순간 급한 일이나 업무가 생길 것이다. 그러면 깜빡하거나 알면서도 시간이 없어서 10쪽 읽는 것을 건너뛰게 된다. 그러는 순간 새로운 길은 사라지게 되고 결국 그 이후 건너뛰는 횟수는 서서히 늘어나며 어느 순간 책을 손에서 놓은 지 한 달이 다 되어가는 자신을 깨닫게 될 것이다.

하지만 새로운 습관이 형성되는 순간부터는 일상과 편안함에서 벗어나는 것이 전보다는 힘들지 않게 된다. 그렇게 꾸준히 바꿔 나가면 예전과는 점점 달라지는 모습을 볼 수 있게 된다. 그렇다고 갑자기 큰 변화를 시도하면 실패할 경우 예전으로 돌아갈 가능성이 높기 때문에 조금씩, 꾸준히 변화하려고 노력하는 것이 중요하다. 이 방법은 작은 성공에 대한 경험이 다음 시도에 대한 부담을 줄여 주고 그렇게 다시 시도해서 변화에 성공하는 선순환의 구조를 가지고 있다. 이 방법을 사용한다 해도 여전히 일상으로부터의 탈피는 어려운 일이기 때문에 중간에 실패하는 경우가 있어도 너무 낙담하지 말고 계속 시도하는 것이 중요하다.

일상과 편안함으로부터 벗어나는 것은 강한 동기와 변화에 대한 의지, 끈기와 행동력이 필요한 일이다. 분명히 어려운 일이기는 하다. 하지만 재능도 필요 없이 남녀노소 누구나 의지와 행동력만 있으면 가능한 것이기 때문에 절대 불가능한 것은 아니다. 정말 다른 재료나 자원도 필요 없이 순수하게 스스로가 마음먹기 나름이니 오히려 쉽다고 볼 수도 있다고 생각한다.

이렇게 일상에서 벗어나게 되면 스스로가 변화하는 모습을 보며 새로운 목표를 꿈꾸게 된다. 하지만 목표를 세워도 그 목표를 이루기 위해 어떻게 할지 또 고민이 된다. 이때 필요한 것이 전략이다.

사업 전략, 입시 전략, 투자 전략, 글쓰기 전략 등 전략이란 단어는 이제 어떤 단어와 같이 쓰여도 이상하지 않은 단어가 되었다. 그럼 이 전략을 '나'에게 적용해 보자. 전략 전술의 고전이라고 불리는 손자병법에 보면 "지피지기면 백전불태"라는 유명한 말이 나온다. 적을 알고 나를 알면 백 번 싸워도 위태롭지 않다는 것인데, 이것이 바로 전략의 기본 중의 기본이다. 마치 기업이 새로운 제품을 개발하기 전에 분석하듯이 먼저 분석을 해 보는 것이다. 환경 분석과 스스로에 대한 분석을 진행하고 그것을 바탕으로 전략을 세우는 것이다.

우선 해야 할 것은 나의 강점이 무엇인지를 찾는 것이다. 나는 강점을 찾으려 할 때 스스로 느끼는 난이도를 기준으로 했다. 다른 사람들은 어렵다고 하는데 나는 그 일을 하는 것이 수월하고 막히는 느낌 없이 잘 진행되면 그것이 강점인 것이다. 또 다른 방법으로는 멘토님께서 알려주신 강점 찾는 방법이 있는데, 이것은 간단하고 확실하다. 내가 어떤 일에 대한 목표를 설정하고 일정 기간이 지난 후 피드백을 해 봤을 때 목표를 달성하거나 초과 달성하면 그것이 바로 자신의 강점인 것이다. 기준이 명확해서 강점 판단이 훨씬 쉽다.

약점을 찾는 것은 강점을 찾는 것에 비하면 훨씬 쉽다. 일단 기본적으로 사람들은 자신이 못하는 것만큼은 쉽게 파악하고 있다. 그래서 굳이 찾을 필요가 없는 경우도 많다. 우리는 강점 찾는 방법을 이미 알아본 후라서 약점 찾는 방법도 쉽게 알 수 있을 것이다. 말 그대로 강점 찾는 것의 반대로 하면 된다. 일을 진행하는데 같은 부분에서 계속 막히거나 진행이 안 되면 그것을 약점이라고 볼 수 있다. 혹은 멘토님이 알려 주신 방법으로 하자면 목표를 설정하고 일정 기간이 지난 다음 피드백을 했을 때 목표에 미달하면 그것이 약점인 것으로 생각해 볼 수 있다.

강점과 약점을 파악했으면 환경 분석과 함께 판단해야 한다. 이때 유용한 것이 스왓(SWOT) 분석이다. SWOT은 'Strong', 'Weak', 'Opportunity', 'Threat'의 약자로, 자신의 강점과 약점, 환경의 기회와 위협을 나타내어 4가지 영역으로 표시하는 방법으로 간단하지만 명료하게 적합도를 판단할 수 있는 분석 기법이다. SW는 자신의 강점과 약점이고, OT는 나에게 있어 환경의 유리함과 불리함이다. 강점과 약점을 가로축으로, 기회와 위기를 세로축으로 해서 4개의 사분면으로 나타난다. 강점이면서 기회인 경우는 자신에게 매우 유리한 것이고 약점이면서 위기인 경우는 매우 불리한 것으로 볼 수 있다. 따라서 이 분석 결과에 따라 어떻게 행동해야 할지를 생각해 볼 수 있는 것이다.

분석을 끝내면 무엇을 해야 할까? 당연히 유리한 환경을 찾아서 나의 강점과 조합하는 것이다. 환경 중에 나에게 유리한 환경이 있을 것이고, 또한 나에게 강점이 있을 것이다. 이 두 가지가 겹치는 것을 찾아 그것을 최대로 활용하면 그 점에 있어서는 대다수에 비해서 유리한 지위를 얻게 되는 것이다. 만약 분석해 봤을 때 약점이 되는 것이 많고 환경 또한 불리하다면 당연히 그것을 고집하는 것은 좋은 선택이 아니라는 것을 알 수 있다.

여기서 알 수 있었던 것이 약점을 보완하는 것이 우선순위가 높지 않다는 것이었다. 어차피 약점을 보완하더라도 남들과 비슷한 정도이고 그렇게 되면 불리하지는 않겠지만 유리한 점도 없기 때문이다. 이를 잘 설명해 주는 사례가 있다. 고등학교에 다닐 때 4명이 한 팀이 되어서 8개의 팀이 스파게티 면으로 다리를 만들어 심미성, 내구성, 창의성의 3가지 기준으로 심사를 받아서 순위를 정하는 실험을 한 적이 있다. 그때 우리 팀은 아무리 도안을 만들어도 아름다운 다리를 설계하지 못했다. 그래서 특단의 조치를 취한 것이 3가지 기준 중 심미성을 포기하는 것이었다. 그래서 우리는 다리를 꾸미는 데에 단 1개의 스파게티 면도 소비하지 않고 내구성을 올리는 데에 사용했다. 그렇게 우리 팀은 단순한 구조지만 튼튼한 다리를 완성했고, 심미성 부분에서는 8개의 팀 중 최하위를 기록했지만 내구성 부분에서 최상위를 기록하고 창의성도 상위권의 점수를 획득해 총점에서 가장 높은 점수를 기록했다. 이렇게 오히려 강점을 키우는 것이 더 유리한 고지를 점하는 방법이 될 수 있는 것이다.

이런 관점에서 보면 전략의 목적은 매우 간단하다. 나의 강점을 가능한 최대로 발휘하는 것이다. 약점이 눈에 띄지 않을 정도로 강점을 부각하고, 약점은 가능하면 환경을 통해 상쇄하는 것도 전략을 통해서 하는 것이다. 그래서 약점을 보완하는 데에 필요한 자원을 강점을 강화하는 데 투자하여 우월한 고지를 선점하는 것이다.

결국 전략의 기초는 분석이다. 정확한 분석이 기반이 되지 않으면 전략도 사상누각일 수밖에 없다. 그리고 강점이 뒷받침되어 줘야 전략도 제구실을 할 수 있게 된다. 다시 한번 강조하지만 약점을 보완하지 말고 강점을 강화해라.

Who am I? I don't know who I am

철학자 소크라테스가 한 "너 자신을 알라."라는 말이 있다. 처음 이 문장은 살아가기 위해서는 나 자신을 알아야 함을 강요받는 느낌이었다. 위인조차 나를 알아야 함을 강요하고 있었기 때문에 나는 반드시 나를 알아야 할 것 같았고, 세상에 있는 여러 단어를 이용해서 나에 대해 정의를 내려야만 할 것 같았다. 하지만 이 문장을 자세히 들여다보면 내가 생각했던 것과는 조금 다른 의미를 지니고 있다. 사실 이 문장이 고대 철학자 소크라테스가 처음 한 말은 아니었다는 이야기가 있다고 한다. 원래는 신탁 성전의 현관 위에 적혀 있던 경고문이라는 이야기도 있고, 다른 인물이 했다는 이야기도 있다. 당시 소크라테스는 이 시대에 똑똑하고 현명한 사람이 누군지 궁금해했다. 그러던 중 신탁 경고문의 의미를 깨닫고 현명한 사람들을 찾아다니게 되었다고 한다. 이때 소크라테스가 이해한 의미는 '너 자신에 대해 정확히 알아야 한다.'라는 의미가 아닌, '네가 아무것도 모르고 있음을 인정하라.'라는 뜻이었다고 한다. 이후 소크라테스는 스스로 무언가를 잘 알고 있다고 자부하는 사람들을 찾아가, '네가 알고 있는 것이 무엇'인지에 대해 물어봤다고 한다. 아마도 소크라테스는 인간이 알고 있다는 것들에 대해 사실은 아무것도 모른다는 것을 깨우쳐 주려는 것이었던 것 같다. '알다'라는 동사의 목적어가 '나'라고 봤을 때, 나는 나를 모른다는 것을 인정해야 한다는 것이다. 하지만 나는 여태까지 주위 사람들로부터 나에 대해 평가를 받으면 모든 것을 부정하려고 노력했다. 물론 인정하지 않을 부분도 있을지 모르지만, 인정할 부분은 인정해야 비로소 나로서 존재할 수 있다는 것이다. 그렇게 내가 싫어하는 나의 부분까지 인정하면서 하나씩 벗겨 가면 비로소 남는 건 나 하나뿐이지 않을까 싶다.

그래서 내가 누군데?

그러면 나를 어떻게 정의를 내려야 할까? 성격? 외모? 꿈? 직업? 이 객관적인 것들을 합치면 '나'인 건가? 확실한 것은 아직까지는 나를 알아가는 중이다. 취준생으로서 자기소개서를 작성하다 보면 정말 가관이다. 내가 꼼꼼한 사람이 되기도 하며, 리더십이 엄청난 사람이 되기도 하고, 창의성 있는 사람이 되기도 한다. 이렇게 나를 표현하는 단어들이 정말 많이 늘어진다. 하지만 내가 객관적으로 이것들을 봤을 때, 일부는 맞는 것 같으면서도 일부분은 또 아닌 것 같다는 생각이 든다. 정말 '자소설'이다. 하나 확실한 것은 절대로 한두 개의 단어로 나를 정의할 순 없다는 것이다. 한편으로는 죽을 때까지 나도 내가 누군지 모를 수 있겠다는 생각을 한다. 멘토링을 진행하며 멘토님은 "나 자신이 누군지 알고, 나의 강점을 파악해 내 꿈을 향해 다가가야 한다."라고 말씀하셨다. 처음에는 내 강점에 대해 알고 그것을 잘 이용하면 내가 꿈을 이루는 데 정말 크게 도움이 될 거라고 생각했다. 하지만 강점을 적는 데 한참의 시간을 썼다. '내가 과연 그런 사람인가?'라는 물음에 대한 엄청난 생각에 생각을 거듭했던 것 같다. 결국 '내 강점은?'이라는 질문에 '책임감'이라는 단어를 적었다. 사실은 이 단어는 '난 이런 사람이니까.'라는 생각에 적었다기보다는 내가 지금까지 해 왔던 것들을 종합해 봤을 때 '나는 그래도 책임감 있는 사람이지 않을까?'라는 생각으로 적었다. 그런데, 나는 돌이켜 보면 그렇게 책임감 있는 사람은 또 아닌 것 같다. 상황에 따라서 책임감 있게 행동할 때도 있고, 또 어떤 상황에는 그냥 무책임하게 넘겨 버릴 때도 많기 때문이다. 일단 멘토링 시간이 다가오기 때문에 부랴부랴 단어를 적었지만 조금 많이 찝찝했다. 정말 머리가 너무 복잡하다.

그러던 중 〈포레스트 검프〉라는 영화를 보게 되었다. 주인공 '포레스트 검프'는 여자 주인공 '제니'와 절친이다. 어렸을 적 제니는 길을 걸어가던 중 포레스트한테 질문을 던진다.

"포레스트, 너 혹시 나중에 커서 되고 싶은 거 없니?"

"내가 되고 싶은 거?"

"그래."

"나는…… 그, 그냥 내가 되고 싶은걸?"

이 영화를 보고 나서 많은 생각을 하게 되었다. 나는 그냥 '나'인 것이다. 나를 한 단어로 정의하면 그냥 '손승현'인 것이다. 때때로 내가 책임감 있게 행동하는 것도, 무책임하게 행동하는 것도 모두 사전 속 '손승현'이라는 단어의 뜻인 것이다. 이 생각을 하고 나니 내가 가지고 있는 장점들이 더욱더 많게 느껴졌다. 나는 꼼꼼하기도 하며, 생각이 깊고, 책임감도 있고, 항상 스스로 피드백을 주며 수용할 줄도 안다. 그것은 내 장점이 아니라고 반대되는 나의 모습만 생각하며 부정을 했지만, 이 모든 것은 그냥 나였던 것이다.

점점 나에 대해 모든 것을 인정하기 시작했다. 나에 대해 인정을 하다 보니 편해지기 시작했다. 어떠한 행동을 했을 때 '그건 나야.', 혹은 '내가 왜 이러지? 그건 내가 아니야.'라는 생각을 갖기보다 '아, 내가 이런 모습도 있구나.'라는 생각을 가지며 안 좋은 것이라고 판단이 되었을 경우엔 스스로 피드백을 통해 고쳐 나가도록 노력하고 있다. 이와 같은 생각을 통해 가장 많이 변할 수 있었던 것은 자신감이 생겼다는 것이다. 업무를 수행할 때, '나는 꼼꼼한 성격이니까 하나도 틀리면 안 돼!'라는 생각보다는 '틀리면 피드백 받고 다음부턴 실수 안 하면 되지.'라는 생각으로 자신감 있게 업무를 수행할 수 있게 된 것이다.

아직도 나는 다른 사람이 "너는 누구야?"라고 물어보면 구체적으로 나는 내가 누군지 설명을 할 자신이 없다. 하지만 하나는 확실해졌다. 만약에 상대가 "너는 누구야?"라고 질문한다면 나는 "네가 본 그대로." 라고 답변할 거다. 내가 가면을 썼든, 뭐든 그것은 다 '나'니까.

제3장

셀프 리더십

01
리더십 콘서트

한국장학재단의 리더십 콘서트는 8월에 개최를 하는데, 3월에 개최하는 코멘트 데이(Korment day)와 함께 재단이 준비하는 가장 큰 행사이다. 봄의 행사가 멘토링을 준비하고 시작을 알리는 발대식이라면 여름 행사는 멘토링을 진행하면서 필요한 지식을 리뷰하고 멘토링 진행을 촉진하고 동기를 부여하기 위한 행사이다.

제10회 사회리더 대학생 멘토링 리더십 콘서트는 '빛나는 내일, 함께 날다.'라는 슬로건으로 8월 23일 금요일 아침부터 저녁까지 일산 킨텍스에서 열렸다. 전국의 멘토·멘티가 전부 참가하는 큰 행사로 리더십 특강, 멘토 멘티 역량 개발, 토크 콘서트 순으로 진행되었는데 행사의 진행과 내용이 알차고 짜임새가 있었다. 멘토, 멘티 모두 만족도가 높아 보였다.

에이스 팀은 8명이 참가하여 유익한 시간을 보냈다. 특히 개회식의 멘토링 활동 영상에는 이성재 멘토와 손정윤 멘티의 인터뷰가 나와 우리 팀을 고무되게 하였다.

1부 유홍준 교수의 〈우리 시대의 장인을 위하여〉 리더십 특강은 훌륭했다. 재담가다운 내용이었다.

- 장인 정신의 외형적 특징은 디테일이 아름답다.
- 장인의 디자인 기준: '검이불루 화이불치(검소하지만 누추하지 않고, 화려하지만 사치스럽지 않다.)'
- 한국 장인 정신의 대안: 무엇을 새롭게 만드는 것보다 상황에 맞게 변화시켜라.

2부 멘토 대상 특강은 임희수 연구원의 <M/Z 세대 이해하기>였다. 밀레니얼 세대와 Z 세대 이야기이다. M/Z 세대 의미, M/Z 세대 특징, M/Z 세대와의 소통을 통한 멘티 이해하기가 주 내용이었다. M/Z 세대 트렌드 키워드는 다음과 같다.

1. 마이 싸이더(My+side+-er): 내 안의 기준을 세우고 따른다.
2. 가취관: '가'벼운 '취'향 중심의 관계: 가볍게 취향을 중심으로 모인다.
3. 소피커(바 '소(所)'/작을 '소(小)'+speaker): 나의 소신을 거리낌 없이 말한다.
4. 팔로인(follow+사람 '인(人)'): 검색보다 신뢰할 수 있는 사람을 따른다.
5. 실감 세대(실제 감각+세대): 오감을 만족시키는 현실 같은 감각에 끌린다.

M/Z 세대를 이해하는 데 도움이 되었다. 멘토들의 고민도 새롭게 입사하는 젊은 세대를 이해하는 것이 가장 어렵고 해결해야 할 숙제라는 의견이 많았다. 적절한 주제였다.

3부 토크 콘서트는 자우림, 헤르츠 공연과 만찬(소통)이 있었다.

푸른등대 사업소개

더할 나위 없이 행복하죠.

'리더십 콘서트'를 마치고

멘티가 묻고 멘토가 답하기

유한영 멘티

오전부터 진행된 리더십 콘서트는 강의, 특강, 휴식 등 즐길 수 있는 요소와 배울 수 있는 요소가 적절하게 있었다고 생각해요! 개회식 중 동영상에서는 멘티와 멘토들이 이 멘토링을 통해 무엇을 나눠 주고 배워가고 있는지에 대해 들을 수 있어서 좋았습니다. 그 뒤 리더십 특강에서 과거와 미래를 통해 현재를 어떻게 바라봐야 하는지에 대해서 생각해 볼 수 있는 시간을 가질 수 있었어요. 점심을 먹은 후 많은 볼거리와 즐길거리가 있었는데, 특히 족욕과 콘서트의 융합은 더운 여름에도 시원하게 즐길 수 있어서 정말 재밌었어요! 각자가 선택한 특강을 들은 뒤에 노래와 함께 저녁까지, 모두가 편하고 즐겁게 먹을 수 있었던 자리여서 더 좋았어요.

오전부터 저녁까지 꽤 긴 시간 동안 진행된 행사였지만, 오랜 시간 동안 진행된 것조차 못 느낄 정도로 즐겁고 유익한 요소들이 많아서 시간이 빠르게 지나갔다고 생각해요! 멘토님께서는 리더십 콘서트 중 어떤 부분이 가장 기억에 남으시는지 궁금해요.

멘토의 답변

앞에서도 언급했지만 리더십 콘서트는 완벽하게 진행이 되었습니다.

특히 오후에 진행된 M/Z 세대에 대한 특강이 가장 도움이 되었어요. 생각을 다시 하게 되었고 이해의 폭을 넓히고 체계를 갖게 되었습니다. 또한, '재미 세대'에 대한 글을 쓰는 동기가 되기도 하였습니다.

현세대들과 함께 일하는 기업을 경영하는 최고 경영자들이 어려움을 토로할 때는 심각성을 피부로 느낄 수 있었습니다. 세대 갈등을 겪고 있는 요즘 시대를 살아가는 데 팁을 주는 특강이었지요.

구본석 멘티

중간 점검을 위한 리더십 콘서트에서 정말 많은 생각을 가지게 되었습니다. 생각해 보지 않았던 주제에 대해서 화두를 던져 주시고 또 가르침을 주신 명강사분들께 정말 감사했습니다.

유홍준 교수님의 장인에 대한 강의에서는 장인의 디테일과 그렇게 되기 위한 노력의 중요성에 대해 생각하게 되었고, 주리안 대표님의 체험형으로 이루어진 소통에 대한 강의에서는 소통에는 소통이 이루어지는 공간도 중요하며, 그래서 그 공간도 잘 이해해야 한다고 하셨던 게 기억납니다. 멘토님께서는 소통에서 중요한 요소가 무엇이라고 생각하시는지가 궁금해요.

마지막 자우림의 축하 공연도 평소에 좋아하던 밴드라서 정말 좋았습니다. 이런 좋은 행사를 저희 팀과 함께할 수 있어 뜻깊었습니다.

멘토의 답변

큰 행사를 완벽하게 치를 수 있는 능력은 좀처럼 갖기 힘듭니다.

대규모의 인원이 동원되는 행사는 더욱 그렇습니다. 참석자들의 욕구가 다른 경우는 더욱 힘들어요. 멘토, 멘티가 모여 행사를 치르는 여러 가지 모습들을 잘 살펴보면 앞으로 큰 행사를 치를 때 무슨 일을 잘 살펴야 하는지에도 도움을 줍니다.

소통에서 가장 중요한 것은 진정성이라고 생각합니다. 진정성은 말과 행동이 일치하고 일관성이 있어야 합니다. 그리고 자신의 의견을 솔직히 이야기해야 합니다.

그리고 경청입니다. 상대가 이야기하면 귀를 기울여 들어야 합니다. 쉬운 이야기지만 실천이 어려운 일입니다.

'말하지 않으면 귀신도 모른다.'라는 말처럼 자신의 생각을 이야기하는 것이 기본입니다.

02
을왕리의 추억

- 6차 멘토링

멘토링 프로그램은 특별 프로그램 활동을 할 수 있게 되어 있다. 팀원들과 함께할 시간이 적어 심도 있는 대화를 나누지 못한 아쉬움이 항상 있었고, 서울을 벗어나 팀 단합도 다질 시간이 필요했다. 멘티들이 원하는 일이었다. 영종도 인천 공항 옆 을왕리 해수욕장에서 MT를 갖게 되었다. 여름이 지나가는 8월 23일 킨텍스에서 개최된 리더십 콘서트 후에 을왕리로 이동 후 모임을 가졌다.

시간 계획

- 19:00 이동
- 21:00 저녁 회식
- 22:00 바닷가 산책과 불꽃놀이
- 익일 2:00 단합과 책 출간 아이디어 논의
- 10:00 기상, 정비
- 11:00 식사
- 14:00 카페 회의(학교생활, 개인 이야기 등), 해산

여행은 즐거움을 준다. 마음에도 여유가 생긴다. 회식과 늦은 저녁 바닷가에서의 놀이는 우리 팀이 하나가 되는 계기가 되었다. 오래간만에 느끼는 젊음에 대한 회귀의 시간이었다.

밤늦도록 이야기꽃을 피우고 술도 마셨다. 책 출간에 대한 의지를 다지고 구체적으로 어떤 방법으로 글을 쓸 것인가 결정하고, 한 달에 1~2개의 글을 업로드하기로 의견을 모았다.

열정적 사랑

바닷가 멋진 카페에서는 각자의 대학 생활과 일상생활에 관해 이야기하였다. 우연히 나의 연애와 결혼 이야기를 하게 되었다. 대학 펜싱 클럽에서 동료로 만나 연애로 발전하고 열렬한 사랑을 하고 이별하고, 결혼하고 지금까지 살아온 드라마틱한 러브 스토리를 들려주었다. 후회 없는 깊은 사랑은 일생에서 한 번은 해 봐야 할 일이다. 열정적 사랑의 경험은 인생을 사는 데 상당한 안정감을 준다. 사랑에 대한 미련이 별로 없어진다. 사람들은 일생 해 보지 못해 궁금하고, 동경하고, 미련이 남는 일이 있다. 항상 못 해 본 아쉬움이 남는다. 사랑도 그렇다. 누구나 할 수 있는 일이 아니고 꼭 행복한 일만 있는 것도 아니지만 꼭 한번은 해 보라고 권했다. 젊음의 특권이기 때문이다. 요즘은 쉽게 만나고 쉽게 헤어지는 것 같은데 쉽든 어렵든 잊히지 않는 사랑을 해 보자. 사랑할 때보다 행복할 때가 없기 때문이다.

멘티들에게 피터 드러커 박사의 저서 『자기경영노트』를 한 권씩 선물했다. 지식 근로자나 경영자에게 필요한 자기 계발서인데, 대학생들에게는 좀 어려운 내용이지만 평생 일을 하면서 참고할 수 있는 책이다. 다음 달 멘토링의 한 주제이기도 하다. 책을 읽고 한 단원씩 발표하도록 미리 과제를 주었다.

<〈을왕리 MT〉를 마치고

멘티가 묻고 멘토가 답하기

김경관 멘티

팀의 단합을 다지고자 을왕리로 MT를 갔다. 개인 사정으로 인해 이전 모임에 참석하지 못하였기 때문에 '어색하진 않을까?'라는 걱정을 안고 모임에 임하였다. 걱정과 달리 팀원들은 반갑게 반겨 주었고 덕분에 어색함 없이 MT에 임할 수 있었다. 우리는 해수욕장으로 나가서 저녁을 먹으면서 얘기를 나누기로 결정하였고, 나와 유지선 멘티는 먼저 나가 식당을 알아보았다. 우리는 서로의 근황을 주고받았다. 방학을 맞아 여유로운 사람이 있는 반면, 오히려 방학에 더욱 바쁘게 사는 멘티들도 있었다. 우리는 장소를 숙소로 옮겨 우리 팀의 최종 목표인 책 출간에 관해 이야기하기로 했다. 책 출간은 처음이기 때문에 다들 걱정이 앞섰고 어떻게 써야 할지 막막해하고 있는 상황이었다. 하지만 멘토님의 말씀과 함께 우리는 적극적으로 회의에 임했고, 회의가 진행될수록 책 출간에 대한 방향성을 잡아 갔다.

목표를 설정하는 데는 이유가 존재합니다. 많은 결과물 중에 책 출간이라는 목표를 설정한 특별한 이유가 궁금합니다.

멘토의 답변

책 출간은 먼저, 우리가 한 일을 기록하자는 데에 의도가 있습니다. 우리 팀의 가치 중에 공유와 기록이 있듯이, '적자'생존(적는 자만이 살아남는다)이죠. 남는 것은 기록밖에 없습니다.

그리고 글을 쓰면서 자신의 생각을 체계화하는 능력을 기를 수 있습니다. 4차 산업 혁명 시대에 요구되는 능력 중에 하나입니다. 글을 쓰면서 자신의 글 쓰기 능력이 향상되는 것을 느낄 수 있을 것입니다.

그리고 마지막으로 가장 중요한 것은 멘티들의 이력서에 한 줄의 의미 있는 경력을 추가해 주고 싶었습니다. 제가 멘토링을 시작하며 꿈을 꾼 것이기도 합니다.

유한영 멘티

리더십 콘서트가 끝나자마자 특별 체험 활동으로 인천 을왕리를 갈 수 있어서 좋았어요! 짐을 풀고 난 뒤 바닷가 근처에서 맛있는 저녁도 먹고, 바다도 보고 온 것 또한 추억이 됐습니다. 숙소에서 멘토님께서 저희에게 손수 쓰신 글이 적힌 책을 주셔서 감동받았습니다! 그 뒤 나눈 책 출간 계획에 대한 이야기와 어떤 내용의 책을 쓰면 좋을지에 대한 이야기 덕분에, 막막하게 느껴졌던 책의 방향을 어떻게 하면 좋을지 감을 잡을 수 있었습니다.

멘토님과 멘티들이 다 함께 즐길 수 있었던 특별 체험 활동이어서 정말 좋았습니다!

멘토의 답변

저에게도 멘티들과 함께한 을왕리의 하룻밤은 꿈 같은 시간이었습니다. 그리고 가장 큰 수확은 서로 이해의 폭을 넓혔다는 것입니다. 책 출간에 대한 전원 합의와 의기투합이 이루어진 곳도 을왕리입니다.

조개구이의 맛과 해변에서 했던 불꽃놀이의 짜릿함을 잊을 수 없습니다.

03
바르게 나아가라

- 7차 멘토링

에이스 팀의 7차 모임은 기존 모임과 마찬가지로 9월 마지막 토요일인 9월 28일, 한국장학재단 회의실에서 팀 전원이 참석하여 가졌다. 영종도 을왕리 해수욕장에서 가졌던 특별 프로그램(MT)인 6차 모임 이후 일곱 번째 모임이었다. 하반기를 시작하는 모임으로, 의미가 있다.

시간 계획

- 10:00 워밍업 〈바르게 나아가라〉 메시지 전달
- 10:30~11:50 피터 드러커 박사의 『자기경영노트』 중심으로 발표 (각자 한 단원씩 10분 내외)
- 12:00~12:40 셀프 리더십과 자기 관리 특강
- 12:40~13:00 팀 현안 토의

'바르게 나아가라(정도, 正道).'

멘티들에게 전하는 네 번째 메시지이다. 조직을 운영하고 인생을 살아가면서 느끼는 중요한 가치이다. 멘토의 경영 이념이기도 한 '정도(正道)'는, '인간의 기본적 가치에 충실하자.'라는 것이다. 정도란 윤리와 상식이 통하는 올바른 길을 말한다. 윤리란 사람이 지켜야 할 도리와 규범으로

도덕, 정직, 투명, 청렴 등을 포함하며, 상식이란 일반적 사람이 가지는 보편적 기준인 공정, 원칙, 언행일치, 공사 구분, 상생을 포함한다. 상식의 기준은 사람마다 가지는 가치에 차이가 있으므로 판단이 어렵고 애매한 경우도 있다. 그래서 정도인지 아닌지 구분하는 기준(해야 할 일과 하지 말아야 할 일의 구분)은 자신이 한 일이 신문에 났을 때 부끄러움이 없는지, 가족들에게 알렸을 때 떳떳한지로 판단하면 쉬울 것 같다. 학생들에게는 아직 사치스러운 말일 수도 있으나 평생을 살면서 명심해야 할 일인 듯하다. 조직을 반듯하게 운영하는 것은 장기적 승부에서 유리하고 지속 가능할 수 있다. 다만 실천 의지와 용기가 수반되어야 한다. 유혹에 대한 절제가 결코 쉽지 않기 때문이다.

〈바르게 나아가라〉를 마치고

멘티가 묻고 멘토가 답하기

손정윤 멘티

〈바르게 나아가라〉 강의를 듣기 전, 제가 바르게 살고 있는지 돌아보았습니다.

제가 지금까지 살아오면서 꼭 지키고자 했던 신념은 '정직함'입니다. 저에게 있어 가장 중요한 역량인 책임감을 키우기 위해서는 '정직함'이 기본적으로 깔려 있어야 한다고 생각합니다. 따라서 도덕 기준에 벗어나지 않고 충실하기 위해 열심히 살아왔다고 생각합니다. 이를 지키기 위해, 가까운 사람들(가족, 동료, 친구 등)에게 거짓말하지 않는 것부터 시작했습니다.

하지만 가끔 정직함을 지킴으로써, 불가피하게 불이익이 따라오던 적이 있습니다. 저는 그 상황에서도 정직한 모습을 잃지 않는 것이 중요하다고 생각하는데, 멘토님께서는 이러한 상황에서 어떻게 해결하시나요?

멘토의 답변

저도 불이익을 감수하는 편입니다. 외국 회사와 비지니스를 하면 그들이 가장 중요하게 생각하는 가치는 정직함을 알아보는 것입니다. 대여섯 번 동안은 만나면 밥만 먹고 진행이 안 됩니다. 그러다 신뢰가 쌓이면 사업이 시작되고 급물살을 탑니다.

정직함이란 장기적 승부에서 유효한 것입니다. 눈앞의 이익 때문에 정직하지 못하면 오래갈 수 없어요. 불이익이 있어도 솔직히 이야기하는 용기가 필요합니다. 그러면 더 큰 것을 얻을 수 있습니다. 제가 서두르지 말라고 강조한 것은 같은 맥락입니다. 인생은 일회성 게임이 아닙니다.

진정한 자유는 자신에게 솔직하고 정직할 때입니다. 어렵지만 해야 할 가치입니다.

박선민 멘티

멘토님께서 선물해 주신 피터 드러커의 『자기경영노트』라는 책과는 을왕리에서 맞은 밤에 처음으로 만나게 되었습니다. 그때만 해도 이 책이 어떤 내용을 담고 있는지, 멘토님께서 저희에게 전달해 주고 싶은 메시지가 무엇일지 정말 궁금했습니다.

서울까지 고이 간직해 온 이 책을 처음 읽기 시작했을 때는 사실 정말 낯선 기분이 들었습니다. 저는 경영을 전공한 학생도 아니고 평소에 이와 관련된 내용을 접해 보지도 못했던 터라 이 책이 조금은 어렵게 느껴졌습니다. 그러나 조금씩 흥미를 갖고 속도를 내 읽어 나가는 저의 모습을 발견했습니다. 제가 발표를 맡은 부분은 6장이었는데, 이 장에 소개된 기업가들을 통해 앞으로 제가 살아가는 데 있어서 중요한 의사 결정을 내려야 할 시기가 왔을 때도 의사 결정은 간결하게 하되, 그것을 실행에 옮겨 목표를 달성하기 위한 과정에 좀 더 초점을 맞춰야겠다고 느꼈습니다. 그리고 만약 제가 경영인이 된다면, 조직을 위한 의사 결정 과정에 좋은 영향을 미치는 방법에 대해 배운 것 같아 유익했습니다.

이어서 멘토님께서는 이번 모임을 위해 '바르게 나아가라.'라는 주제로 이야기를 해 주셨습니다. "바르게 나아가라 함은 윤리와 상식을 갖추어야 하며 해야 할 일과 하지 말아야 할 일을 잘 구분하는 것"이라고 하셨습니다. 예를 들어, "신문에 났을 때 괜찮은 일인가?" 또는 "부모님께 말씀드렸을 때 괜찮은 일인가?"라는 질문을 스스로 던졌을 때 괜찮다고 판단되면 바른 길이라는 것입니다. 이렇게 예를 들어 주시니 정말 직관적으로 이해가 되었던 것 같습니다! 일반적 상식 수준에 맞는 일이어야 할 뿐만 아니라 언행이 일치되어야 하고 공사 구분이 확실해야 하며 긍정적인 사고를 가지고 책임을 회피하지 않아야 한다고 하셨습니다. 이런 이야기를 들으면서 '과연 내가 이에 맞는 사람인가?'라는 생각을 하게 되었고 저 자신을 돌아보는 시간을 가졌던 것 같습니다.

멘토의 답변

저는 선한 사람과 같이 일하고 싶습니다. 제가 정의한 선한 사람을 선민 멘티가 전부 기억하고 있어 감사합니다. 위에서 언급한 것에 추가한다면 '남의 험담을 하지 않는 사람'입니다. 면접을 하면서 전반적으로 고려하는 인선 기준이기도 합니다.

'바르게 나아가라.'라고 한 것도 선한 사람의 범주에서 윤리와 상식이 통하는 경우입니다. 2020년 아카데미 감독상 시상식에서 봉준호 감독이 수상 소감을 이야기하면서 보여 준 경쟁 감독들을 배려하는 마음은, 선한 사람의 표본이란 생각입니다. 심성이 착한 사람만이 가지는 특성들이

지요.

바르게 나아가면 두려울 것이 없어집니다. 그리고 자유로울 수 있습니다. 의사 결정을 하는 데도 단순해집니다.

박시연 멘티

저는 피터 드러커의 『자기경영노트』 발표에서 1장을 맡았는데, 1장은 이 책의 전체적인 내용을 담고 있어서 수월하게 읽을 수 있었습니다. 경영자의 입장에서 쓰여진 글이기에 피터 드러커가 사용한 대부분의 예시는 기업에 기반을 둔 내용이었습니다. 하지만 저는 그 내용들 속에서도 아직 대학생인 저에게 해당되는 내용을 많이 찾을 수 있었습니다. 특히, "강점을 위주로 일을 진행해 나가라."라는 조언은 우리 모두에게 해당되는 조언임을 느꼈습니다. 또한, "시간을 효과적으로 활용하라."라는 것도 플래너를 통해 최대한 시간을 계획적으로 쓰려고 노력하는 저에게 해당되는 내용이라는 생각이 들었습니다. 이를 통해 제가 어느 정도는 '지식노동자'로서 기능하고 있다고 느꼈고, 앞으로도 책의 내용을 바탕으로 생활해야겠다고 다짐했습니다.

멘토의 답변

시연 멘티가 지식 근로자가 될 수 있는 가능성이 있다고 한 것은 이 책을 잘 이해하고 있다는 것을 의미합니다. 피터 드러커는 지식 근로자에 대해 이 책뿐만 아니라 다른 저서에서도 언급하고 있습니다.

종합하여 내가 정의한 지식 근로자는 자신의 분야에서 최고의 전문가가 되고, 주도적으로 자신의 일을 수행하고, 스스로 자신을 계속 개발해 나가는 사람을 의미합니다. 이런 사람들과는 동등한 자격으로 사업을 영위할 수 있고, 동반자(associate)적 관계가 가능해진다는 의미입니다. 쉬운 예로 로펌에는 '파트너'라는 직위가 있습니다. 비슷한 의미의 일을 하는 관계입니다. 회사나 조직에서 이런 사람들을 '프로답다.'라고 하며 우대합니다. 고용의 유연성이 뛰어나 소속사에 연연하지 않고 자유롭게 됩니다.

멘티들도 어느 조직에 들어가도 지식 근로자가 되기를 바랍니다.

04
셀프 리더십

하반기 테마를 '셀프 리더십(Self-leadership)과 자기 관리'로 정했다. 하반기에는 멘티들 자신에게 내재되어 있지만 아직 모르고 있는 강점을 찾아내고, 없는 강점을 만들어 가야 할 것 같았기 때문이다. 강점의 계발을 위해서 자신을 알아야 한다. 그리고 자신이 강해야 한다. 자신을 존재감으로 채워 가야 한다.

리더십이란

'리더의 능력'은 조직을 올바른 방향으로 끌고 가는 것이다.

리더십의 종류는 성취형 리더십, 인간관계형 리더십으로 나뉘고 의사결정 방식에 따라 민주형, 권위형, 자유방임형 리더십으로 나뉘는데, 지식 사회의 도래와 함께 새로운 리더십이 필요하게 되었다.

지식 사회와 지식 근로자들과 함께 일하려면 어떤 리더십이 필요할까?

지식 사회의 리더십

우선 셀프 리더십(슈퍼 리더십)이 요구된다.

두 번째는 임파워링 리더십(Empowering-leadership)이다. 권한과 책임을 이양하고 자율성을 대폭 강화하는 것이다. 사람을 신뢰할 때 가능한 이야기이다. 사람을 선택할 때 최선을 다해라. 시간을 아까워하지 말고, 기업 운영에 최우선을 두고 시간과 비용을 투자하고, 신중에 신중을 기하고, 한 번 함께 일할 사람으로 정해지면 믿고 맡겨야 한다.

세 번째가 서번트 리더십(Servant-leadership)이다. AT&T 창시자인 로버트 그린리프가 창시한 리더십으로, 타인을 위한 봉사에 초점을 두며 종업원, 고객, 커뮤니티를 우선으로 여기고 그들의 욕구를 만족시키기 위해 헌신하는 리더십을 말한다. 다른 사람이 잘될 수 있도록 섬기는 내적인 마음을 갖고 가슴으로 경영하는 것이다. 멘토가 추구하는 리더십이다. '나의 성공은 직원들의 성공으로 완성된다.'라는 리더십을 지향한다.

셀프 리더십이란

리더십이 다른 사람을 끌고 간다는 생각에서 발전해 내적 자존감과 자기 관리를 통해 다른 사람을 이끌어 간다는 의미가 내포된 고차원적인 리더십이다. 그래서 '슈퍼 리더십'이라 일컫는다. 미래는 외부로부터 오는 게 아니고 내부로부터 온다. 국가나 조직의 흥망도 외부로부터 오는 게 아니고 내부로부터 오는 게 많다. 경쟁의 상대도 상대방보다는 자신이다. 자신이 충만한 사람만이 다른 사람을 이끌 수 있고 행복하게 할 수 있다. 우린 자신이 충만하지 못한 리더들이 가져다주는 무수한 부작용들을 봐 왔다.

셀프 리더십은 첫째, 자기 관리를 할 수 있어야 한다. 자기 자신을 관리, 감독한다. 진정한 리더는 자신과의 싸움에서 이기는 사람이다. 자신을 컨트롤하지 못하고 자신에게 지는 사람은 상대방을 이길 수 없다. 자신의 시간 관리, 목표 관리, 가치 관리, 우선순위 관리, 의사 결정 관리 등이 요구된다(이는 별도의 장에서 언급한다). 자기 관리가 되는 사람은 독한 사람이라고 한다. 꾸준함도 포함된다. 어려운 일이지만 이 세상을 살아가기 위해 필요한 덕목이다.

두 번째가 자기 존중이다. 자기 존중은 자신을 좋아하며 자부심을 가져야 하고 스스로 일어나고 추진하는 등 자기 주도적이어야 한다. 자존감을 갖는 일인데, 스스로의 가치를 인정하고 자신을 사랑할 수 있는 마음을 갖는 것이다. 자존감을 갖지 못하면 행복한 삶도 살기 어렵고 타인에게도 부정적 영향을 미친다. 자존감이 있으면 타인의 삶에도 긍정적 변화를 가져다준다. 우리 집 아이들에게도 자기 자신을 아끼라고 한다. 자신을 함부로 내던지지 말라고 한다. 자존감이 없으면 자신감이 떨어지고 상대방을 칭찬할 줄도 모른다. 결혼 상대로 절대 선택하지 말아야 할 사람이라고 가르쳐 주었다. 자존감이 너무 과해 자기중심적이 되고 자만심이 많아도 곤란하다. 긍정적 자존감이 중요한 것 같다.

자존감은 첫째로 부모의 영향이 크다. 부모의 사랑이 중요한 것 같다.

그러나 부모가 모든 자존감을 만들어 줄 수도 없다. 부모가 만들어 주지 않았다면 스스로 만들어 가야 한다. BTS는 자신의 앨범에서 '자신을 사랑하라(Love yourself, speak yourself).'라는 메시지를 끊임없이 노래하고 있다. 그게 세계적 가수가 된 이유이고 거대한 팬덤인 아미(army)가 열광하는 이유이기도 하다. 이 캠페인은 전 세계 아미들에게 자존감을 심어 주었고 젊음이들에게 큰 힘이 되었다.

세 번째가 자기 동기 부여이다. 두 번째와도 상관 관계가 있는 요소로, 스스로에게 동기를 부여하는 것이다. '나는 왜 이 일을 하는가?', '나는 왜 공부를 하는가?', '이 일이 성취되면 나에게 무엇을 해 줄 것인가?', '난 할 수 있다.'라는 자기 최면도 함께…….

생각이 행동을 지배한다. 플라시보 약을 먹고 치료가 된 경우를 보더라도 자신에 대한 믿음은 큰 변화를 가져올 수 있다. 일이 성취되어 좋은 평가를 받으면 다른 사람의 칭찬보다 자신의 칭찬에 더 많은 가치를 두고 기뻐하고, 그래서 다음 일에 도전할 수 있는 힘이 생긴다.

위대한 사람들의 자발적 의도(willingness)가 생기는 것도 같은 맥락이다. 고귀한 생명을 구하기 위해 불 속으로 뛰어들어 가는 소방원, 지하철 객차가 들어오는데 철로에 떨어진 사람을 구하기 위해 뛰어내리는 의인, 서해의 유조선 침몰로 원유로 범벅이 된 바닷가의 오염물을 제거하는 자원봉사자들, 아프리카 오지에서 목숨을 걸고 병든 원주민을 치료하는 의사들, 바쁜 일정에도 시간을 내 자원봉사 활동을 하는 우리 멘티들. 자기 동기 부여를 통해 자기 주도적 삶을 살아가는 사람들이다. 자신을 컨트롤하고, 자신을 사랑하고, 자신에게 동기를 부여하는 리더십을 통해 타인에게 긍정적 영향을 미치고 상대를 리드할 수 있는 사람으로 성장하기를 바란다. 처음 만나 우리의 목표를 만들어 보고 행복을 찾아 가자고 했던 에이스 팀의 멘티들도 셀프 리더십을 갖는 것이 숙제이며 과정인 것 같다.

05
자기 경영

지식 사회의 슈퍼 리더십인 셀프 리더십에서 자기 관리는 핵심 요소이다. 지식 근로자가 목표를 달성하고 성과를 내기 위해서는 자기 경영(self-management)이 필요하다. 피터 드러커 박사가 저서『자기경영노트(The effective executive)』에서 언급한 내용들이다. 멘티들에게 이 책을 한 권씩 선물하여, 다음 달 모임에서 읽고 한 단원씩 발표하게 하였다.

드러커 박사는 목표를 달성하는 방법으로 5가지의 자기 관리 방안을 제시하고 있다. '자기 경영'이라고 제목을 정한 것은 앞 장에서도 언급했듯이 경영이란 '일을 잘하는 것'이고, 이 책에서도 일을 잘하는 사람의 자기 관리 방법을 제시하고 있기 때문이다.

자신의 시간을 관리하라

항상 풍족할 것 같은 시간은 빌려 올 수도 없고, 돈을 주고 살 수도 없다. 저장할 수도 없으며 비탄력적이다. 그러나 대체가 불가능한 필수 자원이다. 흘러가는 시간을 관리하는 것은 그래서 중요하다. 같은 한 시간이라도 사용하는 사람마다 많은 차이가 난다. 총 8시간이 소요되는 일도 어떻게 집중하는지, 어떻게 나누어 사용하는지에 따라 3시간만에 이루기도 하고 며칠을 소요하기도 한다. 일을 하다 보면 시간은 항상 부족하다. 시간을 관리해서 사용해야 하는 이유이다.

그래서 우선 실제 사용 시간을 진단해 본다. 자신이 사용한 시간을 기록해 보면 자신이 생각하고 있는 시간 사용 계획이나 추측하고는 큰 차이가 나는 것을 알 수 있다. 실질적으로 자기 자신의 시간이 어디에 쓰이는지 잘 모른다. 나도 이사장(CEO)으로 근무하던 시절 내 시간을 진단해 보았다. 비서의 힘을 빌려 체크해 보았더니 내가 중점적으로 추진한 사람 중심 경영, 고객 관련 업무에 투자하는 시간은 얼마 되지 않고 전화받고, 급한 일 처리하고, 외부 행사에 참가하는 등, 별로 중요하지도 않은 일에 대부분의 시간을 보낸다는 사실을 확인할 수 있었다.

두 번째는 진단한 시간을 가지고 시간 낭비 요인을 제거한다. 시스템 결함으로 생기는 낭비는 과거 불필요한 것들을 버리고 다른 사람에게 위임할 것을 위임함으로써 시간을 줄여 나간다. 인력의 과잉도 시간 낭비의 원인이 된다. 인력이 많으면 인력 자체를 관리하는 불필요한 일이 생기고 불필요한 규제를 해 현장 부서의 일들을 제약한다.

대표적인 예가 공무원의 인력 과잉으로 규제가 많아지는 것이다. 역대 정부가 모두 노력했던 규제 개혁이 성공하지 못하고 오히려 규제가 많아진 것은 공무원의 수가 늘고 있기 때문이다. 공무원은 규제를 위해 필요한 사람이므로 규제를 없애려면 공무원의 수를 줄이면 된다. 재미있는 것은 규제 개혁안을 공무원들이 만든다는 것이다.

회의나 결제 시스템 등 조직 구조상의 결함으로 인해 시간 낭비 요인이 생긴다. 구조적 문제를 체크해 볼 필요가 있다. 정보 기능 장애로 인해 시간을 낭비하는 경우도 많다. 정보 흐름을 관찰할 필요가 있다.

세 번째는 자유 재량 시간을 통합하는 것이다. 자투리 시간을 없애고, 방해받지 않는 몇 시간을 할애한다(90분 단위 추천). 자유 재량 시간을 파악하고, 연속적인 시간을 확보하며, 비생산적 활동 시간을 제거한다. 마감 시간을 정하는 것도 하나의 방법이다.

공헌할 목표에 초점을 맞추어라

조직의 성과를 낼 수 있는 공헌은 스스로 조직의 주인이 되어야 한다. 기대하는 목표 달성에 초점을 맞춘다. 본인은 '스페셜 리스트'인 동시에 '제너럴 리스트'여야 한다. 자기 자신의 전문 분야를 모든 영역의 지식에 연결시킬 수 있는 전문가가 되어야 한다.

조직의 성과를 내기 위해서는 팀워크가 요구되고, 올바른 인간관계가 이루어져야 한다. 최고의 인간관계는 상호 생산적 관계가 되어야 한다. 올바른 인간관계 달성을 위해서는 소통을 확실히 해야 하고, 협동이 이루어지고, 자기 계발과 인재 육성에 최선을 다해야 한다.

자신의 강점을 활용하라

목표를 달성하는 사람들은 자신의 강점을 활용해 생산성을 높인다.

우리는 지금까지 피드백 분석을 통해 본인의 강점을 파악하였고 그 강점에 집중하였다. 약점의 개선보다 강점의 강화에 초점을 맞추었다. 자신의 강점과 함께 상사나 동료, 부하의 강점도 활용하는 것이 좋다. 그리고 계속해서 자신의 강점을 찾고 계발하여야 한다. 이것이 자신의 성장과 조직의 성장을 가져올 수 있다.

중요한 것부터 먼저 하라

긴급한 일보다 중요한 일을 먼저 행하고 한 가지 일에 집중한다. 우선순위를 결정하고 그 순위를 지키는 데 노력한다. 지나간 일은 잊어버리고 미래를 판단 기준으로 선택한다. 문제가 아니라 기회에 초점을 맞춘다. 인기에 편승하거나 남을 의식하지 않고 자신의 독자적 방향을 정해 높은 목표를 지향한다.

성과를 올리는 의사 결정

'오늘'이란 어제 취한 행동과 결정의 결과이고, 내일은 오늘 무엇을 하고 결정하는지에 따라 결정된다. 현재에 집중하고 결정을 미루지 않는다. 결정하지 않는 것은 아무것도 하지 않는 것과 같으며 결정을 할 때는 가능한 많은 의견을 수렴한다. 나쁜 결정보다 하지 않는 결정이 더 나쁘다. 그러나 걱정되고 불안할 경우, 의사 결정을 유예하고 이상이 없다고 판단될 때 결정한다. 만장일치의 의사 결정은 위험이 따른다. 항상 반대 의견을 귀담아듣고 그 이유를 관찰한다.

06
피터 드러커 박사와의 만남

경영자 시절, 사람 중심 경영에 관심을 갖게 된 것은 피터 드러커(Peter Druker) 박사를 알게 되면서부터였다.

2007년에 한국 피터 드러커 소사이어티(PDS, Peter Drucker Society)에서 주관하는 CEO 프로그램 과정을 약 6개월 동안 이수하면서 드러커 박사에 심취하게 되었다. 한국 피터 드러커 소사이어티는 경영의 대부이며 사회 생태학자인 드러커 박사의 뜻과 사상을 세계로 전파하기 위해 만들어진 기구로, 지금도 활발히 활동하고 있다.

피터 드러커 소사이어티의 CEO 프로그램 야간 과정을 공부할 때의 열기를 지금도 생생하게 기억한다. 그룹 회사의 회장님과 중견 기업의 CEO들, 저명한 대학 교수들이 밤늦게까지 열띤 토의와 발표를 하던 모습에서 한국 기업들의 저력을 느낄 수 있었다. 공부할 때 그곳에서 만난 당시 유한킴벌리의 문국현 대표, 풀무원의 남승우 대표, 서울대학교의 조동성 교수, 경희대학교의 장영철 교수 등은 지금도 PDS에서 드러커 박사 사상의 전파와 현장 적용에 심혈을 기울이고 있다. 한국 사회에서 지식 사회의 도래와 사람의 중요성이 대두한 것도 드러커 박사 덕분이다. 그때 읽은 책들에서 드러커 박사의 풍부한 지식과 혜안에 감탄하게 되었다. 드러커 박사는 나의 사람 존중 철학을 갖게 해 준 스승이며, 지금도 나의 옆에는 항상 드러커 박사의 저서들이 있어 그의 생각을 빌리곤 한다.

피터 드러커는 경영의 아버지라 불리고 있다. 경영이란 말을 처음 사용하기도 했지만 경영을 학문적으로나 사회 모든 계층에 접목할 수 있도록 한 위대한 사회학자이기도 하다. 그가 죽은 지 12년이 지났지만 그의 사상을 추모하고 기리는 모임은 전 세계적으로 식을 줄 모르고 있다. 드러크 인스티튜트(Drucker Institute)는 미국 캘리포니아주 클리어몬트의 클리어몬트 대학교(Claremont Graduate University)에 있다. 그리고 피터 드러커 소사이어티는 6대륙 20여 개국에 많은 지부를 두고 있다. 한국에도 2006년 한국 피터 드러커 소사이어티가 발족되어 활동하고 있다. 난 이 모임에 이사로 참여했었다. 피터 드러커 탄생 100주년 기념 국제 심포지엄도 가졌고 매년 심포지엄과 컨퍼런스를 갖는다.

지방 공기업인 공단을 경영할 때 상당 부분에 이분의 사상이 접목되었다. 사람 중심 경영, 공단 명칭 변경, 평생 학습 체제 구축, 지식 근로자의 육성, 지속 가능 경영, 기업의 사회적 책임, 혁신 등이 그것이다. 평생 학습 체제도 큰 힘이 되었지만 드러커 박사를 알고 난 2008년, 회사를 사람 중심 경영의 원년으로 선포하는 계기가 되었고 회사에 HR 부서를 만들고 조직 개편을 단행했다. 이후에도 피터 드러커 소사이어티에서 계속 활동하면서 드러커 박사의 생각들을 경영에 접목하였다.

잠시 경영에서 멀어진 생활을 하면서도 그의 저서들을 가까이하였다. 드러커의 사상을 기반으로 하는 국내외 저서는 수없이 많다. 그만큼 그가 경영계에 미친 영향은 대단하다. 어찌 보면 오래된 선생의 이야기를 멘티들에게 전파하는 것이 '요즘 같은 지식의 수명이 짧은 시대에 적합할까?'라는 생각도 했지만 그렇지 않다는 생각이 앞섰다. 우리 사회는 이제야 그분의 생각을 이해하고 실천하려는 시대인 듯하다. 세상이 바뀌어도 당분간은 변화하지 않을 이론들이기 때문이다. 이 책에서도 드러커 박사의 영향이 녹아 있다.

© https://www.flickr.com/photos/jeffmcneill/5789354451

07
함께 나아가라

- 8차 멘토링

8차 모임은 10월 26일 강남 토즈 2호점에서 오후 4시 30분에 열렸다. 6명의 멘티가 함께했다. 대학 중간고사가 아직 끝나지 않는 영향도 있는 듯했다.

시간 계획

- 16:30 워밍업 〈함께 나아가라〉
- 17:00 11월 멘토링 결산하기 준비 설명, 목표 보드(Objectives board), 행복 지도(Happy mind map) 만들기
- 17:40 책 만들기 방안 논의, 담당 업무 지정, 텀블벅 활용하기, 시간 계획

'함께 나아가라(지혜로운 사람).'

멘토가 전달하는 다섯 번째 메시지이다. 설명이 필요 없이 중요성을 잘 알고 있는 듯하다. 그러나 사회생활을 준비하는 요즘 젊은이들에게 부족한 면이기도 하다. "빨리 가려면 혼자 가고, 오래 가려면 함께 해라."

라는 말이 있다. 밀레니얼 세대(25~35세)와 Z 세대(15세~25세)인 M/Z 세대의 두드러진 특징이 개인 중심적이기 때문이다. 사회에 나가면 조직 생활을 해야 하는 입장에서는 조화로운 협력과 협업에 필요한 기본 소양이 요구된다. 독불장군식인 우월주의를 피하고, 상대에 대한 배려, 경청, 명확한 의사 전달, 공과 사에서 공의 우선, 상생할 수 있는 윈윈(win-win) 자세, 시너지를 가능하게 하는 팀워크 중시가 요구된다. 관계의 패러다임이 변화하는 시대에 맞게 팀워크의 중요성을 인식해야 한다.

오로지 혼자만의 스펙을 쌓기보다 관계의 스토리를 만들 것을 주문했다. 다른 사람들과의 협업과 협력은 다양한 사회에서 윈윈(Win-Win)하기 위해 필요하고 함께하는 것이 훨씬 유리하다.

글로벌 인재에게 요구되는 인재상은 다음과 같다.

① **인성**(일할 수 있게끔 해 주는 실력, 남의 입장에서 볼 수 있는 능력)

② **전문성**(일에 대한 실력)

③ **창의성**(일을 주도할 수 있는 능력)

통상의 면접에서 첫 번째와 두 번째 자질을 기본으로 확인하고, 3번째 능력까지 갖추고 있으면 우수한 인재로 여긴다.

기업에서는 뛰어난 능력을 갖추고 있으나 다른 사람과의 관계에 문제가 있는 사람과 능력은 좀 떨어지더라도 남과의 관계가 좋은 사람 중에 누구를 더 선호할지 명심해야 한다. 결국 내가 가진 능력으로 성과를 만들어 가는 지식도 필요하지만, 남과의 관계 향상을 통하여 더 큰 성과를 내는 지혜로운 사람이 되라는 것이다.

멘토링의 아웃풋(output) 만들기

계획된 멘토링의 마지막 모임인 11월, 9차 모임에 발표할 멘토링의 결과물 준비를 위한 가이드라인이다. 지금까지 에이스 팀은 10개월 동안 함께하며 전략적 사고를 통해 자신의 강점을 확인하고, 셀프 리더십과 자기 관리를 통해 새로운 자신을 계발했다. 이제 각자의 진로를 구체화해 보자. 그리고 인생은 어차피 행복하자고 사는 것이고, 모두 행복을 찾아 가자고 했던 것이니, 지난 기간 동안 배우고 느낀 행복을 가시화하고 문서화해 보는 절차이기도 하다. 대미가 될, 중요한 마지막 절차이다.

① 목표 보드(Objectives board)

자신의 꿈, 비전, 목표, 사명, 소명, 목적의 의미를 포함한다. 자신의 강점을 이용해서 자신의 진로를 그려 본다. 목표는 업무와 일 중심이 되어야 하고 직업이어도 좋다. 시기(단기, 중기, 장기)를 가급적 명기한다.

② 행복 지도(Happy mind map)

행복해지기 위한 방법론을 명기한다. 행복 찾기는 자신만의 방법을 찾는다. 지금까지 강점과 행복했던 시기를 찾은 것을 기초로 자신의 논리적 추이로 만들어 본다. 행복을 찾는 방법은 뒷장에서 언급한 '행복을 찾은 사람들'을 참고했으면 한다. 컬러풀한 비주얼로 각각 한 장으로 자유롭게 도식화한다. 구글이나 네이버, 유튜브를 참고한다.

<함께 나아가라>를 마치고

멘티가 묻고 멘토가 답하기

김경관 멘티

'함께 나아가라.'

기업과 조직, 윈윈(win-win) 관계와 상생, 보완적 관계 등 혼자 나아가는 방법이 아닌 함께 나아가야 한다는 주제로 멘토링을 시작하였다. "빨리 가려면 혼자 가고, 멀리 가려면 함께 가라."라는 유명한 말이 있다. 에이스 팀도 서로에게 기여하는 팀이 되기 위해 즉, 생산적 공헌을 하면서 나아가고 있다고 생각한다.

기업이 보는 세 가지 '1. 인성', '2. 전문적 지식', '3. 주도적으로 추구하는 창의력'을 말씀해 주셨다. 전문적 지식과 창의력은 배움으로 수정, 발전 가능한 능력이지만 인성은 그렇지 않다. "사람은 바꾸는 것이 아니다."라는 말을 들은 적이 있다. 인성은 그런 것이다. 즉, 회사에서 바라봐야 할 것은 그 어느 것보다 사람의 인성이 아닌가 싶다. 이 사람이 우리 회사에 부합하는 인성, 기본적 가치에 충실할 수 있는 사람인가를 봐야 하지 않나 생각한다. 그리고 "현실을 직시하고 회피하지 말라. 끊임없이 시도하고 경험하라."라고 충고해 주셨다.

멘토의 답변

인성에서 가장 중요한 것이 조직에서의 조화입니다. 남과 함께할 수 있고 시너지를 주는 사람이 능력이 우수한 사람보다 더 환영을 받는 이유입니다.

사고의 유연성도 중요한 것 같습니다. 자신의 생각과 다른 것을 틀렸다고 생각하지 않고, 다르다고 인식하고 수용하는 태도를 보이는 것이 중요한 것 같습니다.

유지선 멘티

'함께 나아가라.'라는 주제는 제가 좋아하는 말이고 많이 배워야 하는 부분입니다. 저도 혼자 하는 것보다는 다른 사람들과 같이 일을 하면서 자신을 더 발전해 나갈 수 있다고 생각합니다. 그리고 멘토님께서 해 주신 "계속해서 생각하는 사람과 어디에 두어도 잘 어울릴 수 있는 사람이 되라."라는 말씀은 제가 그동안 부러워하고 되고 싶었던 사람입니다. 그래서 몇몇 모임 스타일에 따라 저의 성격, 생각도 맞추게 되었는데, 이 부분 탓에 나 자신이 여러 가지 가면을 쓴 사람이 된 것 같습니다. 덕분에 갈등, 마찰 이런 문제들은 전혀 없지만 가끔씩 답답할 때가 있습니다. 이 부분은 다들 갖고 있는 고민이겠지만 요즘 계속해서 이렇게 사는 것이 맞는지 의구심이 들고 있습니다.

몇 가지 가면을 쓰고 사는 게 맞을까요?

멘토의 답변

사람은 모두가 가면을 쓰고 살아간다고 해도 과언이 아닙니다. BTS의 〈Fake Love〉와 〈The truth untold〉에서도 노래하고 있습니다. 적절한 가면이 없을 수는 없지만, 가면이 불편한 존재임에는 틀림이 없습니다. 솔직함이 주는 자유와 용기가 필요한 것 같습니다.

가면을 쓰고 살아가다 보면 그 가면 같이 자신이 고착해 지는 경우가 있더라고요. 진실이 아닌 것이 마치 진실인 것처럼 느껴지기도 하지요. 불행한 일입니다. 우리는 행복하려고 살아가는데, 이는 없애 버려야 할 습관들입니다.

자존감을 갖고 자신을 사랑하는 것이 길인 듯합니다.

08
새로운 강점의 계발

상반기의 목표가 피드백 분석을 통한 '자신의 강점 발견'이었다. 자신이 목표한 일에 대한 기대치와 성과를 비교해 보고 자신의 성취감과 수월감을 갖고 한 일들이 자신의 강점이란 사실을 발견하는 과정을 알 수 있었다.

하반기에는 자신의 '강점 플러스', 자신의 새로운 강점들을 찾아보는 것이다. 새로운 강점을 계발하기 위해서는, 우선 자신을 사랑하고 관리할 수 있어야 한다. 셀프 리더십이 요구되는 것이다. 자신을 리드할 수 없으면 한발 앞을 나가기가 어려워진다.

셀프 리더십을 통한 자신의 강점을 계발하는 방법에는 네 가지가 있다.

첫 번째는 경험(시도, 도전)해 보는 것이다. 경험해 보면서 자신의 새로운 가능성을 찾아보는 것이다. 경험해 보지 않고 도전하지 못하면 아무것도 찾을 수 없다. 자신의 강점을 찾지 못해도 자신이 어느 부분에 약점이 있고, 취약한지 알 수 있는 소중한 자산을 얻게 된다. 멘티들에게 도전을 계속 강조하였다. 나와 함께 멘토링을 하는 자격 요건으로 요구한 사항이다. 그리고 다차원적인 삶을 추구해라. 자신의 직장(학교)에만 매몰되지 않고 직무(공부, 전공) 외의 것에도 진지하게 관심을 가져라. 그래서 더 많은 성취를 지향하고 가능성을 확인해라. 이 경우에 피드백 분석을 활용하는 것을 잊지 말아야 한다.

두 번째는 다른 사람의 강점을 활용하는 것이다. 나의 강점, 관심과 능력을 타인과 비교해 주눅이 들지 말고 가능성을 타진해라. 벤치마킹을 활용해라. 창조보다는 모방이 훨씬 유리할 수 있다. 책이나 자료를 활용하는 것이 좋은 방법이다. 또한, 자신의 친구, 동료, 상사, 자원봉사원, 멘토에게서 장점을 찾는 것이다. 장점을 찾아 배우려면 자신에 대해 겸손해야 한다. 그래야 타인의 장점들이 보인다.

세 번째는 갈등하고 있는 대상과 직면하는 것이다. 문제 해결을 통해 배우고 자기의 강점으로 승화해 나가는 것이다. 성공한 사람들의 특징은 문제가 있으면 피해가지 않고 정면으로 받아들인다는 것이다. 현실을 직시하며, 회피하지 않고 정면 돌파한다. 문제 해결 방법을 터득하면서 자신에게 내재된 강점을 찾아 가는 것이다. 보통의 경우 덮고 지나가거나 체념하면서, 직면한 문제를 회피한다. 그러나 하나둘 문제를 해결하다 보면 나름의 패턴이 만들어지고 어려운 문제도 해결이 가능해진다.

마지막으로 자기 성찰을 통한 자기 혁신을 통해 자신을 알아 가는 것이다. 문제를 해결할 때 기본으로 돌아가 인생의 목적과 자신의 가치를 기반으로 '왜 이 일을 하는가?'라고 자신의 내면에게 물어본다. 자기 자신을 찾아 가는 것이 강점이 되는 것이다. 자기의 강점을 잊고 사는 경우가 많기 때문이다.

젊어서는 많은 경험을 시도하고, 많은 사람을 만나고, 많은 정보와 접촉할 기회를 가져라. 우리 멘티들 중에 휴학을 하고 새로운 경험을 하고 싶은 친구들에게 적극적으로 도전하라고 가르쳐 주었다.

실패를 경험하고 시행착오를 겪는 것은 아무것도 하지 않는 것보다 나은 것이다.

09
또 다른 자신의 발견

멘티들 중에 아직 자신의 진로를 정하지 못한 경우가 있다. 대학에서 전공을 공부하면서도 확신이 서지 않는 경우이다. 자신이 무엇을 좋아하고 잘하는지를 모르는 경우이다.

진로는 1차적으로 고등학교에서 이과와 문과를 정할 때 정해진다. 전략적 판단을 할 필요가 있다. 부모와 선생님의 역할이 중요한 시점이다. 통상 수리나 언어 영역의 성적으로 판단하는데, 단기적으로는 좋다. 부모가 자식의 진로를 정할 수 있게 도와주는 것은 부모가 해야 하는 가장 중요한 일 중에 하나이다. 이 책은 진로를 정해야 하는 자식을 가진 분들에게도 도움을 줄 수 있다.

2차적으로 대학에 진학할 때 전공을 선택하면서 진로가 좁혀진다. 전공을 선택하는 시점에는 중, 고등학교 시절 학과목에서 나타나는 특징을 살펴보는 것이 좋다. 자신이 좋아하는 과목의 성적은 좋아진다. 그 과목에서 자신도 모르게 특별히 관심이 가는 분야가 있다. 자신이 모르면 주변의 선생님이나 부모님이 세심한 관찰로 발견할 수 있다. 수월성을 보이고 본인이 찾아서 하는 분야가 자신이 잘할 수 있는 분야가 된다. 잘 살펴보면 보인다. 아무것도 좋아하는 것이 없다거나 우월성이 나타나지 않는 경우가 있다고 하나, 관심을 갖고 보면서 상대적 우위가 되는 부분을 찾으면 된다. 적성 검사나 진로 진단 평가 등도 도움이 된다.

3차적으로 첫 직장을 선택할 때 정해지는데, 대학생들이 고민하는 시점이다. 장기간 직업이 될 가능성이 높다. 멘토의 기준으로 보면 첫 번째에 어떤 직업을 선택하는지가 중요한 것 같다. 첫 직장, 첫 상사(일 하는 방법을 배운다)로 어디를, 누구를 만나는지가 상당히 중요하다. 그래서 멘티들이 지금 고민을 해야 하는 부분이다.

직장 생활을 하면서 진로가 바뀌는 경우도 많다. 자신이 잘하고 좋아한다고 생각하고 선택한 직업이었지만, 다른 일을 해 봄으로써 다른 분야에서 자신의 능력을 확인하고 그 일에서 즐겁고 성과도 나고, 결국 전문가가 되는 경우도 많다. 통계에서도 잘 나타난다. 전공을 살려 직업을 선택하는 경우가 그렇지 않은 경우보다 훨씬 적고, 전공을 활용해 직장을 가도 전공과 관련된 일을 하는 경우는 드물다는 것이다. 사회가 요구하는 일이 대학의 교육과 괴리가 있는 것이 사실이다. 이러한 이유로 대학 교육은 인문학적 소양을 기르고 융·복합적 사고를 할 수 있는 전인적 교육이 되어야 한다.

멘토의 경우를 보면 도움이 될 것 같다.

대학에서 생화학을 전공한 생명 분야 과학자가 되는 게 꿈이었다. 그러다 다국적 제약사에 입사해 연구 분야가 아닌 관리 분야에서 일하게 되었다. 그러던 중에 회사의 신제품 개발 아이디어 공모에서 대상을 받고 신규 사업부로 발령이 났고, 신제품 개발과 마케팅 업무를 하게 되었다. 신제품은 시장의 탑 브랜드가 됐고 대박이 났다. 신제품 발매의 연속 안타로 마케팅 분야에서 유명해졌다. 재미있고 신나게 일을 했다. 나도 몰랐던 나의 새로운 모습을 발견하는 순간들이었다. 생화학자가 소비재 전문 마케터가 된 것이다. 그 다음, 오랜 기간의 민간 기업 생활을 정리하고 공기업 CEO 공모에 도전해 경영자가 되었다. 3년의 임기 동안 많은 성과를 냈다. 대부분 한 번의 임기로 끝나는데, 세 번 연임했다. 지방 공기업이지만 유례가 없는 경우라 했다. 노조에서 연임을 요청할 정도였다. 인생의 황금기를 보냈다. 하루하루가 행복했다. 마케터로서의 강점이 전문 경영인으로 계발된 것이다.

또 다른 경우를 보자.

기업에서 마케팅 부장으로 일할 때 신입 사원으로 입사한 여직원이 있었다. 그녀는 대학과 대학원에서 생물학을 전공한 전도유망한 생물학도였다. 유학을 계획하던 중에 잠시 직장 생활 경험을 해 보고 싶어 지원했다. 경영학 전공자를 원했던 터라 큰 기대 없이 채용하게 되었다. 입사 후 비즈니스나 마케팅 백그라운드가 없어 하드 트레이닝을 시켰다. 당시 합작사인 독일에서 마케팅 전문가가 사무실에 상주하다시피 와 있기도 했다. 그녀는 발군의 실력을 발휘하기 시작했다. 배움이 빠르기도 하지만 마케터로서의 주요 자질인 관련 부서와의 협조를 잘 이끌어 냈다. 그녀도 모르던 그녀의 능력을 발견하는 순간이었다.

3년 정도 일하고 그녀는 한국 P&G로 자리를 옮겨 유명 마케터로 성장했고, P&G 한국 사장을 역임하고 지금은 싱가포르에서 P&G의 아시아 태평양 질레트 브랜드 사장으로 일하고 있다. 대단한 변신이다. 지금도 김주연 사장을 만나면 실험실에서 일하고 있을 자신이 이렇게 된 것이 신기하다고 한다.

멘티들에게 새로운 시도를 해 보라고 하는 이유이기도 하다. 멘토가 진로에 대해 멘토링을 하지만 멘티들의 능력을 알기란 쉽지 않다. 해 보고 시행착오도 겪으면서 자신을 발견하는 경우가 많다. 회사나 조직에서 유능한 상사를 만나는 것이 그래서 중요하다. 자신이 데리고 있는 직원의 능력을 파악해 그가 잘할 수 있는 곳에서 일하게 해 주는 것이 중요하다. 멘티 중에 장점을 발견하고 진로를 조언해 준 친구가 몇 명이 된다. 나에게 강점이 없다고 생각하지 말고 자기 안에 계발되지 않은 능력을 찾고 계발하는 것이 중요하다.

이렇게 할 거야!
: 멘티들의 이야기

박시연

꿈을 이루기 위한 노력

셀프 리더십이라는 주제를 보고 '나는 과연 셀프 리더십을 잘 발휘하고 있는가?'라고 생각해 보았다. 사실 셀프 리더십이라는 단어를 들어본 적은 있으나 정확히 어떤 의미를 지니고 있는지를 몰랐기에 멘토님께서 올려 주신 글이 셀프 리더십을 이해하는 데 큰 도움이 되었다. 셀프 리더십은 자기 스스로 리더가 되어 자기 자신을 이끌어 가는 리더십을 의미한다. 셀프 리더십은 크게 자기 관리, 자기 존중, 그리고 자기 동기 부여가 바탕이 되어야 한다. 기억을 되짚어 보면, 나는 고등학생 때까지는 크게 셀프 리더십을 발휘해야만 했던 일이 없었던 것 같다. 학교에서 제공하는 교육과 활동, 거기에 추가된 학원 수업들까지, 내 고등학생 생활의 대부분을 차지했던 것들은 그저 주어진 대로 열심히 하기만 하면 되는 일이었다. 깊이 생각하고 실행해야 했던 일 또한 많이 없었다. 계획을 세워서 공부를 열심히 하면 그에 대한 성과가 나왔고, 나는 그 성과를 바탕으로 더 좋은 성과를 내기 위해 노력했다. 활동들도 진짜 내가 좋아하는 활동보다는 '어떤 활동이 생활 기록부에 쓰이면 의미가 있을까?'라는 것에 집중했던 것 같다. 고등학교 때는 이처럼 내가 주도적으로 이끌지 못하는 반복되는 생활이 지겨웠다. 그래서 자유를 마음껏 누릴 수 있다고 들어 온 대학교 생활을 언제나 꿈꿔 왔다.

그러나 내게 대학교 생활은 준비되지 않은 상황에서 맞이한 자유였다. 고등학교 때 그렇게 바랐던 자유인데, 막상 내 손에 쥐어지니 이를 어떻게 활용할지가 너무 막막했다. 지금 생각해 보니 대학교 때 드디어 얻게 된 크나큰 자유가 부담으로 다가왔던 이유는 내가 셀프 리더십이 부족했기 때문이 아닐까? 고등학교 때 충분한 셀프 리더십을 쌓지 못한 상태였기 때문에 내 새내기 시절 1학기는 말 그대로 우왕좌왕이었다. 그때는 내가 셀프 리더십을 쌓고 있는 거라고 생각하지 않았지만, 지금 생각해 보니 이러한 문제들을 조금씩 해결하기 위해 나는 내 나름대로 셀프 리더십을 쌓는 길에 들어섰던 것 같다.

내가 첫 번째로 시작한 일은 플래너를 쓰는 것이었다. 하루의 대부분을 같은 반에서 보내는 고등학생과 다르게 대학생은 듣는 수업마다 강의실이 다르다. 또한, 고등학교 때는 인간관계의 대부분이 같은 반 친구들이었으나, 대학교에서는 내가 노력만 한다면 더 많고 다양한 사람을 만날 수 있는 환경이 제공되었다. 다른 사람들과의 만남이 가장 잦았던 3월 초의 대학생 새내기 때에는 내가 갈 수 있는 여러 장소와, 다양한 사람과의 만남을 감당할 수 없었다. 장소도 계속 바뀌고 많은 사람과 약속을 잡다 보니 내가 약속한 일정을 까먹는 일이 많아졌다. 약속을 까

먹는 일이 잦아지자 이대로는 안 되겠다고 생각했다. 내게는 밀려드는 일정을 정리할 수 있는 도구가 필요했다. 요즘은 스마트폰 애플리케이션으로 일정을 정리하는 사람이 많기는 하지만 글씨 쓰는 걸 좋아하는 나는 어플보다는 펜으로 작성하는 플래너를 이용하는 게 편했다. 그래서 바로 대형 서점으로 달려가 내게 맞는 플래너를 찾기 시작했다. 그때 구매했던 플래너를 나는 2년째 사용하고 있다. 일정의 우선순위를 정해서 다른 색상의 펜으로 시각화하기도 하고, 매달 혹은 매주 반드시 해야 하는 일은 옆에 적어서 까먹지 않게 노력하곤 한다. 이게 습관이 되자 나는 이제 이 플래너에 일정을 적고 그에 맞춰 생활하는 게 정말 익숙해졌다. 덕분에 내 모든 일정을 내 컨트롤하에 둘 수 있게 되었고, 자연스럽게 나의 시간을 온전히 나의 것으로 활용하게 된 것 같다. 나는 이렇듯 플래너를 통해 자기 관리를 조금씩 하게 되었다.

그 다음으로 한 일은 내가 관심을 가지고 있는 활동에 무작정 참여해 본 것이다. 나는 내가 내는 성과로부터 동기 부여를 받는 편이다. 그리고 내가 행복하고 즐거운 일을 하면서 자부심을 얻곤 한다. 동아리의 대부분이 학술 동아리였던 고등학교 때와 달리 대학교에는 정말 생각지도 못했던 분야의 동아리들이 많았다. 그렇기에 원한다면 여러 분야의 활동을 해 볼 수 있었다. 그런데 대학교 1학년 1학기 때는 뭐가 그렇게 걱정이었는지 대학교에서 제공하는 활동에 많이 참여하지 않았다. '기왕 하는 활동인데 시간, 체력, 능력, 그리고 사람들이 다 완벽했으면 좋겠다.'라는 생각 때문이었던 것 같다. 이대로 가면 졸업할 때까지 어떤 활동도 하지 못하고 졸업할 것 같다는 걱정이 문득 들었다. 그 후로는 내가 조금이라도 관심이 있으면 참여하려고 노력했다. 그림 그리기를 좋아해 미술 동아리에 가입해 활동했고, 기획에 관심을 가지고 행사 기획을 하는 기획단에 지원하여 활동해 보기도 했다. 마케팅을 경험해 보고 싶다는 생각에 마케팅 연합 동아리에 가입했고, 지금도 열심히 활동 중이다. 아르바이트도 학원, 스터디 센터 등에서 하기 시작했고, 여름 방학 때는 멘토링 캠프도 다녀오는 등 교육 관련 활동들도 많이 하게 되었다. 이 책을 쓰게 된 이유인 한국장학재단 사회리더 멘토링도 내가 도전한 활동 중 하나이다. 활동을 많이 하다 보니 자연스럽게 나에 대해서도 더 잘 알게 되었다. 내가 여러 활동들에 주저하지 않고 도전한 덕분에 나는 내가 어떤 걸 잘하는지, 어떤 일을 할 때 행복한지에 대해서 파악하게 되었고, 이는 자연스럽게 자기 동기 부여와 자기 존중으로 이어졌다.

최근에 내가 발휘한 셀프 리더십은 바로 중도 휴학을 선택한 일이다. 개강 후 3주간 학교를 다니며 '아, 이렇게 학교를 다니면 등록금이 너무 아깝겠다.'라고 생각했다. '톡톡 튀는 아이디어로 새로운 걸 기획하는 사람'이 되고는 싶지만 새로운 게 어떤 게 될지를 결정하지는 못했다. 그런데 나는 관심 분야가 매우 넓었다. 그래서 '지금 정하지 않으면 3학년, 그리고 4학년이 될 때까지 방황할 것 같다.'라는 생각에 고민 없이 휴학 버튼을 눌렀다. 지금 나는 관심 분야가 굉장히 넓다. 〈스윙키즈〉라는 영화를 본 후에는 춤을 통해 이념의 갈등을 이겨 내고자 한 영화의 메시지를 포스터를 통해 드러낸 게 멋있어서 포스터를 제작하는 사람이 되고 싶기도 했고, 대형 서점에서 책의 느낌과 메시지를 잘 담고 있는 책의 표지를 보고 사람들이 구입하는 걸 보고 책 표지 디자인을 하고 싶다는 생각을 했다. 행사 혹은 대회의 홍보 포스터 디자인을 통해 참여를 이끌어 내는 사람이 되고도 싶고, 그런 행사를 직접 기획하는 사람으로 성장하고 싶기도 하다. 자기 존중과 자기 동기 부여를 위해서는 이러한 관심사를 조금 좁힐 필요가 있다고 생각했다. 다방면에 걸쳐 있는 내 관심사들을 더 명확하고 구체적으로 만들 필요가 있는 것 같았다. 아직 내 휴학 생활은 현재 진행형이지만, 내가 지금까지 쌓아 온 셀프 리더십을 바탕으로 성공적으로 끝마칠 수 있으리라 믿는다.

나의 길을 찾다
– 셀프 리더십

어떤 모임이든지 사람이 여러 명 모이면 그 안에서 모임을 대표하는 사람이 있기 마련이다. 구체적으로 '장'이라는 이름으로 부르지 않더라도, 그 모임 안의 사람들에게 의견을 묻고, 수합하여 다음 방향으로 나아가는 역할을 해 주는 사람이 있다. 개개인 모두가 리더인 것 같이 행동하는 방향을 추구하는 곳도 있다지만, 아직까지 흔한 일은 아닌 것 같다. 다시 말해, 모임 안에 리더 같은 존재가 한 명 이상은 있지만, 모두가 리더인 것은 아니다. 리더로서 주목받는 것을 좋아하지 않는 성격인 사람도 있을 것이고, 막중한 책임감을 부담스러워하는 성격의 사람도 있을 것이다. 나도 열정적으로 나서서 '리더' 역할을 맡는 성격은 아니다. 하지만, '리더'가 꼭 되어야만 하는 경우가 있다.

예를 들어, 내 인생에서 나는 '리더' 역할을 피할 수 없다. 내 삶의 리더여야 한다. 그렇지만, 리더는 되고 싶다고 한순간에 되는 것이 아니다. 꾸준한 노력이 필요하고, 쉽지 않은 길이다.

멘토님이 말씀하신 셀프 리더십의 세 가지 주요 항목은 자기 관리, 자기 존중, 자기 동기 부여이다.

자기 관리를 실천하기 전에 지금 내가 나의 삶에 얼마나 지배적인지에 대해 알아볼 필요가 있다. 생각해 보면, 나는 미리 정해진 계획보다는 그 날의 상황, 기분에 따라 일을 변경하는 경우가 많았다. 수학을 공부하려 하다가도 오늘은 수학 문제를 풀 기분이 아니니 국어를 풀게 되는 것처럼 말이다. 즉, 미리 세워 놓은 계획이 당일에 달라지는 경우가 생겼다. 또한, 인생에서 내 결정이 주가 되지 않은 경우도 있었다. 부모님의 조언, 주변에서의 걱정 등은 내가 가려고 했던 방향이 아닌 다른 곳으로 향하게 만들기도 하였다. 즉, 기분에 따라서, 상황에 따라서 내 결정은 바뀌었고 때로 내 삶은 내 생각과는 다르게 흘러갔다. 자기 관리의 첫 걸음은 이를 해결하는 것이다.

인생은 항상 예상한 대로만 흘러가지 않는다. 오히려 예상한 대로 흘러가는 그 날이 특별한 날이 될 것이다. 그래서 계획을 세우고, 이를 꾸준히 지키는 것이 가지는 의미는 크다. 계획을 세우는 데 있어 누가 봐도 지킬 수 없을 정도로 과한 계획을 세우는 것은 지키지 못할 약속을 하는 것이다. 작은 계획을 세우더라도 매일 지킬 수 있는 계획을 세워야 한다. 그러면서도 너무 쉽지 않은 계획을 세워야 하는데, 이는 나의 역량을 얼마나 파악하고 있는지가 관건이 될 것이다. 지킬 수 있는 계획을 세우고, 어떤 일이 있더라도 지키는 것이 자기 관리를 위한 첫 걸음이다.

많은 고민을 통해 스스로 내린 결정은 주변이 원하는 방향과 다르더라도 바꾸지 않는다. 여기서 중요한 점은 '많은 고민'이다. 충동적으로 내린 결정은 한낱 객기와 다르지 않다. 수없는 고민을 통해 내린 결정을 따르는 것은 훗날 뒤돌아봤을 때, 후회를 줄일 수 있을 것이다. 많은 고민을 통해 자신의 삶을 결정해야 한다.

자기 존중은 자신을 사랑하는 것부터 시작한다. 자신을 사랑하는 방법은 1장에서 이미 이야기한 바가 있으니 넘어간다. 사랑하는 것의 연장선은 자존감을 높이는 것이다. 자존감은 외적으로나 내적으로나 아주 중요한 문제라 생각한다. 자존감이 낮다면 내적으로는 자신을 낮게 평가하고 믿어 줄 수 없을 것이며, 외적으로는 세상을 긍정적으로 바라보기 어려워지며, 그 결과 비관적으로 다른 사람을 대하게 될 것이다.

나도 긴 시간 동안 시험을 준비하면서 자존감이 극도로 낮아진 때가 있었다. 스스로도 매번 '이번에는 저번의 결과와 다르겠다.'라는 기대를 갖다가 좌절을 여러 번 겪은 상태였고, 주변에서 하는 말은 "힘내라.", "기대한다.", "그만하고 이제 끝내라." 등이었다. 스스로가 한심스러웠고, 주변에서 그런 말을 들을 때마다 도망가고 싶어 하는 나 자신이 보였다. 타인이 건네는 격려를 듣지 못하고, 오히려 상황을 부정적으로만 받아들이는 나 자신을 발견할 때마다 스스로가 더 싫어졌다. 그래서 시험이 끝나기 전까지 대부분 학원과 집만 오가기를 반복하면서 사람들과의 대화는 최대한 피하며 시간을 보냈다. 시험이 끝났다고 해서 하루아침에 내가 달라진 것은 아니었다. 오히려 다른 사람과 비교하며 더 땅굴을 팠던 것도 같다.

사람은 대체로 누군가를 믿을 때 근거가 필요하다. 그것은 나 자신을 믿을 때도 다르지 않다. 그래서 내가 나를 믿을 수 있도록 여러 경험을 통해 성취감을 맛보려고 노력했다. 물론, 실패가 없었던 것은 아니다. 하지만, 그럴 때마다 더 많은 도전을 시도했고, 실패가 신경 쓰이지 않을 만큼 바쁘게 살아가며 맡은 일들을 해냈다. 지금도 자존감을 높이기 위해 많은 시도를 하고 있고, 이러한 노력들은 내가 자존감을 높이는 데 많은 도움을 줄 것이라고 생각한다. 작든 크든 많은 시도를 통해 성취감을 경험해야 한다.

마지막은 자기 동기 부여이다. 이는 자신의 결정이 삶에 반영되지 않는다면 필연적으로 만나게 될 문제이다. 내가 원하는 방향이 아닌 타인이 원하는 방향대로 사는 삶은 망망대해에서 지도를 잃은 배와 같다. 지도를 찾고, 키를 잡기 위해서는 인생에서의 가장 중요한 순간의 결정은 본인이 해야 한다. 그래야만 그에 따른 결과도 받아들일 수 있다. 자기 주도적 삶을 살겠다는 것은 자기 동기 부여를 위한 출발선에 서는 것이다.

삶의 방향을 찾았다면, 이제는 그 방향으로 나아가기 위해 노력할 차례이다. 어떤 목표를 이루기 위해서 꾸준히 노력하면 어떤 목표든 이룰 수 있다. 하지만, 목표를 세우는 것과 실천하는 것은 또 다른 일이다. 전교 1등을 하고 싶다면, 교과서를 세 번 이상 정독하고 문제집을 2권 정도 푸는 노력을 하면 된다. 이처럼 말은 누구나 쉽게 뱉을 수 있다. 목표를 세우는 건 어렵지 않다. 그러나 목표를 세우고 방향을 잡았더라도, 가는 길이 험난하다고 스스로 합리화하며 포기해 버리면 내가 이루고자 하는 목표를 달성할 수 없다. 목표를 이룰 수 있도록 도와주는 것이 동기 부여이다. '나는 할 수 있다.'라고 목표를 향해 가는 도중에 끊임없이 되새겨야 한다. 그리고 '왜' 해야 하는지 계속 스스로에게 물어야 한다. 그 질문은 내가 목표를 이루는 데 큰 공헌을 할 것이다. 출발선에 서기 위해 노력하며 또한 자기 동기 부여를 위해 노력한 사람은 그 질문에 대한 답을 쉽게 찾을 수 있을 것이다. 스스로에게 '왜' 해야 하는지 끊임없이 물어보아야 한다.

리더의 자질

목표를 가지고 움직이는 자와 목표 없이 움직이는 자는 성공률에서 확실한 차이를 보일 것이다. 목표가 있는 사람은 목표 달성을 위해 끊임없이 노력하고 발전한다. 조직도 마찬가지다. 조직은 목표를 구체화할 때 더욱 견고해진다.

조직에는 리더가 존재하기 마련이다. 그리고 리더십이 조직에 미치는 영향은 상당할 것이다. 조직을 운영하는 데 있어 리더가 가져야 할 자질이 무엇이라고 생각하는가? 리더에게 요구되는 자질은 여러 가지가 있겠지만 나는 그중 다음 세 가지를 강조하고 싶다. 첫 번째, 조직의 목표를 구체화하고 조직의 목표 달성을 위해 팀을 이끌 수 있는 리더. 두 번째, 소통을 통해 의견을 공유하는 리더. 세 번째, 팀원을 믿고 전적으로 권한을 위임할 수 있는 리더.

1. 조직의 목표를 구체화하고 목표 달성을 위해 팀을 이끌 수 있는 리더

조직은 목표를 달성해야 하고 리더는 조직이 효율적으로 결과를 달성하도록 만들어야 한다. 효율적이라는 것은 한정된 시간과 자원을 잘 활용하여 달성한 최고의 성과를 말한다. 이 덕목에서 리더가 갖추어야 할 자질은 말 그대로 리더십이다. 리더는 자신의 일에만 몰두하는 것이 아니라, 팀원들이 처한 상황을 파악해야 한다. 그리고 조직 내에서 일어나는 다양한 사건이 자신과 관련이 있다고 생각해야 한다. 그래서 리더는 문제 해결을 위해 자신을 희생할 줄 아는 사람이어야 한다. 어떠한 일에도 대처하여 팀을 이끌 수 있고 일을 함에 있어 책임을 질 수 있는 사람이 바로 리더이다.

2. 소통을 통해 의견을 공유하는 리더

이 덕목에서 리더가 갖추어야 할 자질은 신뢰이다. 리더는 팀원들에 대한 신뢰감을 바탕으로 소통을 진행해야 한다. 조선의 임금 세종도 "맡겼으면 의심하지 말고, 의심하면 맡기지 말아야 한다."라고 하였다. 리더는 팀원들에게 업무를 맡겼으면 의심하지 말아야 하며, 팀원들의 능력을 믿고 상호간의 소통을 통해 업무를 완성시켜야 한다. 개인에 비해 조직은 소통할 수 있다는 점이 가장 큰 강점이 아닌가 싶다.

3. 팀원을 믿고 전적으로 권한을 위임할 수 있는 리더(+포용적인 리더십)

권한의 위임이 확실한 조직은 조직 내에 책임을 분명히 할 수 있다. 또한 권한 위임은 조직에 발생하는 문제를 정확히 파악하고 분석하게 해준다. 예를 들면 프로젝트를 진행하는 데 있어 하나의 조직에 기획에서 실행까지 전반적인 업무를 모두 맡기는 것이다. 이렇게 하면 문제 파악은 물론 조직 구성원들이 책임감을 갖게 하는 데 도움이 될 것이다. 그리고 권한을 위임함과 동시에 리더는 구성원을 포용할 능력을 갖춰야 한다. 포용할 능력이란 구성원의 실패를 용인하는 것을 말한다. 리더가 실패를 용인하고 다시 기회를 줄 때, 조직은 다양한 시도를 할 수 있게 된다. 그리고 이는 조직의 혁신으로 이어질 것이라고 생각한다. 이스라엘이 스타트업의 강자로 떠오를 수 있었던 것도 실수와 실패를 용인하고 끊임없는 도전을 장려했기에 가능한 결과물이라고 한다.

위에서 언급한 세 가지 역량을 가진 리더가 팀을 이끈다면 여러 가지 이점이 있겠지만 그중 조직이 처한 어려운 상황을 해결하는 데 있어 보다 효율적일 것이라는 점은 확실하다. 문제가 단지 조직 상부만의 고민으로 멈추지 않고 모든 구성원들의 고민으로 이어져 문제를 보다 다각적인 시각에서, 효율적으로 해결할 수 있을 것이다. 그리고 이와 같은 리더의 역량은 조직 내에 혁신을 반복할 수 있는 환경(상향식 시스템)을 마련할 수 있다. 혁신은 목표를 달성하기 위해 어떤 것이 필요할지 생각하는 과정에서 발생하기 때문이다.

나의 꿈은

멘토링 모임을 가지면서 10년, 20년 후 나의 목표를 적는 질문이 있었다. 책상에 앉아 곰곰이 고민을 했지만, 나는 그에 대한 답을 쉽게 적지 못했다. 그 이유는 유치원 때부터 초, 중, 고등학생 때까지 매해마다 10년, 20년 후 나의 미래를 적는 것을 해왔지만 그때 적었던 목표들은 지금까지 하나도 맞았던 적이 없기 때문이다. 유치원 때 나의 꿈은 지구 정복이었고, 초등학교 때는 의사, 중학교 때는 컴퓨터 프로그래머 등 나의 목표는 항상 바뀌었다. 그래서 10년, 20년 후 미래는 감히 상상하지도 못할 정도가 되었다. 꿈에 진정성이 없었던 것은 아니다. 적었을 당시에는 가슴이 뜨겁게 타오를 정도였다. 그렇다면 왜 바뀌었을까? 스스로 성장하면서 생각이 바뀌기도 했을뿐더러, 이 세상은 항상 도저히 예측 불가능한 변수가 많기 때문이다. 그렇기 때문에 워크시트에 10년, 20년 후의 미래를 적는 것은 나에게 있어서 의미가 없는 것처럼 보였다.

10년, 20년 후의 목표라고 하면 나에게 있어서는 '꿈'이라는 단어의 뉘앙스가 컸던 것 같다. 길거리를 지나다니다 대학생들에게 "꿈이 뭐예요?"라고 질문했을 때 과연 몇이나 자기의 꿈을 당당하게 말할 수 있을까? 아마 대부분이 답변을 하지 못할 거라고 생각한다. 적어도 내 주변 지인들 중에는 꿈을 당당히 말할 수 있는 사람이 거의 없기 때문이다. 반대로, 꿈이 뭐냐는 말보다 "현재 목표가 뭐예요?"라고 질문한다면 여기에는 답변을 할 수 있는 사람이 많을 거라는 생각이 든다. 그 이유는 꿈이라는 것은 조금 더 방대하고 커 보이며 먼 미래의 나의 모습을 생각해 보라는 뉘앙스가 강하고, 목표라고 하면 당장 오늘 저녁밥으로 돈까스를 먹는 사소한 것도 목표가 될 수 있는, 짧은 순간의 뉘앙스가 조금 더 강한 것처럼 보이기 때문이다. "제 꿈은 오늘 저녁으로 돈까스를 먹는 거예요."라는 말은 살짝 어색하지 않은가?

아무튼 방대한 10년, 20년 후의 목표는 현재 나에게는 없다. 감히 상상할 수 없다. 취업을 해서 10년, 20년 후에 무슨 일이 있을지 어떻게 알 수 있겠는가. 그렇다면 나는 꿈이 없는 건가? 아니다. 나는 꿈이 정말 많다. 사실 나는 꿈을 다른 의미로 정의하고 있다. 꿈을 '현재 나를 움직이는 원동력'이라고 정의하고 있다. 영어를 잘하는 사람이 되고 싶고, 배낭 하나로 세계 곳곳을 여행 다니고 싶으며, 버스킹을 해 보고 싶은 등 하고 싶은 꿈이 정말 많다. 단순한 소망이 아니라, 현재 꿈을 이루기 위해 노력 중이기도 하다. 얼마 전에는 버스킹을 했으며, 인턴 업무 퇴근 후에 매일 지친 몸을 이끌고 영어 회화 학원을 다니는 중이다. 즉, 내 먼 미래의 모습을 생각하며 달려가는 것이 아니라, 나는 현재 내가 행복해질 수 있는 것들로 내 발 한 걸음, 한 걸음에 집중한다는 것이다. 얼마

전에 재밌는 글귀를 본 적이 있었다. 한 주를 보내고 주말에 친구들과 술자리를 가지게 되었는데, 그 술집 화장실이 살짝 독특했다. 벽 쪽에는 펜과 메모지가 구비되어 있었고, 벽은 글귀가 적혀 있는 알록달록한 메모지로 가득했다. 그 중 이런 문구를 보게 되었다.

'우리는 행복해야 한다는 생각 때문에 행복하지 않은 게 아닐까?'

사람들은 '행복해지고 싶다.'라는 목표 속에서 살아간다. 행복해지기 위해서 현대 사회는 우리 모두에게 꿈을 가져야 한다고 강조하는 것 같다. 그렇기 때문에 우리들은 열정에서 우러나온 꿈이 아니라 어떻게든 가져야 한다는 억지 속에서 꿈을 창조하는 것 같다. 그리고 지금 자신을 움직이는 원동력이 무엇인지도 모른 채 행복해하지 않는 것 같다. 물론 꿈을 향해 달려 나가는 그 여정은 힘들고, 고달프고, 외로울 수 있다. 항상 행복할 수만은 없다. 하지만 한 번쯤은 자신의 꿈을 뒤돌아봐야 한다고 생각한다. 이게 정말 내가 원하는 게 맞는지.

그렇다고 내가 먼 미래의 내 모습을 전혀 그리지 않고 막무가내로 원하는 것만 하면서 살아가는 것은 아니다. 멘토님께서 주신 10년, 20년 후 목표의 의미를 좀 더 깊게 곱씹어 보았다. 그러다 문득 '굳이 유형적인 모습만이 될 필요는 없지 않은가?'라고 생각했다. 물론 사람이 전진하는데 땅 밑만 바라보며 내 한 걸음에만 신경 쓰면서 걷다 보면 앞을 못 보고 '쿵' 부딪칠 것이다. 그래서 나는 먼 곳에 '가치관'이라는 못을 박고 밧줄을 걸어 내 몸과 연결하기로 했다. 즉, 먼 미래를 바라보면서, 살아가는 데 어떤 가치관을 갖고 살아야겠다는 기준이 생긴 것이다. 삶에 내 기준이 생기다 보니 살아가는 데 있어 갈림길에서 올바른 선택을 할 수 있게 도와주었다. 그리고 마침내 '10년, 20년 후의 목표는 무엇인가?'라는 질문에 대한 답변을 적을 수 있었다.

'내가 가지고 있는 것들을 타인에게 베푸는 삶을 사는 것.'

'땅이 꺼지든 코앞이 막혀 있든, 목적지에 도달하기 위해 그저 앞만 보고 전진한다면 도달하기 위한 순간순간이 행복할까?'라는 생각이 든다. 인생은 여정인 만큼, 우리 모두가 자신을 움직이는 원동력을 깨닫고 현재에 집중한다면 한층 더 행복한 삶을 살 수 있지 않을까?

어렵지 않은 도전

'도전을 해 본 적이 있는가?' 생각해 보자. 도전이라고 하면 지금까지 두렵거나 힘들어 못하고 있는 것에 부딪쳐 보는 것을 도전이라고 생각했기 때문에 나는 도전해 본 기억이 거의 없는 것 같다. 도전을 해 보려고 해도 실패했던 나 자신이 생각났고, 생겨날 일에 대한 걱정이 나를 멈추게 만들었다. 하지만 전화번호 외우기도 도전이 될 수 있다. 도전은 어려운 것이 아니며 평소에 생각하고 있는 것에서 시작하여 변화를 만들어 나가면 되는 것이었다.

'TED(다양한 분야와 관련된 강연회)' 강연 중 <30일 동안 새로운 것 도전하기>를 본 적이 있다. 자신이 해 보고 싶었던 것을 계획을 세워 30일이라는 기간 동안 실천해 보는 것이다. 강연에서 설명한 긍정적인 효과는 한 달 동안 목표를 이룸으로써 도전을 즐기게 된다는 것이다. 도전의 즐거움을 느끼게 되어 계속해서 새로운 것을 해 보고 자신을 더 나은 모습으로 변화해 나가는 것이 습관화된다고 한다. 그래서 나도 이러한 도전을 해 보기로 했다.

나는 '하루에 10,000보 이상 걷기'를 나의 도전으로 정하였다. 처음 도전을 시작할 때 10,000보는 얼마나 걸어야 하는지 가늠이 안 됐으며, 만만하게 봤다. 그래서 걸음 수를 확인하기 위해 항상 들고 다니는 휴대 전화에 만보기 어플을 설치하고 평소와 같이 일과를 마쳤다. 집에 들어와 확인해 보니 만보기에 나타난 수는 약 6,000보 정도 되었다. 많이 걸은 것 같았는데 10,000보에는 많이 부족한 걸음이었다. 그래서 10,000보를 채우기 위해 항상 다니던 길이 아닌 다른 길로 돌아서 가는 등 좀 더 걸을 수 있는 길을 찾아다녔다. 그리고 주말, 쉬는 날 같은 경우에는 보통은 집에서 쉴 때가 더 많았는데, 이 도전을 하고 나서는 밖에 나가 산책하는 등 일이 있든 없든 밖으로 나갔다. 그렇게 30일이라는 기간 동안 10,000보 이상 걷기 도전에 성공하였다. 걷는 것을 좋아하지 않았지만 도전을 하고 나니 산책하면서 '힐링'이 되었고, 주변을 살피는 여유도 생겼다. 또한, 걷는 것이 건전한 스트레스 해소 방법 중 하나가 되었다.

만약 30일이라는 기간이 길고 채우기 힘들다면 7일, 15일, 30일 이렇게 점차 늘려 가는 방식도 좋다고 생각한다. 중요한 것은 생각에서 멈추는 것이 아니라 실천하는 것이다. 이외에도 '휴대 전화 사용 시간 줄이기 30일(하루에 5시간 이내)', '운동 일주일에 5번 하기' 등 건강한 삶을 위해 30일 목표를 계속해서 세워 나가며 실천하는 중이다. 30일 목표라고 해도 자신에게 잘 맞는다면 그것을 유지하고 또 다른 목표를 세워 나가서 좋은 방향의 효과를 얻을 수 있다고 생각한다. 나는 앞으로도 계속해서 새로운 목표를 세우며 하나씩 이뤄 나가는 재미를 즐길 것이다.

내게 이런 게 있었어?

모두 각자 갖고 있는 성격, 능력, 조건이 있다. 그중에 자신이 알고 있는 것도 있지만 모르고 있는 것도 많이 있다. 그것들을 알기 위한 많은 심리 검사, 능력 검사 등 여러 가지 활동을 통해 조금씩 찾아 갈 수 있다. 그러나 학교, 사설 기관에서 하는 MBTI를 비롯한 많은 검사는 나를 파악하는 데 도움을 줄 수 있지만, 이런 검사들이 항상 맞다고 볼 수는 없다. 검사할 때 문항에 있어 자신도 모르게 좋은 방향으로 응답했을 수도 있고, 시간이 흐르면서 주변 환경에 따라 특성이 변할 수도 있기 때문이다. 그래서 자기 자신에 대해 알고 있는 것보다는 모르고 있는 것이 많다고 생각한다.

나 역시 그랬다. 나를 모른다는 것은 내가 진로에 대해 고민하고 걱정할 때 가장 힘든 부분이었다. 그래서 나는 1장에서 말했듯이 이런 답답함을 없애고 싶기에 멘토링을 지원한 것이다. 멘토링 중 <피터 드러커 박사와의 만남>이라는 활동으로 피터 드러커 『자기경영노트』라는 책을 읽어 보았다. 책에서 나는 '강점을 활용하는 방법'이란 부분을 발표하게 되었다. 그래서 다른 내용보다 더 많이 기억이 나는데, 가장 기억에 남는 부분은 "약점을 보완하기보다는 강점을 키워라."라는 내용이었다. 강점이 무엇인지 그것을 어떻게 사용할 수 있을지에 대해 말이다. 이 계기로 나의 강점이 무엇인지 깊게 생각해 보는 시간을 갖게 되었다.

위 활동을 하기 전에도 나는 다양한 경험을 해 보기 위해 방학 동안 못 해 봤던 일들을 해 보기로 했다. 일과 돈에 대한 생각이 편하게 잡혀 있었기에 힘든 공장에서 일해 보는 것이 첫 번째였다. 공장에서의 일은 생각보다 훨씬 힘들었고 금방 지쳤다. 업무는 좌식 근무, 입식 근무로 나뉘고 단순 반복 조립, 포장, 적재, 재고 파악 등이 하는 일이었다. 몸을 움직여 일하는 것은 피곤하지만 지루하지 않고 재미있게 할 수 있었다. 하지만 한 곳만 바라보고 기계처럼 단순 조립을 반복해서 할 때는 정신적으로 너무 힘들었다. 처음에는 손으로 직접 무엇을 만든다는 것이 재밌었지만 딱 거기까지였다. 시간이 지날수록 흥미는 떨어지고 정신은 멍해졌다. 잠깐이지만 공장에서 일을 해 보니 내가 잘할 수 있는 일과 어려워하는 일이 무엇인지를 알게 되었다. 그 전에도 몇몇 아르바이트를 해 봤지만 육체적, 정신적으로 가장 힘들었던 일로 기억하기 때문에 인생에 있어 또 하나의 자극제가 된 경험이었다. 방학 기간 동안 멘토링, 아르바이트, 여행을 통해 나는 전보다 내가 어떤 사람인지 잘 알게 되었다. 이제는 "너는 장점, 강점이 뭐야?"라는 질문에 "나의 장점은 사람들의 이야기를 잘 들어 주는 거야. 강점은 적응을 잘해. 기술적인 부분의 습득이 빨라."라는 답을 할 수 있게 되었다. 물론 장점, 강점 이외에도 약점, 단점도 많이 알게 되었다. 나를 알아 갈수록 부족한 점, 꼭 고쳐야 할 점 등을 많이 느끼고 있다. 하지만 약점을 보완하기보다는 강점을 찾아 역량을 키워 나가는 것이 더욱 중요하다는 것을 알게 되었고, 앞으로 더 많은 나의 장점, 강점을 찾아 그것을 더 즐기는 사람이 될 것이다.

리더십 콘서트, 특별 활동

리더십 콘서트가 진행되었다. 이번 멘토링에서는 다른 팀들의 현재 진행 사항을 볼 수 있었다. 많은 팀의 열심히 활동하는 모습과 그것을 위해 힘써 주고 있는 한국장학재단 측의 노력은 팀워크를 도모하기 위한 초심 워밍업 계기가 되었다. 오프닝 영상에는 우리 멘토님과 내가 인터뷰하는 장면이 나왔다. 아마 '우리가 열심히 하고 있다.'라는 뜻인 것 같다. 굉장히 뿌듯했다. 이번 리더십 콘서트에서는 유익한 강연, 마술 쇼와 힘 있는 음악도 들으며 문화생활을 즐길 수 있었다. 마지막엔 코스 요리를 먹었는데, 멘토님께서 '좌빵우물'을 알려 주셨다. 좌측에 빵, 우측에 물 잔이 있어야 한다는 것이다. 이에 더불어 테이블 매너와 레스토랑, 코스 요리 예절에 대해서 재미있게 배우기도 하였다. 유익하고 행복한 저녁 식사를 즐겼다.

이번 멘토링을 통해 배운 점은 우리 팀뿐만 아니라, 다른 팀들도 모두 바쁘게, 그리고 전략적으로 노력하며 활동을 하고 있다는 것이었다. 이때 팀워크가 매우 중요하다고 느꼈다.

팀워크를 도모하기 위해서는 역시 MT만한 것이 없다. 우리는 리더십 콘서트가 끝나자마자 멘토님 차와 팀장님 차에 나누어 탑승하여 을왕리로 떠났다. 멘토님과 함께 처음으로 서울 모임 장소가 아닌 곳에서 멘토링을 진행해 보았다. 멘토님과 함께 일산 킨텍스에서 인천 을왕리까지 함께 가며, 예쁜 노을도 보고 많은 대화를 나누었다. 요즘 고민하는 진로나 자격증 등 세부적인 여름 방학 플랜과 현재까지 달성 정도를 고려하며 나를 돌아보는 시간이었다.

인천에 도착한 후에 다 같이 조개구이를 먹고, 해변가도 걸으며 불꽃놀이를 하였다. 또한 숙소에서는 가족처럼 편한 분위기에서 팀의 화합을 다지며 중간 점검과 앞으로의 목표에 대해서 함께 이야기 나누는 시간을 가졌다. 그리고 책 출간 계획에 대한 의견을 다 함께 자유롭게 표출하기도 하였다. 멘토님께서는 열심히 활동하는 멘티들의 모습을 보고 피터 드러커의 『자기경영노트』 책을 선물해 주셨다.

보통 우리 팀은 정기 모임이 끝나면 함께 점심을 먹으며 그날 멘토님의 수업을 듣고 느낀 점이나 자신의 고민 등 자유롭게 이야기 나누곤 한다. 나는 이때 나누는 대화를 통해 멘티들의 가치관은 물론, 자신의 진로에 대해 전략적으로 생각하며 행복한 삶을 살고 있다는 것을 알고 있었다. 하지만 24시간이 넘는 시간 동안 함께 있던 적은 없었기에, 이번 MT를 통해 팀의 유대가 조금 더 깊어질 수 있었다. 맛있는 것도 먹고 즐거운 시간을 보내며 끈끈한 화합을 다졌다. 한순간도 빠짐없이 유익한 시간이었다.

자기 경영

경영학도인 나에게 경영이란 기능 영역별로(마케팅, 생산, 인사/조직, 회계/재무, 경영/관리) 나눌 수 있는 것이었다. 또한, 경영을 잘하기 위해 경영자들은 수백, 수천 가지의 기법을 사용하여 경쟁 우위를 달성하기 위해 노력하며, 다른 사람이 관찰할 수 없는 세세한 부분까지 분석을 하는 것이라고 정의하였다. 따라서 이번 모임의 주제인 '자기 경영'이라는 단어를 들었을 때, '나 자신을 경영한다는 단어도 있구나.'라는 깨달음과, '분석한다.'라는 말에서 더 깊게 들어간다는 사실이 신선했다.

자기 경영을 잘하기 위해서는 계획을 통해 목표를 달성하는 것이 중요하다고 생각했다. 나는 체계적이며 계획적인 타입이다. 하지만 가끔 시간 관리에 실패할 때도 있었다. 따라서 다음은 멘토님이 선물해 주신 피터 드러커의 『자기경영노트』 중, 나의 시간을 관리하기 위한 법을 바탕으로 느낀 점을 정리해 보려 한다.

나의 소중한 시간

피터 드러커 박사님은 자신의 시간을 관리하는 방법 4가지를 설명해 주셨다.

1. 시간을 낭비하게 만드는 일들 파악하기

목표를 달성하려면 상당한 양의 연속적인 시간 단위를 사용할 필요가 있다. 하나의 목표에 집중하지 못하고 다른 일을 도중에 하게 되면 시간이 낭비되기 때문이다. 하지만 나는 한 가지 일에 집중하면서도 무언가 '훅' 떠오르면 그것을 실행하곤 한다. 아마도 내가 멀티태스킹을 잘한다는 믿음 때문인 것 같다. 멀티로 진행하면 환기도 되고 언젠가 해야 할 것을 까먹지 않기 때문에 유용한 나만의 장점이라고 생각했다. 하지만 드러커 박사님은 이것이 "굉장히 시간을 낭비한다."라고 말씀하셨다. 또한, 여기서 주의할 점은 서두르지 말고 여유를 갖고 대처해야 한다는 것이다.

그리고 모임에 참가한 사람들은 '우리는 세상 모든 시간을 쓰고 있어.'라는 느낌을 가져야 시간 낭비가 되지 않는다고 말씀하셨다. 나는 책을 읽으며 이 말이 가장 감명 깊었고, 중요하다고 생각했다. 현재 한 달에 한 번씩 이성재 멘토님과 모임을 진행하고 있는 우리도 '이 세상의 모든 시간을 우리가 쓰고 있다.'라는 느낌을 받으며 집중하길 바라며, 개인 발표 시간에 언급하기도 했다. 이 시간들이 차곡차곡 쌓여서 미래를 위한 큰 밑거름이 될 것이라고 믿어 의심치 않기 때문이다. 이 문구가 가장 감명 깊었던 탓에, 책을 읽은 날을 기준으로 어떤 모임을 가지든 '우리 모임은 현재 세상 모든 시간을 쓰는 중이야!'라는 생각을 하게 되었다. 덕분에 더 몰입할 수 있게 되었다.

2. 실제 사용 시간을 진단하기

① 실제 사용한 시간 기록: 시간 활용 방법은 연습을 통해 개선된다. 시간 관리에 대한 지속적인 노력만이 시간의 낭비를 막을 수 있다고 한다. 따라서 아래는 내가 10일간(2019.09.16~2019.09.20 중 월~금) 관찰하고 기록한 결과이다.

- 월: 2시 수업 전까지 집에서 낭비되는 시간을 보냈다. 5시에 수업이 끝난 후 5~7시 취업 특강을 들었다. 7시 이후 동기들과 저녁을 먹고 담소를 나눈 후 귀가했다. 운동을 했다.
- 화: 9시부터 2시까지 수업을 들었다. 3시부터 6시까지 지역아동센터 멘토링(하지만 이때 틈틈이 내 과제를 하며 마무리도 지었다)을 진행했다. 저녁을 먹은 후 휴식하며 강아지 산책, 운동, 공부 등 개인 시간을 보냈다.
- 수: 10시부터 5시까지 수업을 들었다. 6시부터 8시까지 멘토링 팀장 회의를 했다. 귀가하여 좋아하는 영화를 보며 휴식 시간을 가졌다.
- 목: 9시부터 5시까지 수업을 들었다. 일주일 수업이 마무리된 기념으로 오랜만에 동네 친구들을 만났다.
- 금: 1시부터 6시까지 지역아동센터 멘토링을 진행하며 이때도 틈틈이 내 과제와 공부를 할 수 있었다. 저녁엔 운동과 휴식 등 개인 시간을 보냈다.

나의 주중 실제 시간을 관찰하고 기록해 본 결과에 반성하였다. 아마 이번 학기가 종강할 때까지 월요일에서 금요일, 비슷한 시간을 보내게 될 것이다. 하지만 개인 시간과 학업을 제외한, 커리어를 위해 제대로 하는 것 없이 헛되이 버려지는 시간이 아까웠다. 따라서 여름 방학 때 따 놓은 자격증 필기를 기반으로 지금부터 실기 공부를 독학하기로 마음먹었다. 나의 시간 기록에 따라 월요일 2시 수업 전과 이후, 목요일 수업 이후, 금요일 저녁 등 낭비되는 시간에 열심히 공부하며 시간을 보내기로 마음먹었다. 물론, 학점도 놓치지 않을 것이다. 이렇게 앞으로 계속 적어 가고 노력하면서 내 목표를 위한 시간을 조금 더 효율적으로 활용하고 싶다(참고로 현재 2019.09.27 금요일 기준으로 낭비된다고 확정 지은 시간에 계획해 둔 공부를 시작했다. 그리고 앞으로 지속할 예정이다).

② 체계적 시간 관리: 비생산적이고 시간을 낭비하는 활동을 제거해야 한다(내가 위에서 낭비되는 시간에 공부를 하듯이).

3. 시간 낭비 요인을 제거하기

① 시스템의 결함 또는 앞을 내다보는 안목의 결여에서 오는 시간 낭비 요인을 파악

② 시간 낭비는 종종 인력 과잉의 결과: 인원이 많으면 많을수록 좋다고 생각했지만, 인원이 너무 많은 경우 일 자체보다는 그들 사이에 상호 작용하는 데 더욱더 많은 시간을 소비한다고 했다. 인간관계 상호 작용을 중요시하는 나로서는 지금까지 소비한 시간이 많은 것을 인지하였다.

③ 조직 구조상의 결함: 예를 들면, 회의를 매우 빈번히 갖는 것이다. 회의가 필요 이상으로 열리면 불필요한 시간을 할애하게 되고, 그 시간은 낭비하는 시간이 된다고 한다. 이 부분을 읽으며 며칠 전 진행한 메신저 조 모임이 생각났다. 필요 이상의 조 모임은 곧 시간 낭비가 되는 것을 인지하고, 조원들에게 자신이 맡은 부분을 완벽히 숙지하고 요약한 뒤, 그것을 기반으로 메신저 조 모임을 하자고 제안한 적이 있다. 그 모임은 잘 이뤄졌고, 그것을 기반으로 다음 조 모임을 진행할 때도 쭉 수월했던 경험이 있다(대신, 메신저 조 모임 같은 경우, 시간을 정해 두고 모든 사람이 동시 접속하여 쌍방향 의사소통이 되어야 한다는 점이 가장 중요하다).

④ 정보와 관련된 기능 장애: 정보 관련 의사소통이 되지 않아 시간을 낭비하게 되는 것이다.

4. '자유 재량 시간'을 통합하기

다시 말해, '진정으로 공헌할 수 있는 큰 과업에 투입할 수 있는 시간이 얼마나 될까?'라는 것이다. 관리의 마지막 단계는 기록과 분석에 의해 밝혀진, 정상적으로 사용할 수 있고 또 지식 근로자의 통제 아래 있는 시간을 연속적으로 통합하는 일이다.

피터 드러커가 전하길, 순 칼슨 교수의 연구에 따르면 목표 달성을 가장 잘 하는 최고 경영자들 가운데 한 사람은 매일 아침 출근하기 전에 90분씩 전화 연결도 안 되는 서재에서 일을 했다고 한다. 이 방법은 중요한 일을 해치우기 가장 좋은 방법이라고 한다. 중요한 일을 집에 가지고 와서 저녁 식사를 한 뒤에 3시간을 끙끙거리는 것보다는 훨씬 효과적이기 때문이다. 일찍 자고 일찍 일어나서 맑은 정신으로 아침에 90분을 할애한다면 시간을 통합하여 관리하기에 좋을 것이라고 박사님은 말씀하셨다. 나는 시험 기간에 동기들처럼 밤을 새지 못한다. 오히려 남들보다 더 일찍 자고 새벽에 일어나 맑은 정신으로 공부하는 타입이다. 이 부분에 있어서 시간 관리를 잘 한 것 같다는 생각이 들었다.

시간 관리가 결코 쉽지 않던 나는 책을 통해 조금의 트레이닝을 시작했다. 그리고 계속해서 나의 목표를 달성하기 위해 시간 관리를 영구적으로 하는 것이 중요하다고 느꼈다. 나는 앞으로 목표를 이루기 위해 연속적이며 정기적으로 실제 시간을 기록하고 관리하며, 작은 목표부터 서두르지 않고 차근차근 꿈을 이루어 나갈 것이다. 나의 행복을, 삶을 '자기 경영'하기 위하여.

경쟁과 협동

흔히 우리가 살고 있는 현재의 사회를 '무한 경쟁 사회'라고 한다. 경쟁이 무한히 이루어지기 때문이다. 하지만 실제로 학교나 회사 등 사회에서 이루어지는 많은 일은 팀 단위로 진행된다. 협동이 필요한 것이다. 이런 경쟁과 협동이 혼재하는 사회에서 과연 우리는 무엇을 선택해야 하는가?

그럼 질문에 답하기 전에 경쟁과 협동이 정확히 무엇인지 알아보자. 경쟁과 협동이라는 말의 뜻을 살펴보면 경쟁은 '같은 목표를 두고 서로 더 많은 성취를 얻기 위해 겨루는 '것이고, 협동은 '같은 목표를 이루기 위해 서로 힘을 합하는 것'이다. 뜻만 보면 정말 정반대의 의미를 지니고 있다. 사전적인 의미를 알아보았으니 좀 더 자세히 경쟁과 협동을 알아보도록 하자.

경쟁하면 떠오르는 이미지를 생각해 보자. '치열함', '제로섬 게임', '레드 오션' 등 부정적인 이미지가 많이 떠오른다. 그렇다면 경쟁은 나쁜 것인가? 그렇다고 보기는 힘들다. 애초에 선악의 구분이 의미가 없을 것이다. 경쟁의 기원은 우리의 조상이 수렵과 채집으로 살아갈 때로 거슬러 올라간다. 다른 초식 동물에게 채집할 식물성 음식을 빼앗기지 않아야 했고, 수렵으로 대상을 잡느냐 못 잡느냐 여부와 포식자에게 잡히는지 여부에 생존이 달려 있었고, 심지어는 다른 인간 무리와도 경쟁했다. 이를 통해서 점점 더 생존 기술이 발달하게 되었고, 문명을 이루었으며, 지금의 인류가 탄생한 것이다.

이번엔 협동에 대해서 알아보자. 협동은 함께 공동의 목표를 향해 나아가는 것으로 이 또한 인류가 수렵 및 채집을 하는 선사 시대에 기원한다. 인류는 각 개체의 힘이 약하기 때문에 다 함께 수렵을 해야만 했고, 또 각각 업무 분담을 하는 편이 효율적이었을 것이다. 역시나 협동도 생존 방식이었고 우리의 조상이 살아남는 데에 큰 공헌을 한 생존 방식이었다(우리가 여전히 협동을 하는 것을 보면 알 수 있듯이).

결국 경쟁과 협동은 그저 인류가 생존을 위해 취한 생존 전략일 뿐이고 분명 이 생존전략은 다른 전략보다 좋은 결과를 가져왔기에 아직까지 남아 있는 것이다. 그럼 이제 어떤 전략을 취할 것인지 생각해 봐야 할 것이다. 각각의 장단점을 보자. 경쟁의 경우 혼자일 때보다 경쟁자가 있을 때 결과가 훨씬 좋다는 것은 이미 널리 알려진 사실이다. 마라톤에서 페이스메이커가 존재하는 것이 대표적이다. 하지만 경쟁이 과다해지면 전체적으로 의욕이 떨어질 뿐만 아니라 정신적으로 큰 고통이 따른다. 협동의 경우 다 함께 같은 목표를 향해 나아가므로 경쟁의 단점이 없을 것이고 오히려 시너지 효과를 볼 수 있다는 장점이 있다. 하지만 이 시너지 효과를 얻으려면 모두의 노력이 필요하고 적절한 인력 배치와 동기 부여가 필요하다. 이게 충족되지 않으면 시너지는커녕 혼자 일하는 것보다 못한 결과를 얻을 수도 있다. 결국 '경쟁과 협동 중 무엇을 선택하느냐?'라는 질문에는 확실한 답이 없는 것이다.

그러나 멘토님의 이야기를 듣고 나니 명확한 답을 얻을 수 있었다. 나는 경쟁과 협동 두 가지는 취사선택을 해야만 한다고 생각했는데 그것이 아니었다. 멘토님께서는 "나 자신과 경쟁하고 다른 사람들과 협력하라." 라고 하셨다. 다른 사람과 경쟁을 하게 되면 타인과 계속 비교하게 된다. 비교는 하면 할수록 자신의 자존감을 깎기에 좋지 않다. 만약 경쟁을 자기 자신과 한다면 어떨까? 현재의 자신과 계속해서 경쟁을 한다면 그것은 과거의 자신에서 벗어나 발전하려는 것이며 그게 바로 자기 계발이다. 비교의 문제도 마찬가지이다. 비교 대상이 자신이므로, 어느 쪽이나 자신이기 때문에 상처받거나 자존감이 떨어지는 일이 일어나지 않는다. 그렇게 자신을 갈고 닦으면서 다른 사람과는 협동하여 팀으로 일을 진행하면 시너지 효과까지 생겨서 더욱 탁월한 결과를 얻을 수 있다.

기록의 중요성

멘토링을 진행하면서 평소엔 잘 하지 않을 기록이란 것을 생각보다 많이 하게 되었다. 그중 첫 번째는 매 활동마다 한국장학재단 홈페이지에 그 날의 활동 내용에 대해 기록하는 것이었다. 처음에는 사실 조금 귀찮은 점도 있었다. 만남 후에 매번 기록을 해야 한다는 것 자체가 또 하나의 과제처럼 여겨졌기 때문이다. 처음엔 억지로 작성하기 시작했지만 멘토링 이후 그 날의 기억을 되짚어 보며 느낀 점까지 정리하다 보니 하루하루의 기억이 헛되지 않고 소중히 간직된 것 같은 느낌이 들었다. 아마 후기를 작성하지 않았다면 그날 있었던 일이나 느꼈던 점을 금방 잊어버렸을지도 모른다. 그리고 매번 쓴 후기들을 모아 보니 꽤 많은 분량의 글이 모여 뿌듯하기도 했고 어떤 일이 있었는지 다시 기억하고 싶을 때 꺼내 보면 그때의 기억이 다시 생생히 살아났다.

두 번째로 의미 있었던 기록은 멘토링 활동 중에 작성했던 두 장의 워크시트였다. '나는 어떤 사람인가?'라는 질문에 대한 워크시트였는데, 그 안에는 멘토님이 준비하신 질문들이 있었다. 첫 번째 워크시트는 멘토링 3차 모임 때 모여서 직접 작성했고, 이에 대해 서로 이야기를 나누는 시간을 가졌다. 총 여섯 가지의 질문이 있었는데, 평소에 생각해 볼 만하지만 막상 대답을 준비하고 있지 않으면 바로 이야기하기 어려운 질문들이었다. 내가 나의 특성을 파악하기에 좋은 질문들이기도 하고 취업 면접 때 도움이 될 만한 질문들인 것 같아 나열해 보고 그에 대한 예시로 나의 대답을 적어 보려고 한다.

다음은 워크시트 1에 대한 내용이다.

1. 당신이 최선을 다했을 때에 대해서 이야기해 보라(일 혹은 공부, 그 외의 활동 등 포함).

나는 재수 기간 기숙 학원에서 공부했던 시절을 내가 최선을 다했던 경험으로 꼽았다. 자는 시간과 먹는 시간을 모두 아껴 가며 1분 1초 소중히 공부했던 경험이 있다. 밥을 먹으러 가는 길에도 단어장을 들고 다녔으며, 걸을 때에도 항상 정리해 둔 노트를 들고 다니며 그것들을 내 것으로 만들려고 노력했다.

2. 일(공부)을 가장 즐기면서 했던 때에 대해서 이야기해 보라.

공부를 즐긴다는 것 자체가 사실 나에겐 큰 어려움이었는데, 중학생 때 처음으로 공부를 즐기면서 했던 것 같다. 한 학기만에 성적이 소폭 상승해 공부에 재미를 느끼고 더 잘할 수 있을 거란 믿음이 생기기 시작했다. 대학교에 와서도 강제적인 공부가 아니라 나를 위한 공부를 하다 보니 좋은 학점을 받으면 기분이 좋아서 더 열심히 했던 기억도 있다. 아직 학생이기 때문에 일이라고는 아직 아르바이트밖에 해 본 적이 없지만 수학 학원에서 중학생 아이들을 가르치는 아르바이트를 하며 아이들에게 도움이 된다는 것에 큰 보람을 느끼고 즐겁게 일했었다.

3. 자신이나 주변에서 기대한 결과를 가장 잘 달성한 경험을 이야기하라.

서류, 필기 시험, 면접을 거쳐서 국제중학교에 입학했던 경험, 고등학교 때 목표 등급을 달성했던 경험, 그리고 대학교에 와서 자격증을 취득했던 경험 등이 주변에서 기대한 결과를 가장 잘 달성한 경험이라고 할 수 있다.

4. 당신이 가장 일(공부)하고 싶은 환경에 대해서 설명하라.

먼저 주변에 좋은 사람들이 있는 것이 가장 중요한 것 같다. 서로 도울 수 있고 함께 힘낼 수 있는 상호 보완적인 관계라면 일(공부)에 효율이 붙을 것이다. 또한, 지원 환경이 좋은 곳이라면 더욱 좋겠다고 생각했다.

5. 당신은 어떻게 배우는가(당신은 듣는 타입인가, 읽는 타입인가)?

공부할 때는 주로 읽는 타입이다. 자료를 여러 번 읽고 나만의 노트를 꼼꼼하게 정리하는 스타일이다. 주로 혼자 해 보고 이해가 되지 않는 부분이 있다면 그때 인강같은 것을 통해 도움을 받는 타입이다.

6. 자신이 하고 싶은 것, 이루고 싶은 것을 이야기하라.

일단 당장은 여러 경험을 하고 공부도 충실히 해서 학점을 잘 받아 목표하는 곳에 취직하는 것이 가장 가까운 목표이다. 글로벌한 사람이 되고 싶고, 그런 기업에 가고 싶기도 하다(이 당시만 해도 내가 목표하는 곳이 구체적으로 없었다. 이후 약 두 달 동안 목표에 대해 끊임없이 고민했고, 결정적으로 취업 박람회에 참가함으로써 내가 취직하고 싶은 곳을 만들었다). 이후엔 내 집을 마련해 안정된 삶을 살며 나에게 맞는 일을 하면서 소소한 행복을 찾아 가는 게 내 궁극적인 목표이다. 이 외에도 인간으로서 나는 사랑할 줄 알고 남에게 베풀 줄 아는 사람이 되고 싶다.

다음은 워크시트 2에 대한 내용이다.

1. 나의 강점은 무엇인가?

나는 삼수를 할 만큼 쉽게 포기하지 않으며 맡은 일에 책임감을 가지고 임한다. 사실 긍정적인 사람은 아니지만 긍정적으로 생각하려 노력하고 어떤 일 이후에 피드백을 한다. '내가 무엇을 잘했고 무엇을 못했는가.' 이런 생각을 함으로써 다음에 더 발전된 모습을 보일 수 있을 것이다.

2. 나는 어떻게 배우고 받아들이는가(나는 읽는 사람인가, 듣는 사람인가, 어떤 방법으로 학습하는가)?

혼자 공부할 때는 주로 혼자 습득하며 읽는 타입이다. 공부 외의 것들은 주로 보고 들으면서 배워 가는 타입이다. 조언을 구하기도 하고 남의 좋은 면을 보면서 배우기도 한다.

3. 나는 어떤 스타일로 일(공부)을 하는가?

먼저, 공부는 혼자 고민하면서 익숙해질 때까지 본다. 이론 공부 후에 문제를 풀면서 적용하는 편이다. 암기가 필요할 때는 머릿속으로 그림을 그리면서 나만의 스타일로 연상하며 암기한다. 일(아르바이트)을 할 때에는 문제가 생기면 혼자 고민하기보다는 조언을 구하거나 남이 하는 것을 보고 배우기도 한다. 시킨 일은 책임감을 가지고 하는 편이다.

4. 나의 꿈은 무엇인가?

나의 궁극적인 꿈은 내가 좋아하는 일을 하며 내가 좋아하는 사람들과 하루하루 열심히 행복하게 사는 것이다. 그리고 최근에 환경일자리 박람회에 참여한 적이 있는데, 그곳에서 한국환경공단과 한국환경산업기술원이라는 곳에 관심을 가지기 시작했다(워크시트 1을 작성한 후에 내 목표 설정의 필요성을 느끼고 노력한 끝에 어느 정도 목표의 방향성을 잡아 가던 시기이다. 여기에서도 기록의 중요성을 볼 수 있다).

위의 내용을 바탕으로 자기 자신을 더 잘 관리하기 위해 어떻게 해야 하는지 정리해 보자(나는 어떻게 더 나은 자기 관리를 할 수 있을까).

일단 나 자신을 관리하기 위해서 나태해지면 안 되고 하루하루 열심히 살아가야겠다고 다짐했다. 그 안에서 나의 약점이 무엇인지 파악하고 보완하려 노력할 것이다. 또한 목표 설정의 필요성도 느꼈는데, 단기적으로는 '방학 동안 무엇을 하겠다.' 또는 '오늘 하루 어떤 것을 마치겠다.' 같은 단기적 목표가 필요하고, 장기적으로는 '5년 후, 10년 후, 20년 후엔 적어도 어떤 것들을 이루겠다.' 같은 목표가 필요하다고 생각했다.

마지막으로 어떤 것을 할 때 행복한지, 내가 잘하는 게 뭔지 스스로 자세히 알 필요가 있다고 생각했다.

이와 같이, 워크시트를 작성하지 않았더라면 이런 질문들에 대해 깊게 생각해 보지 않고 살아갔을 것이다. 취업을 고민하고 내 삶의 방향에 대해 고민하는 시기에 이와 같은 질문들에 대해 답하고 보니 어느 정도 머릿속이 정리된 것 같은 느낌을 받았다. 여기서 중요한 것은 기록이다. 머릿속으로만 생각하려 하지 않고 글로 적어 내다 보니 머릿속의 생각들이 정리된 것이다. 귀찮다고 기록하는 것을 미루거나 머릿속으로만 생각했다면 아마 머릿속이 더 복잡하지 않았을까. 멘토님이 제시하신 방향을 잘 따라가다 보니 어느새 조금씩 내 생각들이 정리되고 있음을 느꼈다.

기록의 중요성을 느꼈던 마지막 활동이 있었다. 바로 멘토님께서 선물해 주신 피터 드러커의 『자기경영노트』라는 책을 읽고 내용 요약과 함께 자신의 생각을 정리했던 활동이다. 요즘의 나는 책을 읽고 난 후 독후감을 잘 쓰지 않는 편이다. 초등학교 때부터 중학교 때까지 독후감을 위한 책을 너무 많이 읽어서인지 진절머리가 났다. 항상 독후감을 쓰기 위해서 책을 읽었고 책을 읽으면서도 독후감에 어떤 내용을 쓸까 생각하느라 오히려 책의 내용에 잘 집중하지 못하는 것 같았다. 그러나 지금 생각해 보면 독후감이 쓰기 싫은 어린아이의 투정에 불과하다고 느꼈다. 이번 활동을 통해 피터 드러커의 『자기경영노트』라는 책을 처음 접했을 때는 정말 어려웠다. 평소에 접하지 않았던 용어나 내용이 많아서 더 그렇게 느껴졌다. 그러나 멘토님께서는 멘티들에게 각자 정리할 부분을 할당해 주셨고 정리한 것을 한데 모아서 보니 책의 내용이 더 잘 이해됐다. 그저 한 번 읽는 것에 그치지 않고 각 챕터를 한 장으로 요약해야 했기 때문에 더 집중해서 읽게 되었고, 어떤 부분이 중요한 내용인지 파악하며 읽게 되었다. 다른 멘티들도 자신이 맡은 부분을 잘 정리해 주었다. 정리된 글을 읽으니 책의 전체 내용이 더 잘 파악됐던 것 같다.

제4장

재미 세대의 행복 찾기

01
많이 웃어라

- 9차 멘토링

우리 팀의 마지막 멘토링은 11월의 마지막 날에 진행되었다. 멘토링의 마무리를 위한 모임이고 아울러 멘티들의 미래를 위한 시작의 모임이기도 하다. 전략적 진로 모색을 위한 1년 동안의 결과물을 확인하는 자리이기도 하다.

시간 계획

- 10:00 ~ 10:30 워밍업, 여섯 번째 메시지 〈많이 웃어라〉
- 10:30 ~ 11:30 목표 보드(Objectives Board), 행복 지도(Happy mind map) 발표하기
- 11:30 ~ 13:00 책 출간 회의

'많이 웃어라.'

어느 순간 무표정하고 찌푸리고 있는 나를 발견한다. 무엇인가 안 되고 있고, 마음에 들지 않고, 불행한 시간이다. 반면에 미소와 웃음이 절로 나오는 나를 발견하면 일이 잘되고 있고 행복한 순간이다.

얼굴은 자기 마음의 거울이 된다. '얼굴'의 어원도 '얼꼴'에서 변한 것인데, '얼'은 정신을 의미하고 '꼴'은 모양을 의미한다. 정신의 상태가 얼꼴이고 변해서 얼굴이 된 것이다. 웃는 모습은 성공의 척도이다. 긍정적 사고, 배려의 사고, 함께하는 사고, 공감과 설득의 의미가 있다. 히말라야 고지대에 사는 네팔의 소수 민족들의 순수한 미소와 방문하는 외부 사람을 대하는 따뜻한 미소를 보며 무엇이 행복한지를 생각하게 한다.

멘토가 기업에서 거래할 때, 상대 회사를 방문해 그 회사의 분위기를 보고 거래 여부를 결정하곤 했다. 정문에 들어갈 때 마주하는 안내하는 분의 태도와 웃는 얼굴, 직원들의 표정을 보면 될 회사와 안될 회사를 판단할 수 있었다.

멘티들도 직장을 선택할 때 가능하면 가고 싶은 직장을 방문해 볼 것을 권하고 싶다. 아니면 다니는 직원들이라도 만나 보면 참고가 된다. 직장에 들어가서 직원들의 표정을 보면 가야 할 직장과 가지 말아야 할 직장이 구별된다. 대화를 통해 알 수도 있다. 적극성과 긍정적 태도는 행복한 직장에서만 가능하다.

웃는 모습은 그냥 만들어지지 않는다. 앞에서 계속 강조한, 자기를 사랑하는 셀프 리더십이 없으면 불가능하고 일이 행복하지 않으면 안 되는 것이다. 그런데 행복해서 웃는 것도 있지만 웃으면 행복해지기도 한다. 행복의 습관을 만들어 가는 것이 중요한 것 같다.

웃음 속에는 자신의 꿈과 목표 그리고 자신감, 행복, 관계, 희망 등 모두가 포함되어 있고, 웃음은 성공의 지표이다. 면접할 때도 좋은 인상의 첫째는 웃는 얼굴이다.

'많이 웃으세요.' 1년 동안의 결실을 멘티들의 미소로 보답 받고 싶다.

〈많이 웃어라〉 멘토링을 마치고

멘티가 묻고 멘토가 답하기

박시연 멘티

1년간 진행되었던, 길다면 길고 짧다면 짧은 멘토링이 끝나는 날이었습니다. 멘토님께서는 당신의 이야기를 해 주시며 "각자 할 일이 많아 바쁠 텐데도 열심히 멘토링에 참여해 주어 고맙다."라고 말씀해 주셨습니다. 저는 2학기에 중도 휴학을 해서 다른 멘티들에 비해 시간이 여유로웠음에도 불구하고 가끔 대외 활동들이 벅찰 때가 있었는데, 다른 멘티들은 학업과 멘토링을 병행하는 것을 보며 정말 대단하다고 생각했습니다! 이번 멘토링 시간에는 멘티들 각자의 목표 보드와 행복 보드를 발표하는 시간을 가졌습니다. 집에서 저의 목표 보드와 행복 보드를 제작하면서 제가 당연시했던 것들을 시각화할 수 있어서 좋았는데, 이를 다른 멘티들과 멘토님 앞에서 발표까지 하니 조금 더 나에 대해 알게 된 것 같아서 좋았습니다. 이번에 제작한 목표 보드와 행복 보드를 방 한편에 걸어 놓고, 계속 제 목표와 행복을 상기하려 합니다.

멘토의 답변

박시연 멘티는 자신의 진로에 대해 용의주도하게 준비하는 것 같습니다. 자신을 잘 알고 주도적으로 일을 하는, 함께 일하고 싶어지는 사람입니다.

구본석 멘티

우리 모두는 행복하게, 즐겁게 웃으면서 살고 싶어 합니다. 그래서 모두들 웃는 데에는 노력이 필요하지 않다고 생각하죠.

멘토님께서 "많이 웃어라."라며 "웃는 모습이 그냥 만들어지지 않는다."라고 하신 것이 기억에 남습니다. 실제로 저도 중학생 때 웃는 것을 힘들어한 적이 있었어요. 이때 웃기 위해 노력하면서 동시에 나의 감정에 솔직해졌더니 웃을 수 있게 되었습니다. 그러면서 소중한 추억도 더 많이 생기고 웃는 횟수도 많아졌어요. 스스로에게 갇혀 있으면 더 힘들고 웃기 어려워지더라고요.

정말 웃는 횟수와 행복은 비례하는 것 같아요. 행복이 늘어나면 웃는 횟수가 늘어나는 것뿐만 아니라, 웃는 횟수가 늘어나면 행복해지는 거죠.

이런 말씀을 해 주시는 것을 들으며 '정말 멘토님이 저희를 사랑하시는구나.'라고 생각했습니다.

멘토의 답변

구본석 멘티는 나이에 안 어울리게 논리적이고 웃음이 많은 친구입니다. 항상 긍정적이고 적극적이죠. 올해 군대에 가는 와중에도 자신의 책임을 다하고 있습니다. 멘티는 화학도인데, 생화학으로 전공을 좁히고 DNA 염기 서열을 코딩하는 융합적 학문을 전공할 것을 권했습니다. 생명 공학 분야에서 보틀넥이 걸린 유망한 직종이고 본석 멘티의 논리와 사고의 유연성은 경쟁력이 충분하다는 생각이 듭니다.

02

2차 전략적 진로 탐색

- 목표 보드

상반기에 1차 진로를 탐색해 본 경험을 살려 2차 진로를 탐색해 보는 것이다. 상반기에 자신의 강점을 확인하고 그 강점을 기반으로 환경과 조화를 이루어 자신의 목표를 세웠다. 하반기는 새로운 강점들을 발견하고 변화된 자신의 목표를 만들어 보는 것이다. 변화도 가능하지만 1차 목표를 확인하는 과정이 되었으면 한다.

단기간에 자신의 강점을 발견하고 목표를 설정할 수 있다면 좋겠지만 그게 말처럼 쉬운 일은 아니다. 숨겨진 자신을 발견하기도 쉽지가 않다. 자기가 하고 싶은 것도 발견하기가 싶지가 않다. 시간이 지나고 경험이 많아지면서 변화한다. 세상은 끊임없이 변하고 자신도 변한다. 그러면서 자신의 목표도 변한다. 자기 삶의 목적도 변한다. 삶의 목적 스펙트럼도 좁게 잡지 말 것을 권장했다. 다양한 삶을 살기를 권하기도 했다. 목표가 더욱 어려워진다.

목표가 없을 수도 있다. 급변하는 디지털 세상에선 없는 것이 오히려 장점이 될 수 있다. 진행형일 수 있다. 목표가 없는 것이 목표일 수 있다. 자신이 만들어 가는 인생이고 자신이 선택한 단 한 번의 삶을 구속받을 필요도 없다.

그럼에도 불구하고 목표를 만들어 볼 것을 권한다. 한 번은 정리를 해서 적어 볼 필요가 있다. 보면서 자신의 방향을 다지고 확인해 나가면 된다. 자신의 시간 사용 계획이 달라지고, 관심이 가게 되고, 행동이 달라진다. 집중의 이득을 볼 수 있다. 작은 변화가 큰 변화를 이끄는 나비효과를 볼 수 있는 것이다.

목표 보드

자신의 목표를 한 페이지의 목표 보드(Objectives Board)로 만들어 본다. 기존의 드림 보드나 비전 보드를 참고해서 만들어 보도록 했다.

자신의 강점을 이용한다. 진로를 명시하고 일과 업무, 직업 중심으로 시기를 명시한다. 목표는 꿈, 비전과는 다르다. 보다 구체적으로 시간과 목표가 정해져야 한다. 1차 목표와 2차 목표, 3차 목표로 다양화할 수도 있다. 단기(1~3년), 중기(5~10년), 장기(10년 이상)로 나누어 본다. 자신의 관심사를 구분해 정할 수도 있다. 그래서 더욱 목표 보드를 만들기가 쉽지가 않다. 자신만의 목표 보드를 만들어 자신이 볼 수 있는 곳에 놓아둘 것을 권한다.

자랑스러운 멘티들의 목표는 다음과 같다.

멘티들의 목표 보드

박시연 멘티 목표 보드

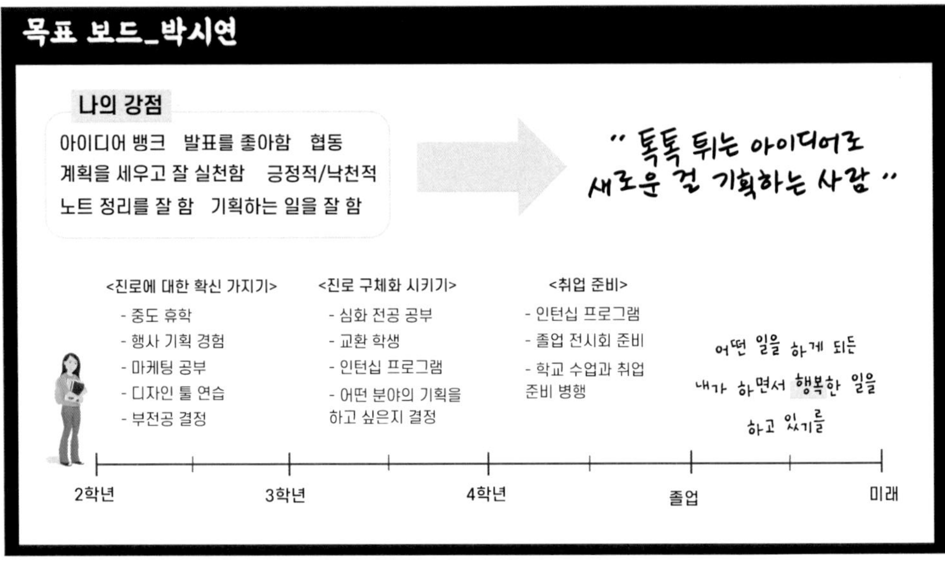

구본석 멘티 목표 보드

목표 보드

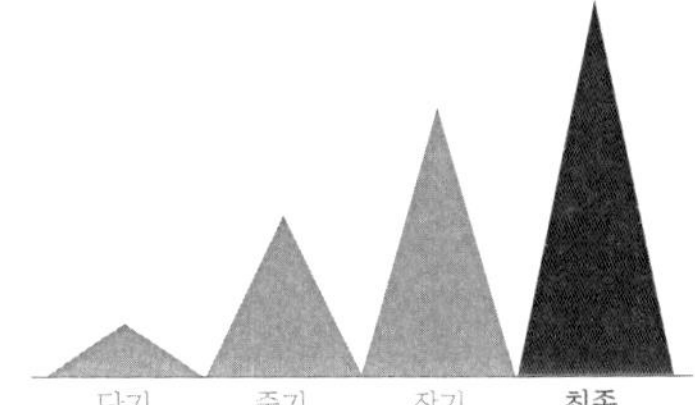

"많은 것을 보고 느끼고
배워서 떠날 때
한마디 남길수 있기를"

강점

- 적극성
- 사교성

- 단기
  - 자격증 2개
  - 프로젝트 추진
- 중기
  - 입사
  - 경영관련 스터디 or 강의 수강
  - 인맥쌓기
  - 사업 아이디어 구상
- 장기
  - 창업

김경관 멘티 목표 보드

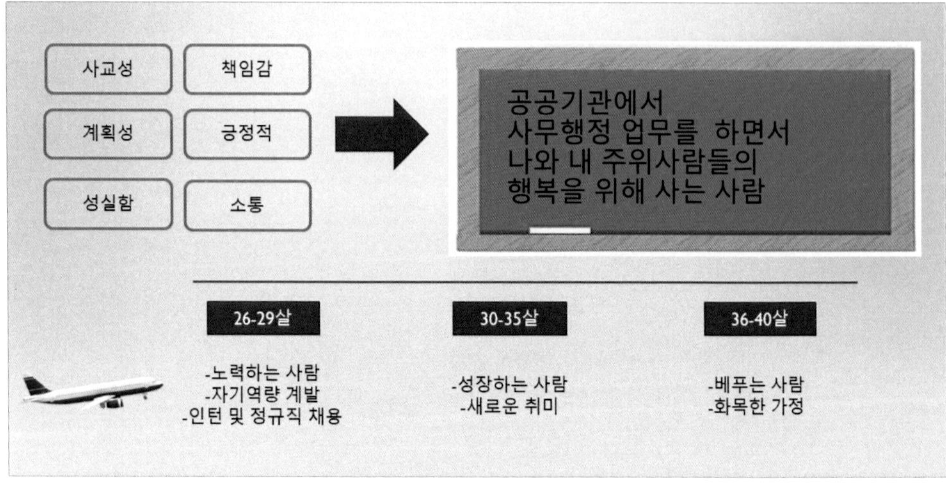
사교성
책임감
계획성
긍정적
성실함
소통
공공기관에서
사무행정 업무를 하면서
나와 내 주위사람들의
행복을 위해 사는 사람
26-29살
-노력하는 사람
-자기역량 계발
-인턴 및 정규직 채용
30-35살
-성장하는 사람
-새로운 취미
36-40살
-베푸는 사람
-화목한 가정

03
작은 행복을 찾은 사람들

- 행복 지도

에이스 팀은 전략적 진로 모색과 함께 행복을 찾아보자고 다짐했다.

재미(ZeMi) 세대의 특징 중에 하나는 '소확행'이라 불리는 '작지만 확실한 행복'을 추구한다는 것이다. 각자가 찾아 가는 행복을 생각해 본다.

다음은 멘토가 행복을 찾아 가는 방법들이다.

나&남 철학 — 내가 중심이 된다

사람은 두 종류의 관점을 가질 수 있다. 나를 보는 것과 나를 제외한 다른 사람과의 관계를 보는 것이다. 그리고 내가 중심이 되어 남을 보고, 남의 입장에서 나를 본다.

'내가 중심이 되고 나의 가치가 중요하다.'라는 것이 존재론인데, 소크라테스를 시작으로 서양 철학의 기본을 이룬다. '나와 남의 관계가 더욱 중요하다.'라는 관계론은 공자로부터 시작된 동양 철학의 기본이다. 서양은 존재를 중시하고 동양은 관계를 중시한 듯하다.

나와 남의 철학은 이분법의 우주 원리와 같다. 자연의 섭리는 끊임없이 변화한다. 나와 남도 변화한다. 변화는 음과 양으로 존재하고 한 번의 양과 한 번의 음으로 길을 간다. 질량이 불변이듯 행복과 불행도 같이 존재한다. 존재, 비존재와 같이 나와 남으로 이분화된다. 디지털 세계와 같다. 종교도 마찬가지다. 유신론은 남인 절대자의 존재를 믿고, 무신론은 자신이 중심으로 절대자를 믿지 않는다. 기업 내부의 자신이 갖는 꿈은 비전이고, 외부의 남이 보는 존재의 의미는 사명(미션)이다. 우리가 공부한 전략도 나의 강점과 약점을 파악하고 남의 환경인 기회와 위협을 찾아 만든다. 내가 아는 것은 지식이고 남과의 관계를 아는 것이 지혜이다. 자연의 섭리는 남들에게 영향을 주고 궁극적으로 나에게 영향을 준다. 내가 변화하는 것이 셀프 리더십이고 변하는 나를 통해 남을 변화시키는 것이 리더십이다.

앞에서 언급한 멘토의 여섯 가지 메시지도 나를 중심으로 본 것(자신을 사랑하라, 스스로 일어나라, 서두르지 마라, 많이 웃어라)과 다른 사람과의 관계(바르게 나아가라, 함께 나아가라)를 중심으로 본 것이 있다.

책의 전반부(2장)에는 남과의 관계에서 강점을 찾고 우위를 점하는 전략을 다루었고, 후반부(3장)는 나를 중심으로 자신의 변화를 통한 또 다른 자신의 강점을 찾는 과정이었다.

우리 세대는 관계론에 중점을 두고 남을 의식하고 남의 눈이 중심이던, 남과의 관계가 중요하던 세대에서 시간이 지나면서 점점 자기중심적이고 자기주장이 강한 세대로 변해 가는 듯하다. 재미 세대의 특징이다. 남을 중심에 두는 것보다는 내가 중심이 된다.

나, 남 그리고 자연이 가져다주는 행복

행복을 찾아 가는 것도 나와 남을 중심으로 찾아 가는 것이다.

'내가 세상을 바꿀 것인가(자신이 원하는 것을 얻기 위해 세상을 자신에게 맞추는 것)?' 혹은 '내가 세상에 맞추어 갈 것인가?'를 조절하는 것이 행복 찾기이다. 나를 사랑할 때 나타나는 작은 행복들, 자기 관리가 될 때, 성취했을 때, 남에게 칭찬을 받았을 때, 나에게 동기 부여해서 자신을 칭찬할 때, 내가 좋아하는 것을 보고, 듣고, 입고, 먹고, 자고, 표현할 때, 내가 중심이 되고 자신이 진정으로 행복했던 시기와 사건을 상기하고 적어 본다.

남과의 관계에서 행복했던 일을 상기해 본다. 사랑하는 사람, 부모와 가족들, 친구와 친지, 자신이 봉사한 이웃들의 관계 등에서 느끼는 행복을 찾아본다. 나, 가족, 직장(학교), 사회, 국가, 세계로 관계를 넓혀 본다. 내가 세상과 맞추었을 때의 행복을 추구해 본다.

그리고 자연이 주는 행복이다. 자연도 광의의 남의 영역에 속한다. 자연은 관계라기보다 존재로써 행복을 준다. 주변을 살펴보면 자연은 우리에게 많은 즐거움과 행복을 준다. 여행을 가는 이유이기도 하다. 작은 관찰도 있고 높은 곳에 올라 조망하는 것도 있다. 웃음을 찾는 습관을 기르듯이 자연에서 행복을 느낄 수 있는 안목과 감수성을 길러야 행복도 느낀다.

행복을 찾는 방법을 언급하는 것이 좋은 것인지는 확신이 없다. 행복은 자신이 느끼고 찾는 것이기 때문이다.

행복 지도

그래서 행복을 찾아 가는 지도를 그려 보도록 했다. 행복 지도(Happy mind map)라고 이름을 지었다. 마인드맵은 자기의 중심 생각에 가지를 치면서 생각의 논리성을 갖도록 이어 가는 방식이다. 브레인스토밍의 방법에서 논리 추리 방식을 사용해도 좋을 듯하다.

멘티들 각자가 고유의 방법으로 만들어 가게 했다. 행복 지도를 만들면서 행복을 느끼는 모습이 눈에 선하다. 작은 행복을 찾은 멘티들이 되기를 진심으로 바란다.

멘티들의 행복 지도

손승현 멘티의 행복 지도

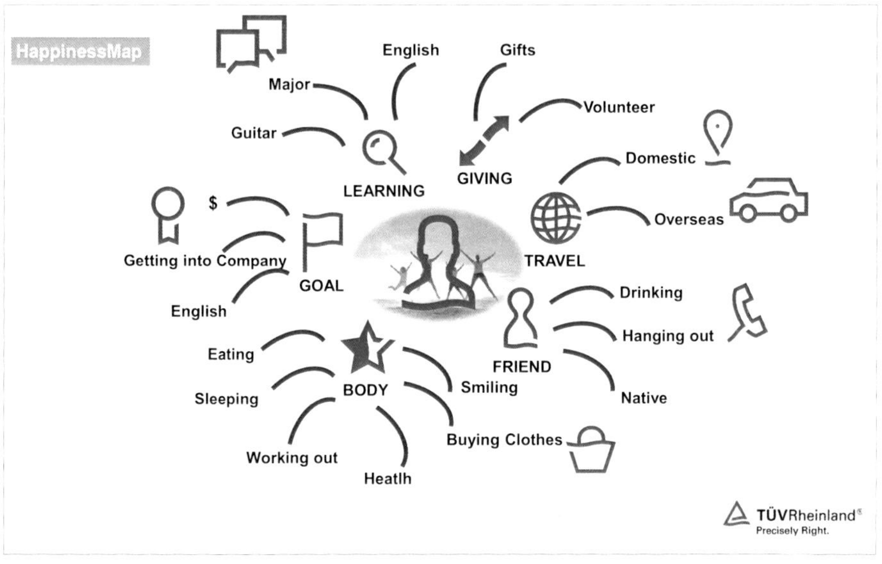

박선민 멘티의 행복 지도

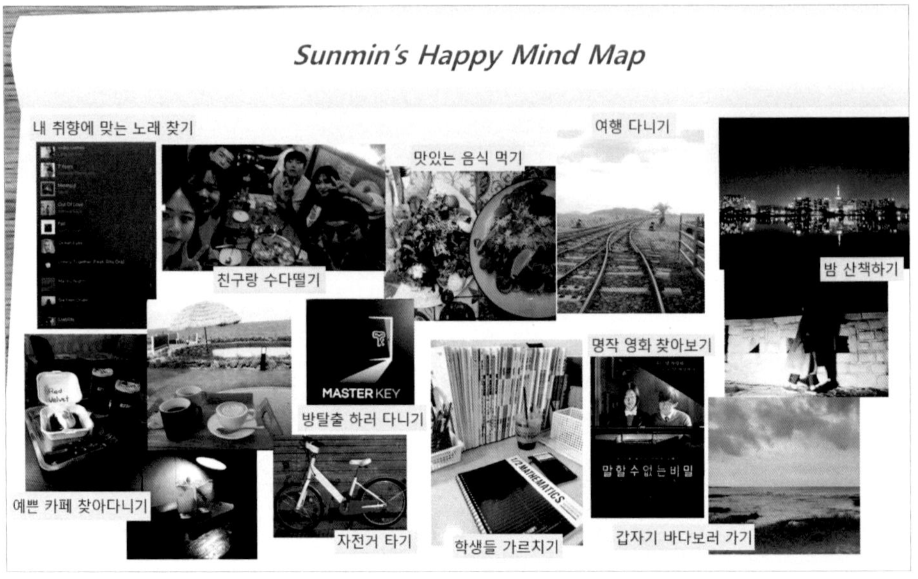
Sunmin's Happy Mind Map
내 취향에 맞는 노래 찾기
친구랑 수다떨기
맛있는 음식 먹기
여행 다니기
밤 산책하기
MASTER KEY
방탈출 하러 다니기
명작 영화 찾아보기
말할 수 없는 비밀
예쁜 카페 찾아다니기
자전거 타기
학생들 가르치기
갑자기 바다보러 가기

유지선 멘티의 행복 지도

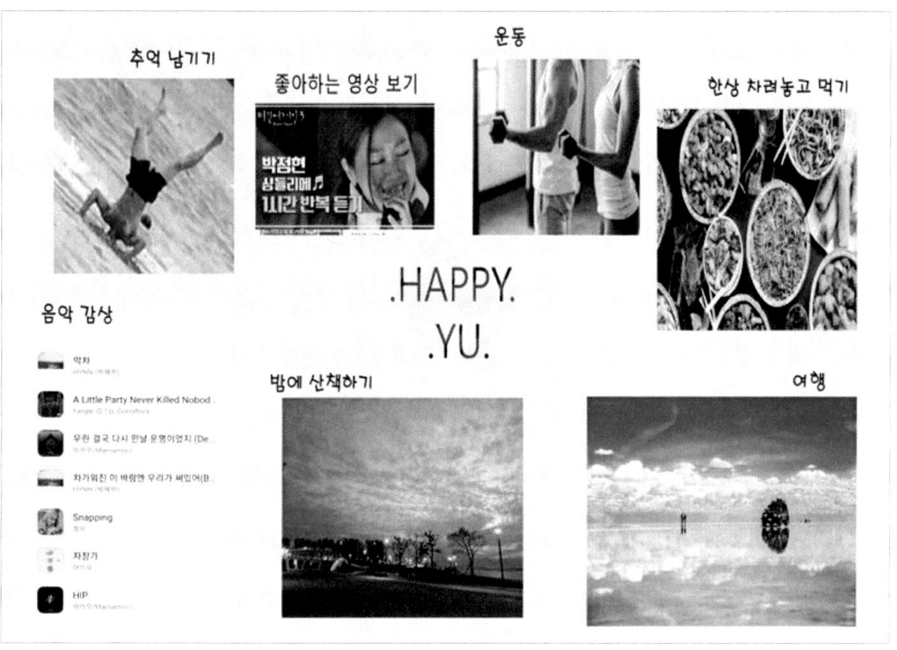
추억 남기기
좋아하는 영상 보기
박정현
샹들리에♬
1시간 반복 듣기
운동
한상 차려놓고 먹기
.HAPPY.
.YU.
음악 감상
막차
A Little Party Never Killed Nobod...
우린 결국 다시 만날 운명이었지 (De...
차가워진 이 바람엔 우리가 써있어(B...
Snapping
자장가
HIP
밤에 산책하기
여행

04
재미 세대

재미(ZeMi) 세대는 Z 세대와 밀레니얼(Millennials) 세대의 교집합인 세대를 일컫는다. Z 세대의 'Ze'와 밀레니얼 세대의 'Mi'를 합성해 만든 신조어이다. 20세에서 26세인 멘티들이 속한 세대의 재미를 추구하는 특징을 발견하고 만들었다. 지금의 20대(1990년대 초반에서 2000년 초반 사이 출생)를 대표한다고 보면 된다.

20대의 신입 사원들이 30대의 밀레니얼 세대 대리들을 젊은 꼰대로 취급하고 있는 것을 보면 시대의 흐름이 급변하고 세대의 흐름이 빠르다. 20세 전후 세대는 운 좋게 직장을 거머쥔 30세 전후 선배들의 말을 빌려 "라떼는 말이야(Latte is horse)."라고 비꼰다.

Z 세대는 1990년 중반부터 2000년 중반 사이에 태어난 15세에서 25세 사이의 세대를 일컫는다. 밀레니얼 세대의 정의는 나라와 사람에 따라 조금씩 차이가 있으나 1980년 초반에서 2000년 초반 태생의 25세에서 30대 사이 세대를 말한다. Z 세대와 밀레니얼 세대를 아울러 M/Z 세대라고 한다. M/Z 세대의 특징[1] 참고 자료 을 보면 아래와 같다.

---

1) 참고자료
  1. 이은형, 『밀레니얼과 함께 일하는 법』(서울:앳워크, 2019).
  2. 임희수, 대학내일20대연구소 〈리더십 콘서트〉 자료.
  3. 임홍택, 『90년생이 온다』(서울:웨일북, 2018).
  4. KAIST 문술미래전략대학원·미래전략연구센터, 『카이스트 미래전략 2020』(파주:김영사, 2018).
  5. 김난도, 『트렌드 코리아 2020』(서울:미래의창, 2019).

밀레니얼 세대의 특징은 디지털 중심의 사고와 행동을 하고, 자기중심적이고, 자기 통제권을 중시한다는 것이다. 글로벌 세대이다. 치열한 경쟁과 취업의 어려움으로 공정성을 중시한다. 다양한 정체성을 가진다. 성공보다 자신의 성장을 추구한다. 가성비, 편리성 등 실리를 추구한다. 소유에서 공유로 합리성을 추구한다. 그리고 다양한 융합을 추구한다.

Z 세대는 관계에 권태기를 느끼는 세대로 정의한다. 더욱 개인적이고 자신이 중심이 되며, 내 안의 기준을 세우고 따른다. 세부적으로 보면, 사회적 기준을 따르지 않고 자신의 기준을 중요시한다. 획일화된 삶에서 벗어나 다양한 삶의 방식을 이해하고 추구한다.

가볍게 취향을 중심으로 모인다. 여가를 혼자 보내는 것을 즐긴다. 나의 소신을 거리낌 없이 말한다. 검색보다 신뢰할 수 있는 사람을 따른다. 오감을 만족시키는 현실 같은 감각에 끌린다.

두 세대의 교집합인 재미 세대의 특징을 살펴본다.

가장 큰 특징은 자신의 의견을 확실히 표현하고 오감의 재미를 추구하는 감성적 자기중심적 세대이다. 자기 의견을 거침없이 주장한다. 상대의 신분이나 나이에 상관없이 망설임 없이 의사를 표시한다. 우리 세대의 기준으로 보면 어려운 일이고, 밀레니얼 세대인 아들도 나이 많은 분에게 말할 때는 주의를 한다.

도서관에서 휴대 전화에서 나오는 노래를 이어폰으로 들으며 책을 보고 있는데 잠시 이어폰을 내려놓게 되었다. 옆자리에 있던 여학생이 이어폰에서 나오는 아주 작게 들리는 소리가 거슬린다고 주의를 요구한다. 한번은 노트북으로 문서 작성을 하고 있는데 남자 고등학생이 키보드 두드리는 소리가 시끄럽다고 중지를 요구한다.

자기주장이 확실하다. 예의가 없는 것과는 좀 다르다.

멘토는 이런 멘티가 오히려 편하다. 친구처럼 지낼 수가 있다. 밥 먹으러 갈 때도 메뉴 결정에 망설임이 없다. 말 떨어지기가 무섭게 휴대 전화에 손이 간다. 자신이 신뢰하는 인플루언서의 추천 장소와 리뷰를 확인하고 앞장을 선다.

인터넷과 컴퓨터보다 스마트폰이 더 친숙하고 SNS가 중심이다. 포털 사이트보다는 유튜브다. 자기중심과 자신의 의견을 중시하면서 다양한 동영상, 가상 공간, 가상 시뮬레이션 등 가공할 만한 세상을 경험하면서 재미를 추구한다. 재미가 없으면 관심이 멀어진다.

한 여자 고등학교에 초청을 받아 졸업반을 대상으로 진로 특강을 할 기회가 있었다. 특강을 시작하기 전에 진학 담당 교사가 학생들의 태도에 대해 너무 상심하지 말 것을 당부했다. 특강이 시작되니 역시 절반 정도의 학생은 귀 기울여 듣고, 절반 정도는 엎드려 자고, 잡담하고, 심지어 화장을 하고 있다. 강의 내용을 바꾸어 보았다. SM, YG, JYP 엔터테인먼트 회사 이야기와 이수만, 양현석, 박진영 대표 프로듀서의 리더십에 대해 이야기를 시작했다. 뒤에서 자고 있던 아이들이 하나둘 일어나고 조용히 집중하고 질문도 한다. 특강은 잘 마무리되었다. 재미있어야 관심을 갖는다.

치열한 경쟁의 불확실성 속에서 살아가는 자신만의 방법이 있고 자신의 방식을 중시한다. 그런 멘티들에게 멘토는 자기 방식대로 살라고 충고했으니 불에 기름을 붓는 꼴이 되었다.

k-pop과 BTS 등 한류의 세계화로 서구에 대한 열등의식이 없고 한국

의 문화가 세계의 기준이 될 수 있다고 생각한다. 멘토가 아미(Army)인지라 BTS 이야기를 많이 해서 친근감이 가는 모양새다. 다양한 문화에 관심이 많고 재미와 함께 작은 행복을 중시한다. 멘토도 다양한 문화에 관심이 많다. 최신 노래를 듣고, 영화, 드라마도 보니 대화가 된다.

성공보다 자신의 성장과 작은 성취에 관심이 높다. 멘토와 멘토링을 하면서 자신들이 성장할 수 있다는 확신이 들어 한 명도 빠짐없이 끝까지 간다는 생각이 든다. 우리 멘토링 에이스 팀의 다섯 가지 가치 중 하나인 '생산적 공헌' 관계를 공유한 이유이기도 하다.

권위주의 가정이 줄어들면서 커뮤니케이션도 일방적이면 귀를 닫고 쌍방향을 선호한다. 그리고 신뢰하지 않는 사람과는 만나지 않는다. 자녀가 하나 혹은 둘이라 존중받고 자라 자신이 존중받아야 한다고 생각하고 칭찬받는 것에 익숙하다. 부모 세대의 성공을 보면서 자신의 미래를 불안해한다. 개인의 노력보다 부모의 경제력으로 판단하는 수저 계급론을 사회적 잣대로 여기는 경향이 있다.

Z 세대와 밀레니얼 세대의 특징과도 유사하지만 독특한 그들만의 특징이 있다. 멘티들과 함께하면서 보고 느낀 것을 정리한 것이다. 지금의 대학생들이 갖는 고민이기도 하고 가치이기도 한 재미 세대의 꿈을 살펴본다.

05
재미 세대의 꿈

사람은 일을 통해 삶을 영위한다. 일하기 위해 사는 것인지 살기 위해 일하는 것인지 분명하지 않지만 일을 하지 않고는 살아갈 수도 없고, 일을 통해 자신의 삶이 윤택해지고 사회도 발전한다. 멘티들도 일하기 위해 준비 중이다.

멘토 세대를 포함해 최근까지도 우리는 삶에서 정해진 길을 가야 하는 줄 알았다. 중고등학교를 졸업하면 대학에 가고, 군대에 가고, 취직을 하고, 결혼을 하고, 집을 사고, 자식을 낳고, 자식을 좋은 대학을 보내고……. 다른 길을 가는 사람은 이상하게 보고, 그들은 사회의 낙오자, 특이한 사람이 되기도 했다.

일과 삶도 혼재되어 있었고, 자신이 정한 직업과 전공으로 평생을 살아오곤 했다. 일만이 행복을 준다고 생각하고 다른 세상이 있는 것을 잘 모르고 살아왔다. 고작 한두 가지의 취미만이 행복한 것으로 여겨져 왔다. 그러나 세계화가 되고 디지털 세상이 되면서 많은 정보를 접하게 되었다. 다양한 삶에 눈뜨게 되었다. 그러나 해 보지 않은 낯섦과 변화의 두려움으로 포기한다. 숙명처럼 당연시하고 보이지 않는 규율에 따라 살아가고 있다. 익숙한 것들에 자식 세대들이 따라가길 바라고 있는 줄도 모른다.

재미(ZeMi) 세대는 좀 다른 삶을 추구하는 것 같다. 자신이 정한 삶의 기준과 행복의 방법을 찾아 목표를 설정하고 꿈을 가지려고 하는 경향이 강하다. 멘티들도 마찬가지로 자신의 삶을 찾고 싶어 했다. 자기가 자신을 컨트롤하고 자신의 방식대로 삶을 살아가려고 한다. 멘토 역시 멘티들에게 계속 강조하였다. "어차피 인생은 한 번 사는 것, 자신을 일반화하지 말고 자신에게 확신을 갖고 자신의 기준으로 세상을 살아가라."라고. 가르치는 것보다 들어 주고 코칭해 주는 멘토링이 되어야 하는 이유이기도 하다.

치열한 경쟁 속에서 살아가는 재미 세대는 불확실한 미래에 불안하다. 대학의 입학이 취업을 보장해 주지 않는 것이 가장 불안하다. 양질의 취업 자리가 갈수록 줄어들고 있다. 자신이 노력해도 이룰 수 없다는 불안감은 세상에 대해 확실한 목소리를 낸다. 불합리하지 않고 정당성이 확보되어야 하며 경쟁의 조건이 동일하기를 원한다. 이러한 상황에서 세상이 이들에게 줄 수 있는 해답은 공정성이다. 모든 게임은 페어플레이가 되어야 한다고 생각하고 그렇지 못한 불공정에 입을 떼고 눈을 뜬다. 그리고 실질적으로 실력 행사로 자신의 의견을 개진한다. 행동하지 않는 지성은 젊음이 아니다.

빠르고 세계화된 네트워크는 시공간을 초월한다. 한곳에 머물지 않고 다양한 분야에 관심을 갖는다. 부모로부터 많은 혜택을 받고 많은 경험을 하면서 다각화된 목표를 갖는다. 따라서 빠른 모드 전환을 좋아한다. 학교(직장)에서의 자신과 퇴근 후의 자신이 다르다. 자기가 좋아하는 동아리의 모습은 또 다르다. 자신과 생각이 같은 네트워크에서의 자신은 또 다른 자신이 된다. 누구를 어떤 사람으로, 단편적으로 이야기하기가 어려워진다. 자신만의 개성적이고 다양한 삶을 살아간다.

자율이 존중되고 권한 이양이 된 조직을 선호하고, 자신이 존중받는 곳에서 일하고 싶어 한다. 사람도 마찬가지이다. 신뢰할 수 있는 사람과 일하고 싶어 하고 개인의 성장을 통해 조직이 성장하기를 원한다. 존중받고 싶어 하는 바람이 강해 섬김의 리더십과 수평적 리더십을 요구한다. 일이 많고 수입이 많은 일자리보다 행복하게 일하고 싶어 하는 욕구가 강해 일터(workplace)를 재미와 행복으로 만들어 가기를 원한다. 실리콘 밸리의 구글이나 애플 같은 자율적인 기업 환경과 자유로운 분위기, YG의 구내식당을 동경하는 이유이다.

성공과 성취보다 자신의 능력 개발을 원한다. 자신이 성장하고 있다는 것에 더 매력을 느낀다. 치열한 경쟁의 여파라고 여겨지지만, 자기 계발의 기회를 원한다. 전공뿐만 아니라 자신의 취미와 특기에도 성장의 의미가 있다.

삶의 다양한 즐거움과 재미 요소를 추구하며 오감을 만족시킬 수 있는 문화, 예술, 여행, 음식, 스포츠, 반려동물 등 취미에 관심이 많다. 결혼하고 아기를 갖는 것은 필수 사항이 아니다. 소유의 어려움보다 공유의 편리성을 추구하는 삶을 원한다.

불안한 시대에 살아가고 있지만 자신만의 행복을 찾아 사랑하는 사람, 가족, 이웃, 사회와 국가 발전에 기여하고 싶어 하는 훌륭한 세대(Great generation)이다.

최근 '코로나바이러스(COVID-19)'로 인해 가치가 혼동에 빠졌다. 비대면의 사회가 오고, 세계화는 저물고 지역화하며, 개인적 자기 방어 시대가 전개될 것이다.

06
재미 세대 삶의 요건들

4차 산업 시대에는 '혁명'이라는 말이 붙어 다닌다. 혁명은 변화가 상식 수준보다 근본적인 틀에서 변한다. 지난 50년의 변화보다 앞으로 10년의 변화가 더 크다. 혁명적 변화가 코앞에 다가왔고, 이를 온몸으로 느끼게 될 재미 세대는 무엇을 준비해야 할까?

세상이 급변한다고 모든 가치가 갑자기 변하지는 않는다. 변화의 순간에도 변하지 않는 가치와 기술이 있기 마련이다. 최근 하버드 비즈니스 리뷰에서도 "스타트업 기업이나 혁신기업의 성공 사례를 살펴보니 창조적 파괴가 아닌(그동안에는 창조적 파괴로 인하여 성공했다고 평가) 소비자 행동 변화에 맞추어 변화한 전통적 발전 방식이 주류를 이루고 있다."라고 발표했다.

재미 세대가 행복하게 일을 하고 삶을 살아가려면 어떤 조건을 갖추어야 할까?

먼저, 기본으로 돌아가 인간에 대한 이해와 인간을 다루는 기술을 알아야 한다.

인간관계의 진정한 사랑과 아픔, 기쁨, 슬픔이라는 정서를 이해하고 상대방을 배려하는 지혜를 알아야 한다. 인간에 대한 소통을 이해하고 상대방의 성장을 통한 자신의 성장을 도모해야 한다. 조직에서의 인간

관계를 원만하게 운영하여 조직이 행복해지고, 고객과의 진정한 인간관계를 통해 고객을 만족시키고, 주주나 투자자와의 원활한 인간관계를 통해 조직의 계속적 관심을 유도하듯 인간에 대한 올바른 이해와 성찰이 필요한 것 같다. 인문학적 소양을 강조하는 이유이기도 하고 인간과 기술이 융합해야 하는 이유이기도 하다.

빅히트 엔터테인먼트사의 강점 중의 하나는 방시혁 대표가 미학을 공부했다는 것이다. BTS의 리더 RM을 만난 것도 그의 인문학적 소양과 예술적 감각이 합해진 결과인데, 천재는 천재를 알아보는 것 같다. 애플의 스티브 잡스도 마찬가지다. 그도 기초 교양을 뜻하는 '리버럴 아츠'를 통해 인문학적 소양을 공부하며 인간의 원하는 것이 무엇인지에 대한 동물적 감각을 키웠다. 아카데미 감독상에 빛나는 거장 봉준호 감독도 인문학적 소양과 인간에 대한 애정이 없었다면 기생충과 같은 세계인에게 공감을 줄 수 있는 대작이 탄생할 수 없었을 것이다.

두 번째로 자신만의 전문적 기술이 있어야 한다.

먹고살 수 있는 전문적 지식을 갖추되 좁고 깊은 지식을 요구한다. 예를 들어, 4차 산업 혁명의 핵심은 AI이고 실행은 빅 데이터이다. 깊이 있게 배우는 인공 지능은 빅 데이터가 기본이다. 빅 데이터는 기획, 가공, 분석 등 보다 세분화되는 전문가를 요구한다. 깊이 있는 전문가가 대우받는 시대이다.

전문 지식을 갖춘 전문가들이 모여 일(프로젝트)을 한다. 프로젝트는 시장이 요구하는 니즈에 맞추어져 있다. 시장이 요구하는 전문 기술을 가져야 살아갈 수 있다. 시장을 보려면 세상의 흐름을 볼 수 있어야 한다. 일반적 지식도 광범위하게 요구된다. 그래서 스페셜리스트(specialist)인 동시에 제너럴리스트(generalist)가 되어야 한다. 자신의 전문 분야의 최고 전문가인 동시에 자신의 분야가 다른 분야와 어떻게 융합되고 통합되는지를 알아야 한다. 직위가 올라갈수록 두 가지의 능력이 요구된다. 다양한 세상의 일에 관심을 가질 필요가 있다.

세 번째는 실행의 능력이다.

아는 것만으로 힘이 될 수 없다. 실천하고 실행해 결과를 도출하고 성과를 내야 한다. 백 번의 말보다, 천 가지 지식보다, 한 가지의 실천이 더 중요하며 실행할 수 있는 기술을 가져야 한다. 그래서 리더십이 필요하다. 리더십을 통해 일을 올바르게 하여 결과를 만들어 가야 하기 때문이다. 큰 틀에서 본질을 파악할 필요가 있다. 거시적 관점(macro perspective)에서 일을 볼 수 있는 능력이 필요하다. 아이디어와 조직력도 필요한 시점이다. 그리고 거시적 일을 자세하고 세부적으로 추진할 필요가 있다. 꼼꼼하다고 표현하기도 하지만, 미시적 관점(micro perspective)의 실행도 중요하다. "디테일에 악마가 있다."라고 한다. 작은 실수들이 큰 프로젝트를 망치는 경우가 많기 때문이다.

네 번째로 4차 산업 사회의 인재처럼 다양화되고 엄청난 정보와 아이디어를 조직화하는 능력이 요구된다.

글로 써서 체계화하든, 코딩을 하여 프로그래밍하든 플랫폼을 만들 수 있는 능력이 필요하다. 다양한 학문과 사회 현상을 꿰뚫어 보고 아이디어를 찾는 능력, 한 가지 분야보다 다양한 분야의 컨버전스를 이루어 아이디어를 만들고 체계화할 수 있는 능력이 있어야 한다. 4차 산업 혁명 시대의 생산성은 다양화된 세계를 연결하고 융합하는 능력이 요구된다. 인문학과 기술의 융합, 뇌와 컴퓨터의 연결, 유전자 정보를 통한 각종 질환을 데이터화하고 프로그래밍하여 질병을 치료하고 있는 세상이다. 책을 쓰자고 멘티들에게 제안한 것에 이런 훈련의 의도도 있었다.

다섯 번째는 시장(현장)을 알아야 한다.

디지털 시대는 인터넷과 가상의 공간에서 활동하는 것이 대부분이다. IT, BT, AI, 빅 데이터 등 4차 산업의 대부분도 컴퓨터, 사무실에서 계획되지만 실행은 현실의 공간에서 이루어진다. 현실의 상황에서 디지털이라는 수단을 활용할 뿐이다. 현장으로 가야 한다. 답은 자신의 사무실(방)에 있는 것이 아니라 현장과 시장에 있다. 항상 시장을 보고 시장의 니즈에 부응해야 한다. 내가 중심이지만 남(시장)과의 관계에서도 협업하고 소통하는 자세가 필요한 이유이다.

예를 들면, 포스트 코로나 시대에는 교육, 비즈니스, 의료 등이 대면과 비대면 시장이 공존할 것이므로 이는 곧 관심을 가져야 할 시장이다.

마지막으로 자신의 삶에서나 일에서 고객을 알아야 하고, 고객의 가치에 초점을 맞추어야 한다.

일의 본질(궁극적 목적)은 타인에 대한 공헌이다. 타인의 삶을 유익하게 변화시켜 가는 것이다. 그래서 자신이 하는 일의 고객이 누구인지, 고객이 추구하는 가치가 무엇인지 항상 염두에 두어야 한다. 고객 가치의 증대는 일의 핵심이 되어야 함을 항상 명심하여야 한다.

변화의 시대를 살아가야 하는 재미 세대에게 필요한 적절한 역량들이다. 초연결 사회이고, 융합의 시대이고, 수많은 정보가 있는 사회이다. 혁명적 변화 속에서도 경영의 기본에는 충실해야 할 것이다.

행복을 찾아 가는
멘티들의 이야기

나의 행복 지도

'여태까지 나는 나의 행복에 대해 깊이 생각해 보고 귀 기울였던 적이 있었나?' 생각해 보면 답은 '아니다.'에 가깝다. 나는 한 번도 '내가 무엇을 하면 행복한가?'라는 물음에 대해 나열해 본 적이 없다. 정말 신기하게도 그렇다. 분명 의식적으로 이런 것들을 하지 않는 이상 글로 써 나열해 본 사람은 많지 않을 거라고 생각한다. 정말 아무 생각 없이 살았던 건가. 그것도 아니다. 내가 여태까지 고민했던 것은 '어떻게 하면 성공에 가까워질 수 있을까?'라는 것이다. 그 일을 함으로써 내가 행복한지는 중요하지 않았고 그저 그 일을 하면 내가 인정받을 수 있을지만 생각했던 것 같다. 그러나 나의 행복은 누구도 찾아 주지 않고 오롯이 내가 찾아야 한다는 것을 이번 멘토링을 통해 깨달았다. 나의 행복은 정말 중요한 것이지만 그것에 귀 기울이지 않고 살아왔다.

멘토링 7차 모임쯤 멘토님께서는 멘티들에게 행복 지도를 만들어 보라고 말씀하셨다. 처음 들어 보는 생소한 단어였다. 인터넷에 'happy mind map'이라고 쳐 보니 예쁘게 꾸며진 나만의 행복 지도들이 있었다. 행복 지도를 만들기 위해서는 우선 내가 무엇을 할 때 행복한지 나열하는 과정이 필요했다. 한 번도 고민해 보지 않았던 것들이라 처음에는 조금 낯설었다. 그러나 곰곰이 생각해 보니 나는 우울할 때 귀여운 고양이나 아기 영상을 찾아보기도 하고 엄청 웃긴 예능을 보기도 한다. 스트레스를 받을 때면 노래를 들으면서 산책을 하거나 맛있는 음식을 먹기도 한다. 이처럼 사소해 보이는 것이라도 나의 기분을 나아지게 하는 것들이 있다. 거창한 것들보다 이런 작은 것들부터 적어 나가기 시작했다. 나열해 보자면 내 취향에 맞는 노래 찾기, 예쁜 카페 찾아다니기, 친구들 만나 수다 떨기, 방 탈출 하러 다니기, 자전거 타기, 구기 운동(농구, 피구)하기, 여행 다니기, 갑자기 바다 보러 가기, 밤 산책하기, 학생들 가르치기, 가족들과 시간 보내기 등등이 있었다.

써 놓고 보니 꽤 많은 것이 나의 행복을 채우고 있었다. 앞으로 학교를 떠나 사회생활을 하다 보면 나의 감정을 더욱더 잘 다스릴 줄 아는 사람이 되어야 할 텐데 그때마다 어떤 것이 나의 행복을 채울 수 있는지 파악하고 있다면 도움이 될 것이라 생각한다. 물론 살아가면서 내가 좋아하는 일만 하면서 살 수는 없는 노릇이다. 그렇지만 앞으로 나의 행복을 지키기 위해 노력할 것이고, 궁극적인 목표로 다른 어떤 것보다도 행복을 최우선으로 두고 싶다는 생각을 했다.

행복 지도를 만드는 과정을 통해 내가 얼마나 나의 행복을 뒷전으로 두고 있었는지 깨닫게 되었고, 나의 소소한 행복들을 찾으며 나에 대해 더 알아 가는 시간을 가진 것 같아 뜻깊었다. 앞서 2장에서도 언급했지만 나 자신을 사랑해야 남들도 나를 사랑해 주는 것과 같이, 내가 나의 행복이 무엇인지 잘 알고 있어야 남들도 나를 행복한 사람으로 바라봐 주지 않을까. 앞으로 정말 행복해지고 싶다. 남들이 나를 볼 때 행복해 보였으면 좋겠고 그 모습을 보고 덩달아 행복해졌으면 좋겠다.

나의 행복

행복이란 단어는 익숙하면서도 한편으로는 낯설다. 정말 맛있는 음식을 먹으면서도 "행복하다."라고 하고, 날이 엄청 더운 날에 에어컨이 시원하게 켜진 곳으로 들어갔을 때도 "행복하다."라고 한다. 요즘은 작은 일에서도 행복을 찾는 '소확행(작지만 확실한 행복)'이라는 말도 주변에서 자주 사용하고 있다. 이렇게 사람들은 일상적인 일에서 행복을 찾아 나선다. 하지만, 정작 우리나라의 '행복 지수'는 높은 편이 아니다. 오히려 현재는 힘들다고 느끼면서 현재의 행복을 찾는 것이 아닌 "지금 고생해서 행복하려고 하는 거야."라며 미래의 행복을 추구한다. 일상적으로는 자주 하는 말의 의미를 자세히 들여다보면 낯설게 느껴지는 것이다.

일상을 넘어 내 삶의 행복을 위해선 어떻게 해야 할까. 게임의 퀘스트처럼 어떤 조건을 해결하면 행복해질 수 있는 것일까? 돈이 조금 더 많았다면, 대학에 합격한다면, 취직해서 내 직장을 가진다면 행복할 텐데.

당장의 고민거리를 해결하면 행복만이 눈앞에 가득할 것이라 생각하지만, 이 길을 지나 본 사람이라면 알 것이다. 게임에서 하나의 퀘스트가 끝나면 다음 퀘스트가 다시 생기는 것처럼, 다시 다른 걱정거리가 생긴다. 오히려 하나의 고민을 해결하면 더 어려운 고민을 시작해야 하는 경우도 많이 볼 수 있다. 예를 들어, 힘든 수능을 거쳐 "불행 끝, 행복 시작!"이라고 외치며 대학에 들어가더라도 동아리, 아르바이트, 취직, 인간관계 등 고민거리가 여전히 많이 존재한다.

그럼 언제 행복해지는 것일까? 그건 사람마다 다를 것이다.

누군가 나에게 행복하냐고 묻는다면 나는 망설임 없이 행복하다고 대답할 것이다. 물론, 현재 상황에 고민해야 할 문제도 많고, 스트레스 받는 일도 많다. 미래가 100% 보장되어 있지도 않다. 확실한 진로를 가지고 있는 것도 아니다. 조건들을 따져 보면, 행복한 게 맞는지 의문이 들 수 있다. 하지만, 불안한 현재에 깔려 있는 내 마음 상태는 행복하다.

내가 행복하다고 느끼는 첫 번째 이유는 내가 선택한 길을 살아가고 있기 때문이다. 1학년 때의 전공 선택의 기회를 거쳐 현재 진학한 과도 적성을 고려하여 고른 것은 아니지만, 나름의 근거에 의한, '나'의 판단에 의한 결정이었다. 기나긴 공부를 한 것도 주변의 기대를 만족시켜야 한다는 부담감에 의한 것도 있지만, 모든 것을 통틀어서 어디에서 어떻게, 언제까지 공부할지를 결정한 것은 오로지 '나'의 판단이다. 고등학교 때까지는 내가 결정한다는 것의 행복에 대해서 잘 몰랐었다. 그저 시키는 대로 공부하고 학원을 다니며 숙제를 하면 하루가 지나갔기 때문이다. 대학에 진학하고 나서야, 내가 선택하는 삶을 살게 되었다. 물론, 자유에는 책임이 따른다. 선택에 대한 책임은 스스로가 져야 한다는 부담감도 있다. 하지만 공부를 하느라 아무리 바빠도, 여러 가지 활동을 한 번에 하느라 밥 먹을 시간조차 없을 때도, 고등학교 때와는 비교도 안 되게 바쁘게 살더라도, 주도적인 삶을 살고 있기 때문에 나는 행복하다.

두 번째 이유는 흔한 이유지만 내 곁에 있어 준 사람들 덕분이다. 긴 수험 생활 중에 자연스레 연락이 끊긴 친구들이 많았다. 먼저 연락이 와도 답장할 여유가 없어서 답을 해 주지 못하다 보니 연락이 이어지지 않아 멀어진 친구들도 있었다. 그렇기에 현재까지 내 곁에 남아준 사람들이 너무 고맙다. 자주 표현하지는 못해도 언제나 그들을 향한 고마움이 마음 속에 있다.

마지막 이유는 '이 또한 지나가리라'는 것을 알고 있기 때문이다. 이를 깨닫기 전에는 많은 일이 한 번에 몰아칠 때, 스트레스의 늪에서 빠져나오지 못했다. 당장의 일을 해결하기에 급급하다 보니 그 일들이 끝나고 난 뒤의 일들이 보이지 않았다. 하지만, 몇몇 일들이 정리되고, 마무리되면서 여유가 생겼을 때 문득 생각이 들었다. 죽을 것 같이 힘들어도 언젠가 지나간다는 것을. 그때야 비로소 마음의 여유가 생겼다. 어차피 지나갈 일들이라고 생각하니 조금 더 여유를 가지고 일을 처리할 수 있게 되었다. 그것을 깨닫고 난 뒤에는 나는 스트레스를 받기보다 선택한 일에 대한 행복함에 더 집중할 수 있었다. 이를 알지 못했다면 첫번째 이유로 인한 행복은 느끼지 못했을 것이다.

"언제나 오늘만 같았으면". 드라마에서 행복한 주인공들이 엄청난 폭풍 같은 시련이 몰아치기 전에 하는 대사이다. 행복한 주인공들은 언제나 오늘 같은 날이 반복되기를 바라는 것처럼 보인다. 즉, 행복한 현실에 만족하고 있는 것처럼 보인다. 하지만, 행복하면 현실에 만족해야만 하는 것일까? 나는 그렇게 생각하지는 않는다. 고인 물은 언젠가 썩듯이, 빠르게 변화하는 삶에 필요한 것은 현실에 안주하는 것이 아니라 나아가는 것이라 생각한다. 그래서 나는 현재의 삶이 행복하지만, 만족하지는 않는다. 현재의 자리에서 나아가 더 많은 것을 경험하고 배우고 싶다.

앞으로도 내 삶의 행복은 현실에 있을지언정, 내 삶은 현실에 머물러 있는 것이 아니라 더 큰 세상을 향해 나아가려고 노력할 것이다.

나의 불안, 그리고 멘탈 회복법

벌써 이번 1년간의 활동이 마무리되어 간다. 멘토링을 통해 많은 것을 배웠다. 외적인 지식은 물론, 무엇보다 나에 대해 깊이 느끼고 배울 수 있었던 값진 시간이었다. 몰랐던 내 모습을 알아 가는 과정을 통해 전략적인 사람이 된 것 같다. 앞으로 계속 나라는 사람에 대해 알아볼 것이며, 그것을 기반으로 나를 더 성장시킬 것이다.

이번 강의에서는 재미 세대라는 단어가 새롭게 다가왔다. 재미 세대란 멘토님이 만든 신조어로, 우리 세대를 뜻하는 말이라고 하셨다. 우리 세대는 재미를 추구하며, Z 세대이기도 하고, 밀레니얼 시대이기도 하다. 이러한 재미 세대에서 내가 어떤 재미있는 것들을 해 나갈지 기대된다.

그러기 위해서는 재미 세대인 내가 어떤 특성을 가지고 있는지 더 깊게 알아야 한다. 나는 긍정적이지만 불안한 사람이다. 그런 나에게 불안의 근원은 무엇인가? 바로 행복을 깨려는 상상이다. 나는 아직 일어나지 않은 일에 대해 쓸데없는 상상을 하고, 걱정하고, 불안에 떨곤 한다. 자기 방어를 하자면, 아직 일어나지 않은 일이 언젠가는 일어날 것을 알고 있기에 미리 대비하며 상상하고 연습하는 것이다. 하지만 지금까지 돌아보면 이렇게 미리 대비한다고 해도 일어나지 않는 일이 대부분이다. '이를 위해서 나는 앞으로 어떻게 해야 하는가?'라는 고민을 해 본 적도 있다. 왜냐하면, 쓸데없는 상상으로 행복하던 나를 망치고 우울에 빠진 적이 있었기 때문이다. 나는 불안에 떠는 모습을 고치고 싶다.

다행히도 나는 우울에서 빠져나올 수 있는 나만의 멘탈 회복법(행복회로)이 있다! 소개해 보자면 '좋아하는 사람 만나 이야기 나누기, 여행가기, 온전히 나를 위한 소비하기, 우리 집 강아지 보고 힐링하기, 선선한 날씨에 산책하기, 귀여운 것 보러 가기, 사진 찍어 기록하기를 좋아하는 내가 행복했을 때 남겨 둔 사진들 보기, 만화 <달빛천사>를 보며 웃고 울기, 인생 영화인 <노트북>과 <라푼젤> 그리고 디즈니 영화 보기, 웹툰 보기, 떡볶이랑 마카롱 먹기, 낮잠 자기, 방에 전시된 좋아하는 인형과 꽃 구경하기, 야경(별과 달) 보러 가기' 등등 간단히 적었는데 이렇게나 많다.

나는 소소한 것들에 큰 행복을 느끼기 때문에, 조금만 고개를 들면 행복한 사람이 될 수 있다. 재미 세대에서도 더 즐겁게 살아가는 내가 되고 싶다.

행복 회로의 순기능, 반성

2019년 11월 17일, 정기 모임은 아니지만 책 출간으로 회의가 있었다. 내가 맡은 역할은 책이 완성되면 출판사와 컨택하는 것이다. 그리고 멘토님께서 경영학을 전공하는 내게 마케팅 업무를 제안해 주셨다. 이미 만들어진 제품이 아닌, 내가 만든 책을 출판사와 컨택하고 마케팅한다니……. 흥미롭다. 열심히 배우고 팀원들과 힘내서 진행하리라 다짐했다.

위에서 언급했듯, 나는 귀여운 걸 보러 가는 것을 좋아한다. 때문에 회의가 끝난 후 인사동 쌈짓길 구경을 하다가 '꿈 다이어리'라는 것을 발견하게 되었다. 나는 현재 내 꿈을 전략적으로 설계하며 책을 쓰는 중이다. 그리고 그것을 멘토님을 통해 궁극적으로 배우는 중이기 때문에, 수많은 다이어리 중에 꿈 다이어리가 가장 눈에 띄었다.

다이어리를 열어 보았을 때, 직원 분이 쓴 샘플(sample)을 보게 되었다. 직원 분의 꿈이 여러 개 있었는데 그중에 세 번째 꿈이 '책 내 보기'였다. 이를 보고 나는 반성하게 되었다. 본질적인 이유를 잊고 막연히 책을 쓰고 있다는 생각이 들었기 때문이다. 회의를 진행할수록 책의 방향이 구체적으로 잡히고, 할당된 분량을 채워야 한다는 강박 때문이었는지 책을 쓰면서 과제라고 생각하지 않았나 싶다. 이 원고는 나를 위한 일이며, 다른 누군가에게 도움이 될 수 있는, 내 꿈을 실현하는 나뭇가지들 중 하나이다. 하지만 학업과 이것저것을 병행하다 보니 잠시 잊었던 것 같다. 따라서 '다른 누군가에겐 혼자 실행하기 어려웠을 멋진 꿈을 지금의 나는 실행하고 있다.'라는 사실을 인지하고 반성하게 되었다.

하지만 그 무엇보다 가장 중요한 '내가' 원하고 바라던 꿈을 이뤄 나가는 중이기에 활동에 책임감을 심었다. 이렇듯 나는 행복 회로를 돌리다 문득 자극을 받게 되는 스타일이다.

시작에 가치를 두자던 나는 이 일을 계기로 시작에만 가치를 두며 정작 과정에 큰 가치를 두지 못한 모습을 발견할 수 있었다. 따라서 나는 앞으로 시작과 과정 그리고 유종의 미를 거두기 위한 결과까지 모든 과정에 책임감을 깊이 심고 열심히 사는 사람이 될 것이라고 다짐했다.

귀여운 것을 보러 갔다가 반성하고 온 하루였다. 즉, 내 멘탈 회복법을 기반으로 삶을 즐기다 보면, 자신을 채찍질하는 계기가 된다는 말이기도 하다(물론, 멘탈 회복법은 늘 당근을 준다는 사실은 기본이다).

행복 회로를 기준으로 좋아하는 일을 즐기면서 한다면 그만큼 행복한 것이 있을까?

원고를 마무리하며 마지막 정기 모임을 마쳤다. '많이 웃어라. 긍정적으로 생각해라. 자신의 삶을 전략적으로 그려 행복한 삶을 살자.'라는 결론을 지을 수 있었다. 많은 것을 배웠고, 행복한 1년이었다.

재미 세대의 행복하기

문화 마케팅 스터디 동아리에서 활동하며 나는 여러 제품, 서비스에 대한 마케팅 전략을 생각하고, 이를 발표하는 일이 잦았다. 해당 제품, 서비스에 대한 타깃 분석을 할 때 나는 종종 타깃층으로 '밀레니얼 세대' 그리고 'Z 세대'를 선택하곤 했다. 이 세대들은 그 전 세대들과 비교했을 때 뚜렷한 특징이 있으며, 그 특징을 제품, 서비스와 연결했을 때 재미있는 프로모션을 많이 제시할 수 있었기 때문이다. 나는 1999년도 출생으로 이 두 세대 모두에 속해 있다고 볼 수 있다. 그런데 누가 나에게 "그 두 세대의 특징이 뭐야?"라고 물으면, 여러 특성을 제시할 수는 있지만 이 세대들이 지니고 있는 모든 특징을 포괄하는 단어는 생각해 내기 어려울 것 같다. 그런데 이번에 멘토님께서 이 두 세대를 합쳐서 '재미(Zemi) 세대'라고 설명해 주셨을 때 그제서야 '재미'라는 단어가 내 머릿속을 스쳐 갔다. 나를 비롯한 내 주변 사람들 모두 다른 가치보다는 자기 자신의 재미, 혹은 행복을 주로 추구하는 성향을 보였기 때문이다.

재미(Zemi) 세대로서 내 이야기를 시작하기 전, 내가 1장에서 언급했던 자기소개를 여기서 다시 한번 짚고 넘어가려 한다.

"안녕하세요? 제 이름은 박시연이고, 저는 항상 이상적으로 생각하며 거기서 그치지 않고 결국에는 그 이상을 현실로 만드는 사람입니다."

저 소개처럼 나는 항상 이상적으로 생각하며, 거기에서 그치지 않고 결국에는 그 이상을 현실로 만들어 내는 사람이다. 살면서 가장 중요한 가치는 행복이고, 모든 것은 행복해지려고 하는 일인데 그 과정 속에서 불행하다면 의미가 없다고 생각한다. 따라서 어떤 일을 할 때 힘든 점을 먼저 생각하기보다는 그 일이 내게 줄 좋은 점들을 먼저 생각하곤 한다. 하고 싶은 활동을 정할 때도 "내가 이 활동을 행복하게 할 수 있을까?"라는 걸 최우선으로 고려하곤 한다. 하기 싫지만 꼭 해야 하는 일을 할 때도 그 일과 관련된 '소확행'을 찾아서 어떻게든 즐겁게 일을 끝마치곤 한다. 고등학교 3학년 때는 수업이 끝난 후 학교 근처 가게에서 마카롱을 사 먹으며 그 날 하루 수고한 나에게 선물을 줬고, 새내기 시절 시험 기간에는 끝나고 드라마를 보며 시험 기간을 잘 끝마친 나에게 보상을 주었다. 이러한 보상은 내가 힘든 일상 속에서 행복을 찾을 수 있도록 도와주었다. 이렇게 행복을 추구하며 살다 보니 자연스럽게 이상적인 생각을 하게 되었다. 주변 사람들은 내게 "넌 정말 너에 대한 믿음이 큰 것 같아."라고 말하곤 한다. 그리고 나도 그 말에 동의한다. 나는 어떤 일이 닥치든 그 일에 대해 걱정하기보다는 미래에 나는 결국 해낼 것이라는 확신을 지니고 있기 때문이다.

다만, 내가 마냥 '난 잘될 거야.'라고 생각하는 것에서 그치는 사람은 아니다. 나는 내가 기대하고 원하는 결과를 얻기 위해 과정 속에서 치열하게 노력하는 사람이다. 이에 대한 사례는 이 책에서 반복적으로 등장했던 내 전공 수업에서 찾을 수 있다. 나는 다른 학생들에 비해 전공을 늦게 결정해서 그에 대한 준비가 덜 되어 있었다. 전공 수업의 과제들은 대부분 디자인 툴을 사용해서 만들어야 했고, 디자인 툴을 처음 사용해 보는 나는 초기의 과제에서 내가 생각한 만큼의 결과물을 내지 못했다. 하지만 포기하거나 내가 전공을 잘못 선택했다고 낙담하지 않고 혼자 포토샵, 일러스트레이터 등의 디자인 툴을 공부해서 결국에는 원하는 양질의 과제를 만들었고, 성적도 잘 받을 수 있었다. 결국 내가 믿는 것은 지금까지 열심히 노력하며 긍정적인 결과를 만들어 왔던 지금까지의 나인 것 같다. 이렇듯 나는 내가 이루고자 하는 목표를 위해 항상 노력하며, 그 과정과 결과 모두에서 행복을 느끼는 사람이다.

예전에는 나의 이러한 특성을 '활동에 대한 편식이 심하다.'라고 표현하곤 했다. 좋아하는 일에는 열정적으로 참여하지만, 싫어하는 일은 기피하는 성향이 강하기 때문이다. 음악을 틀어 놓고 누군가에게 편지와 일기를 쓰는 일은 과제가 많아도 해야 할 일의 우선순위에 놓곤 한다. 반대로, 싫어하는 일을 억지로 할 때는 정말 말 그대로 '꾸역꾸역' 하곤 한다. 그런데 대학교에서 여러 활동을 해 보며 내가 알고 있는 나의 모습이 다가 아님을 알았다. 내가 편견을 가지고 피하던 일이 해 보니까 내 적성과 흥미에 맞는 일이기도 했고 반대의 경우이기도 했다. 또 좋아하는 일만 하다 보면 내가 이미 알고 있는 것들 안에서만 정체할 것이라는 생각도 들었다. 그 후로는 싫어하는 일 속에서 좋아하는 부분을 찾으며 다양한 경험을 쌓기 위해 노력하고 있다. 앞으로도 나는 여러 경험을 하기 위해 노력할 생각이다. 만약 그 일을 경험해 보고 나와 안 맞는다면 과감히 다른 일을 찾아 떠날 것이다. 물론 생활하면서 몇 가지의 사소한 일들은 인내가 필요하고, 싫어도 꾹 참고 하는 참을성이 필요할 수도 있다. 그렇지만 나는 여전히 내 생활에 있어 가장 중요한 나의 진로만큼은 내가 재미를 느끼고 행복을 느끼는 것을 지니고 싶다.

행복이란?

1년간의 휴학을 마치고 2019년도에 나의 대학생으로서 마지막 해의 한 학기가 시작되었다. 이번 해는 나에게 있어서는 무척 중요한 해였다. 왜냐하면 학점을 올릴 수 있는 마지막 기회였고, 이번 해를 어떻게 보내느냐에 따라 나의 취업 방향이 결정될 수 있었기 때문이다. 큰 부담감을 시작한 학기여서 그런지, 이번 19년도 1학기는 나에겐 무척이나 힘든 학기가 되었다. 졸업 작품 프로젝트를 진행하는데, 박사급의 주제를 다루다 보니 너무 어려워 스트레스를 받기도 하였고, 동시에 다른 과목의 공부를 진행해야만 했기에 매일 새벽같이 공부를 하고 밤을 새는 일이 잦아지면서 몸도 마음도 많이 지쳐 버렸다. 이로 인해 자존감마저 바닥이 나는 상황이 되어 버렸다. 나의 이런 힘듦조차도 남이 봤을 때는 사치라고 생각할 수도 있다. 하지만 그때의 나는 나라는 존재가 처음 겪어 본 힘듦을 견뎌 내기가 조금 힘들었다.

정말 부정적인 생각만 가득 찼던 어느 날이었다. 여느 날과 같이 친구들과 함께 졸업 설계를 하고 있었다. 그날은 저녁에 내가 다른 약속이 있었던 탓에 팀원에 대한 미안한 마음을 조금이라도 줄이고자 모든 일을 떠맡아 하려고 다짐을 했다. 작품을 만드는 도중에 보드에 설치할 코일을 벗길 사포가 필요하게 되었는데, 그때 한 치의 망설임도 없이 내가 문구점에 다녀오겠다고 자원해서 가게 되었다. 그리고 학교 앞 문방구점에 가려고 도로를 건너려고 하는 순간이었다. 뒤에서 차가 갑자기 달려와 내 몸을 퍽 치고 갔다. 너무 갑작스러운 상황이라 내가 다친지도, 상황이 어떻게 되어 가는지도 모르고 멍해졌다. 다행히 크게 다치진 않았지만, 이후 든 생각이 '내가 얼마나 부정적인 생각을 많이 했으면 이런 일까지 벌어졌을까?'라는 것이었다. 이 사건을 계기로 진지하게 나 자신을 다시 돌이켜 보게 되었다. '내가 정말 엉망진창이었구나.'라고 제일 먼저 느꼈던 것은 나의 방 상태였다. 나의 옷들은 침대, 바닥, 책상 등에 널브러져 있었고 먼지도 많았으며 돼지 우리가 따로 없었다. '이번 학기만 끝나면 다시 괜찮아질 거야. 조금만 참아 보자.'라는 생각이 들기도 했지만 이것은 현실을 회피하고자 하는 나의 핑계라고 생각했다. 힘들 때마다 긍정적인 미래를 바라보는 것은 나에겐 아무 도움이 되지 않을 것 같았다.

'지금 현재에 집중을 하자.' 이것이 내가 내린 최선의 방책이었다. 긍정적인 미래를 바라보며 힘든 현재를 버티는 것보단, 현재를 행복하게 만들어야 했다. 그때 문득 예전에 시연이가 면접 당일 날 했던 '소확행'이라는 말이 떠올랐다. 소소하지만 확실한 행복. 현재를 보면 지금이라도 당장 나를 행복하게 만들 수 있는 요소는 정말 많다는 것을 알았다. 올해

5월은 미세 먼지도 많이 없고 날씨가 정말 좋았다. 등교를 할 때마다 신나는 음악을 들으면 예전에는 느끼지 못했던 따뜻한 햇살이 느껴졌고, 주변에 보이지 않았던 것들이 보이기 시작했다. 또한, 다가오지 않을 미래에 대해 쓸데없는 걱정을 하지 않기로 다짐했다. 이번 학기 동안 친형과 얘기를 많이 했다. 그때마다 형은 취업에 대해 걱정하지 말라며, 지금 마시고 싶은 맥주를 다음으로 미루지 말라고 했다. 그렇다. 바닥은 생각보다 깊지 않았다. 내가 잡고 있는 이 밧줄을 놓아도 바닥은 깊지 않았고, 무엇보다 내가 행복해야 하는 게 제일 우선이었다. 힘들게 밧줄에 두 손으로 아등바등 매달릴 바에 나는 내려와서 편하게 계단으로 올라갈 것이다. 아등바등 잡고 있는 줄을 확 놓아 버리니 마음이 많이 편해지는 것을 느낄 수 있었다. '내가 이것을 실패하더라도 어떻게든 되겠지.'라는 마음가짐은 부담감을 내려놓고, 현실에 더 집중할 수 있게 만들어 주었다. 이제는 내가 너무 힘들다고 느낄 때 눈을 감고 명상을 한다. 그리고 내가 유체이탈을 해서 우리나라, 지구, 우주, 은하계로 점점 멀리

떨어져 나가는 생각을 한다. 그렇게 생각하면 내가 지금 겪고 있는 일이 모래 한 알도 안 될 만큼의 별 것 아닌 고민이었다는 것을 깨닫는다.

많은 것을 느꼈던 학기였고, 아마 대학 생활 중 내가 제일 많이 성장을 할 수 있었던 학기였던 것 같다. 어쩌면 이런 경험을 할 수 있었던 것이 나로선 고마운 일이었다. 한 학기를 마치며 현재에 감사할 줄 아는 내가 되었고, 태풍이 불어도 스스로 붙잡을 수 있는 내가 되었다.

행복한 삶을 산다는 것,
I want to live for happiness

사람마다 행복의 정의는 다를 것이다. 본인이 좋아하는 일을 하나라도 할 수 있는 사람이 행복한 삶을 살고 있다고 단정 지을 수 없지만 행복해질 수 있는 하나의 끈을 쥐고 있다고는 말할 수 있을 것 같다. 이렇게 생각해 보면 행복은 좀 쉽게 생각할 수 있다. 내가 먹고 싶은 음식을 나 혼자 먹는 것이 아닌 내가 좋아하는 사람들과 먹는 것, 이것이 나의 '소확행(소소하지만 확실한 행복)'이다. 나는 사교성이 강하고 외향적, 활동적인 성향이 있다. 그렇기에 사람들을 만나는 것에서 행복을 느낄 때가 많다. 나의 행복을 위해 내가 선택한 하나의 방법을 소개하려 한다.

인간관계, 사람을 대하는 법

비록 스물다섯 살의 젊은 나이지만, 시간이 흐르면서 느끼는 것은 인간관계의 어려움이다. 친한 친구 사이였다가 어떤 사건 하나로 사이가 틀어지는 일이 있는 반면, 어떤 일을 계기로 시작된 새로운 만남이 꾸준한 만남을 가져다주는 경우도 있다. 인간관계에 대해 어려움을 겪던 중 우연히 보게 된 글이 있다. "있다고 다 보여 주지 말고, 안다고 다 말하지 말고, 가졌다고 다 빌려 주지 말고, 들었다고 다 믿지 말 것." 셰익스피어의 『리어 왕』에 나오는 명언이다. 이는 사람과의 관계에 있어 약간의 거리감을 갖는 게 좋다고 말하는 것이라고 생각한다.

첫 번째, 나를 온전히 다 보여 줄 필요가 없다. 특히 나의 약점을 사람들에게 알릴 필요는 없다. 약점을 극복한 사례를 말하는 것은 상관이 없지만 내가 아직 가지고 있는 약점을 굳이 알리진 말자. 단, 예외가 있다면 그 사람이 나의 약점을 상쇄시킬 만한 강점을 가지고 있고 그 강점으로 서로가 시너지 효과를 낼 수 있는 사람이라면 말해도 되는 여지가 있을 것 같다.

두 번째, "안다고 다 말하지 마라."라는 것은 겸손을 요구하는 것이다. 자기를 어필해야 살아갈 수 있는 사회가 된 지금, 나의 자질을 충분히 뽐내야 하는 것은 당연하다. 먼저 나서기도 하고, 할 수 있다는 자신감을 보이는 사람이 인정받는 사회가 되었다. 하지만 그 자신감 속에서 우리는 겸손을 유지해야 한다. 주위 사람들의 말을 들어 보며 경청하는 자세, 포용하는 자세를 갖추는 것이 겸손을 유지하는 방법이라고 생각한다.

세 번째, "가졌다고 다 빌려 주지 마라."라는 말은 가늠이 잘 가지 않는다. 하지만 물질적이든 비물질적이든 내가 가진 능력을 다 내어 주지는 말라는 소리인 것 같다.

네 번째, "들었다고 다 믿지 마라."라는 것은 제3자가 개입할 때 할 수 있는 말이라고 생각한다. 타인의 얘기를 당사자에게 직접 듣기 전에는 항상 물음표를 가져야 한다고 생각한다. 소문은 항상 왜곡될 수 있으며 내용은 항상 사실 그대로, 정확히 전달될 수 없다. 그렇기에 당사자에게 직접 상황을 설명받기 전까지 의구심을 품어야 한다.

그리고 내가 인간관계에 대해서 느낀 또 한 가지는 사람을 대하는 데 있어 내 사람을 챙기는 것만으로도 충분하다는 것이다. 관계라는 것은 일방향이 아닌 쌍방향으로 이루어져야 지속될 수 있다고 생각한다. 서로 주고받는 연락이 되어야 한다는 것이다. 나는 한때 '모든 사람을 챙겨야겠다.'라는 생각을 가졌고 많은 사람을 만나는 데 집중하였다. 하지만 어느 중요한 사건으로 인해 '내 사람을 챙겨야겠다.', '내 사람들이 있구나.', '모든 사람을 챙기는 게 헛된 일일 수도 있겠다.'라는 생각을 갖게 되었다. 중요한 사건은 내가 개인적으로 힘든 시기를 보냈다는 말로 충분할 것이라고 생각한다. 어쨌든 '모든 관계에 있어 내가 좋은 사람이어야겠다.'라는 생각은 안 했으면 좋겠다. 나를 진정으로 생각하고 연락해 주며 나에게 관심을 가져 주는 내 사람 즉, 나와 함께할 수 있는 사람을 챙기기에도 바쁜 세상이다. 모든 사람이 인간관계로 인해 상처받지 않는 세상이 왔으면 좋겠다. 함께 더불어 가기도 바쁜 세상에서 사람들에게 상처받는 일은 그 어느 것보다 아픈 일이 아닌가 생각한다. 서로 위로해 주고 격려해 주며 나를 위해 진심 어린 따끔한 충고와 조언을 아끼지 않는 사람을 만나는 것에 충분하다.

“I want to live for happiness.” 사람들과의 만남에서 행복을 찾는 등 나는 행복을 위해 살고 싶다. 먼저 나의 행복 그리고 나의 주변 사람들의 행복을 위해서, 욕심일 수도 있지만 모든 사람의 행복을 위해서 살고 싶다.

어떻게 살래? 행복하게…….

행복은 모든 사람이 원하는 삶의 목표일 것이다. 나 또한 즐겁고 행복한 삶을 사는 것이 목표이다. 많은 사람이 '행복하게 살기 위해서는 어떻게 살아야 될까?'라는 고민을 하고 있고 나 또한 많은 고민을 하고 있다.

내가 생각하는 행복의 조건은 '우선 돈이 많아야 한다.'라는 것이었다. 취미 생활, 먹고 싶은 음식, 여행, 갖고 싶은 것 등 자신이 원하는 것을 하기 위해서는 모두 돈이 필요하기 때문이다. 돈을 많이 벌기 위해서는 남들이 부러워할 만한 위치에 가야 하는 것 또한 어쩔 수 없는 일이다. 그 위치에 가기 위해서는 치열한 경쟁 속에서 싸워 이겨야 하고 많은 사람이 경쟁 속 승리를 성공이라고 생각한다. 슬픈 말이지만 성공은 곧 행복이라고 생각할 수 있다. 그래서 더 열심히 살아야 하고 성공하기 전까지는 행복이라는 단어가 자신의 삶에 어울리지 않을 수 있다. 하지만 요즘 젊은 세대, 멘토님께서 만드신 신조어 재미(Zemi) 세대들이 생각하는 행복의 기준은 변화하고 있다고 한다. 아니, 변화했다고 한다. 그리고 나의 생각 또한 바뀌었다.

'소확행', 일상에서 느낄 수 있는 작지만 확실하게 실현 가능한 행복과 'YOLO(You Only Live Once)', 인생은 한 번뿐이라는 트렌드는 많은 젊은 세대가 선호하는 삶의 방식이다. 나 또한 '한 번 사는 인생, 재밌게 살아야 한다.'라는 생각을 갖게 되었다. 그 전의 나는 다른 사람의 시선을 의식해 내가 하고 싶은 말과 행동을 조심하는 일이 많았다. 그리고 용돈, 아르바이트 등 내게 들어오는 돈은 나중을 위해 대부분 저축을 했고 먹고 싶은 음식, 사고 싶은 것 또한 미래를 위해 자제했다. 그러나 입대하고 나서 내가 삶을 살아가는 방식은 바뀌었다. 그곳에는 다양한 사람들이 모이기 때문에 힘든 일부터 즐거운 일까지 여러 가지 다양한 이야기들을 들을 수 있었다. 그렇게 이야기들을 듣고 보니 나는 정말 이야기를 할 게 많이 없다는 것을 알게 되었다. 왜냐하면 나의 20대 초반은 술을 마실 수 있고, 12시 넘어서 PC방과 노래방을 합법적으로 갈 수 있다는 것을 제외하면 고등학생 때와 크게 다를 게 없었기 때문이다. 그래서 나는 '진짜 재미없게 살고 있구나. 내 인생에 이야깃거리가 없구나.'라는 생각과 함께 진지하게 지금까지의 나에 대한 반성과 앞으로의 인생에 대해 고민을 많이 하게 되었다. '군대를 가면 사람이 바뀐다.'라더니, 지금 생각해 보면 그 말이 어느 정도 맞는 것 같다.

군대 생활을 하면서 나의 생각은 '돈도 중요하지만 나의 하루하루, 그 순간을 즐기자.'라고 바뀌었다. 이제는 나도 '소확행', '욜로(YOLO)'와 같은 삶을 살 것이다. 그러기 위해서는 하루를 알차게 보내야 했다. 알차게 보낸다는 게 사람마다 다르지만 나는 일과를 마치고 잠을 자기 전 오늘

하루에 대해 뿌듯함, 보람을 느끼는 것이라고 정의하였다. 꼭 중요한 일이 아니어도 된다. 예를 들면 이런 것들이다.

"오늘 저녁 진짜 맛있게 먹었다. 다음에 또 먹어야지."

"오늘 진짜 재밌게 놀았다. 언제 또 이렇게 노나?"

"오늘 운동 정말 잘 했다. 하고 나니까 기분 좋네."

위와 같이 하루에 대한 뿌듯함, 보람을 얻는 것은 어렵지 않다고 생각한다. 그래서 나는 작은 일이라도 후회가 남지 않게 매 순간 열심히 하고 즐기려고 노력하고 있다. 친구와 장난으로 "지나간 추억은 가슴에 묻어 두고 지나간 버스는 미련을 버려."라는 영화 <내부자들>의 명대사를 따라 하곤 했는데, 계속해서 말하다 보니 이제는 내가 과거의 일에 대한 미련을 없애기 위해 더 즐거운 삶을 살려고 하는 것 같다. 이제는 과거에 대한 미련은 버리고 지금의 나에게 집중하는 삶을 살 것이다. 그리고 과거의 미련으로 인해 현재 찾을 수 있는 행복을 버리는 일은 만들지 않을 것이다.

이렇게 행복하기 위한 노력도 중요하지만 자신이 힘들고, 불행하고, 슬플 때 그것을 해소하는 방법, 즉 스트레스 해소하는 것 또한 중요하다. 나의 방법은 아래와 같다.

영상 시청, 노래 듣기, 스트레칭, 걷기, 예능 <비긴어게인> 핫 클립 보기, 드라마 <드림하이> 플래시 몹 보기 등과 같이 즐기고 있는 것들을 통해 스트레스를 해소한다. 보고 있으면 나도 모르게 마음이 편해지고 그 영상 속의 분위기가 나한테도 전해져 같이 즐기고 있는 것 같아 스트레스가 풀리게 된다. 그리고 스트레칭, 걷기는 그 순간 잡다한 생각들을 떨쳐 내게 된다. 걷다 보면 시간이 오래 걸리더라도 많은 생각이 정리가 된다. 그리고 스트레칭을 하는 동안은 집중을 하게 되어 잡생각이 없어지고 하고 난 후에는 마음이 진정되어 이성적으로 내가 힘들어하고 있는 것에 대한 해결 방법도 찾을 수 있다. 나의 스트레스 해소하는 방법은 어려운 것도 아니고 남에게 피해를 주는 것도 아니며 오직 나만을 위한 시간을 갖는 것이다.

결론적으로 나의 행복은 내가 평소에 어떠한 마음을 갖고 생활하는지에 따라 달라진다. 현재 나만의 행복할 수 있는 방법을 찾았으며 그것들을 이제 완전한 내 것으로 만들어 가고 있다. 이 과정 또한 나의 삶의 척도 '행복'을 찾아 가는 과정이기 때문에 "나는 행복하다."라고 말할 수 있다.

공존

나는 이때까지 공존에 대해 깊게 생각해 본 적이 없었다. 항상 나 스스로에 집중하며 문제 해결과 발전을 위한 생각만 해 왔다. 그러다 이번에 글을 쓰면서 공존이란 단어에 대해 생각해 볼 기회를 얻게 된 것 같다. 공존은 말은 정말 쉽지만 그 누구도 쉽게 실천할 수는 없는 것이라고 생각한다. 정말 중요하기에 얻기 힘들었던 게 공존 아닐까?

인종 문제만 해도 그렇다. 노예제가 없어진 것이 까마득한 옛날 같지만, 링컨 대통령의 노예 해방이 1863년에 선언된 것만 봐도 이 글을 쓰는 2019년으로부터 불과 156년밖에 되지 않았다. 심지어 인종 차별이 완전히 종식된 것도 아니다. 아직까지도 미국은 인종 차별 문제로 몸살을 앓고 있다. 미국만 그런 것도 아니다. 유럽은 물론이고 아시아, 우리가 살고 있는 한국에서도 외국인 노동자에 대한 차별이 만연해 있다.

좀 더 우리 근처에서 찾아보자면, 님비(Not In My BackYard) 현상이 있다. 왜일까? 집값이 떨어지기 때문이다. 사회 복지관은 분명 공존에 도움을 준다. 장애인과 비장애인이 함께 살아가는 데에 도움을 주는 시설이다. 하지만 님비 현상으로 인해 이전도, 신축도 힘들다. 집값이라는 물질적인 이득이 공존이라는 눈에 보이지 않는 가치를 몰아내는 것이다.

왜 이렇게 공존이 힘든 걸까? 나는 공존과 같은 눈에 보이지 않는 가치가 눈에 보이는 것에 비해 당장의 유무로 생존에 큰 영향을 주지 않기 때문이라고 본다. 인간도 어디까지나 동물이기에 욕망의 영향을 받게 되고 당장의 이득을 따진다. 결국 욕심으로 인해 공존이 힘들어지는 것이다. 눈앞의 이득을 무시하고 옳다고 생각하는, 눈에 보이지 않는 가치를 위해 노력하는 것은 정말 힘든 일이다. 그렇기에 공존을 실천한 사람들이 아직까지 위인으로서 이름을 남길 수 있었던 것 같다.

지금 이 글을 쓰고 있는 나조차 욕심에서 자유롭지 않다. 하루 종일 과제하고 가방도 무거워서 힘든데 지하철에서 방금 앉게 되었다. 그런데 얼마 후에 나이 드신 할머니께서 오신다면 나는 아무런 고민 없이 바로 일어나서 자리를 양보하지는 못할 것 같다. 조금 고민을 하거나 혹은 아예 모른 척할지도 모른다. 이런 마음가짐으로 공존을 위해 나 스스로 무엇인가를 할 수 있다고 말할 자신이 없다. 그래도 이번 한 해 동안 멘토링도 하고 그 외에 여러 가지 활동도 하면서 난 적어도 공존이란 것이 왜 필요한지 나만의 답을 찾게 되었다.

나는 사람들을 좋아한다. 사람들과 얘기하는 것도 즐겁고 같이 시간을 보내는 것 자체를 좋아한다. 그동안은 주로 지인들과 함께 시간을 보냈는데, 이 지인들은 기본적으로 나와 만난 지 3년은 넘은 사람들이다. 그러다가 올해 다양한 활동을 하게 되며 정말 다양한 사람들을 만나게 되었고 새로운 인연도 많이 생겼다. 그러다 보니 누구나 자기만의 독특한 점이 있다는 것이 보이기 시작했고, 차이점 정도야 아무 문제가 아니라고 느끼게 되었다. 피부색이 희고 검은 것과 민트 초코를 싫어하고 좋아하고의 차이는 사실 똑같은 것 아닌가? 그 사실이 우리에게 피해를 주는 것도 없고 그저 다를 뿐인 것이다. 그러니 굳이 편을 나눠 가며 싸우고 차별하고 경멸하는 행위는 필요가 없다는 것이다. 차라리 그 에너지를 좀 더 건설적인 곳에 쓰는 것이 모두에게 이득이 될 것이다.

공존의 본질은 인정과 배려다. 서로 다름을 인정하고 그것을 배려하는 것이 기본이 되어야 하는 것이다. 이게 되지 않는다면 공존은 일어날 수 없다. 인정의 경우 다행히 요즘 사회적으로 인정하고 존중하는 분위기가 생기고 있으니 이보다 좋을 수는 없다. 물론 아직 완벽한 것은 아니지만 이런 분위기에서부터 공존이 시작된다고 나는 생각한다. 여기에 서로 조금씩만 배려하면 모두가 행복하게 어울릴 수 있는 공존이 이루어진다.

실천하는 것은 조금씩이라도 꾸준히 하는 것이 중요하다. 이것도 일종의 습관을 만드는 것이라 생각하면 쉽다. 그저 하루에 한 번만이라도, 아주 작은 것이라도 좋으니 시도를 해 보자.

정말 진부한 이야기지만 우리는 살아오면서 정말 다양한 사람들의 도움을 받았고, 우리 또한 다른 사람들에게 영향을 미치며 살아간다. 그러니 다 함께 사는 세상을 서로 인정하고 배려하며 공존의 세상으로 만들어 보는 것은 어떨까?

· 에필로그 ·

Love myself

어쩌면 누군가를 사랑하는 것보다

더 어려운 게 나 자신을 사랑하는 거야

(중략)

어제의 나 오늘의 나 내일의 나

빠짐없이 남김없이 모두 다 나

정답은 없을지도 몰라

어쩜 이것도 답은 아닌 거야

(중략)

난 지금도 나를 또 찾고 있어

방탄소년단의 〈Love myself〉라는 노래의 가사이다. 재미 세대의 고민이며 우리 멘티들의 이야기다.

방탄소년단의 인기는 일곱 명의 매력이 합해진 결과이다. RM의 음악적 천재성과 리더십, J-Hope의 미소와 춤, 진의 중성적 음색과 거부감 없는 언행, 정국의 젊음과 다양성, Suga의 랩과 진정성, 지민의 여성적 음색과 맑은 아름다움, 뷔의 남성적 음색과 완벽한 얼굴 등은 서로 시너지를 주며 힘을 발휘한다.

에이스 팀의 힘은 여덟 멤버의 강점을 합한 결과이다. 여덟 명의 강점이 합해 '100'이 되었다. 그들은 변하고 있고 발전하고 있었다. 1장과 2

장, 3장에서 치열하게 고민한 흔적이 뚜렷했고, 4장에서는 자신만의 행복을 찾고 있다. 힘들게 고민하며 젊음을 살아가는 대학생들이 자신과 같은 처지의 멘티들의 생각을 보며 위안을 얻기를 바란다. 기업의 CEO(최고 경영자)가 기업의 최고 의사 결정자이자 최종 책임자인 것처럼, 자기 인생의 최고 경영자는 자신이다. 자기에게 주어진 환경 속에서 자신의 주도하에 자신을 경영해 나가야 한다. 자기 삶의 목적을 분명히 하고 꿈과 목표를 설정하여야 한다. 목표 달성을 위한 전략적 사고를 하고 자신을 어떻게 포지셔닝하고 차별적 우위를 확보할지 결정하여야 한다. 그리고 최고 경영자가 기업을 사랑하듯 자신을 사랑하고 자신을 이끌 수 있어야 한다. 어느 누구도 대신할 수 없고 다시 살 수도 없는 삶을 자신의 기준으로 살아간다.

'2020 골든디스크' 시상식의 본상을 BTS가 휩쓸었다. 그리고 수상자 중에 마마무 멤버 중에 화사가 눈에 들어왔다. 자신이 주목받지 못해도, 세상이 무엇이라고 이야기해도, 자신만의 스타일로 자신감 있게 자신을 표현하는 그들은 진정으로 자신을 사랑하고 있는 듯하다.

나를 찾고 나의 강점을 찾아보자고 떠나 온 1년을 마무리하며 아직도 확신에 차 있지 않은 자신을 발견하기도 하고 나름의 방법을 발견하기도 하였다. 멘토링을 통해 얻고자 한 것이 달성되었든 아니든 우리는 끊임없는 시도와 도전을 할 것이다.

멘토링으로 멘티들을 변화시킬 의도는 없었다. 멘티들이 가진 강점을 스스로 발견하고 자신을 사랑하며 자신이 가진 방식대로 살아가는 것이 목표였다. 남이 보는 관점이 아닌 나의 관점에서 인생을 살고 내가 행복한 삶을 살아가는 것이다.

끝으로 멘토링에서 멘토가 멘티에게 주는 가장 중요한 자산은 지식과 성공 경험담이 아니라 '행복하게 삶을 살아가는 멘토의 진정한 모습을 보여 주는 것'이라는 생각이 든다.